品牌文胸产品运营流程

杨雪梅 索理 陈学军 陆璐 编著

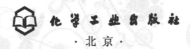
·北京·

本书以文胸产品的市场调研、产品设计、成衣设计、缝制工艺、生产加工等流程中的重要环节为主线，展开对文胸产品开发及设计的分析说明，以实现文胸完美造型和满足客户需求为产品设计的目的。内容由浅入深，从文胸的主要部件设计到整件文胸产品系列开发设计、文胸成品网络销售方式应用；从研究层次上讲，先了解文胸产品相关的基础知识，再依据文胸的主要造型及数据分析完成钢圈及罩杯的设计，最后根据实际生产情况进行文胸成衣设计及缝制技巧说明。全书内容理论与实践相结合，系统全面地论述了文胸产品开发的过程。

本书可以作为高等院校内衣方向的教学用书，也可以作为服装企业从业人员的培训教材或参考书。

图书在版编目（CIP）数据

品牌文胸产品运营流程/杨雪梅等编著. —北京：化学工业出版社，2014.5（2023.9重印）
（品牌服装运营实务丛书）
ISBN 978-7-122-20016-7

Ⅰ.①品… Ⅱ.①杨… Ⅲ.①胸罩-品牌营销-流程 Ⅳ.①F768.3

中国版本图书馆CIP数据核字（2014）第044893号

责任编辑：李彦芳	文字编辑：赵亚红
责任校对：王素芹	装帧设计：王晓宇

出版发行：化学工业出版社（北京市东城区青年湖南街13号　邮政编码100011）
印　　装：天津盛通数码科技有限公司
787mm×1092mm　1/16　印张14　字数331千字　2023年9月北京第1版第5次印刷

购书咨询：010-64518888　　　　　　　　　售后服务：010-64518899
网　　址：http://www.cip.com.cn
凡购买本书，如有缺损质量问题，本社销售中心负责调换。

定　　价：48.00元　　　　　　　　　　　　　　　　　　　　版权所有　违者必究

前/言
Foreword

任何一件服装产品从设计、加工到销售都有其关联性。以服务客户作为成衣设计的目的，将成本作为成衣设计的基础，根据生产工艺难易程度决定款式细节，了解并熟悉内在关联性，有助于产品的开发和生产加工。本书从文胸产品的运营流程入手，将市场调研、产品设计、成衣设计、缝制工艺、生产加工等重要环节连贯一体。

本书的第一章是针对设计文胸产品所必需的基础知识。从文胸的发展历史了解文胸产品的造型渊源；从现有文胸品牌的销售情况分析客户状况；从文胸的基本构成及所需要的特种缝制设备了解文胸产品的加工过程。第二章是对文胸中的主要定位部位钢圈进行分析。根据文胸外观造型设计要求，对主要部位的造型数据进行测量，并绘制出合体钢圈形状，在此基础上完成不同造型钢圈的设计。第三章主要讲述文胸产品的重心——罩杯。详细介绍罩杯纸样的国内外设计方法，对比分析各自优势，并从基础造型数据角度出发，以造型为主要目的，详细讲述绘制罩杯板型设计的具体操作方法。第四章讲述文胸成品从款式系列设计到成衣纸样设计及放码、排料的操作；同时讲述了如何运用计算机系统存储功能建立效果图库和板型库，帮助设计师更快完成文胸产品开发设计。第五章从文胸产品网络目标顾客的相关数据出发，分析企业从网络上获取有效信息的方式，通过文胸产品网络描述的介绍和产品组合方式的调整等，全面了解文胸产品的网络销售模式。

本书所使用软件，从应用广、市场占有率高、具有系统代表性、中国开发软件等因素综合考虑，最终选择了ET服装工艺设计系统作为本书的服装专业软件操作系统。感谢深圳布易科技有限公司给予的帮助。

本书的品牌及客户分析部分由索理负责编写，所有缝制加工工艺及特种设备部分由陆璐负责编写，网络销售分析部分由陈学军负责编写，其他部分均由杨雪梅负责编写。另外，书中的大部分内容是教研成果，也有优秀学生的毕业论文及研究成果，在此感谢温柔、欧小惠、冯小静等同学。

编著者
2013年12月

《品牌文胸产品运营流程》内容概览

本书内容贯穿文胸穿着效果、纸样、工艺和营销，让学生能从浅到深地熟悉文胸产品的设计及生产、营销流程。

	实现目的	主要内容
文胸产品的基础知识	从文胸的外观角度讲述其款式及工艺特点；在电脑中绘制文胸效果图及结构图；熟悉文胸专业设备；了解客户心理	文胸基本概念、文胸品牌、文胸工业生产流程
		文胸的分类、外观不同效果与纸样的关系
		女性体形各部位数据测量、文胸号型规格及造型效果绘制测量
		绘制文胸款式结构效果图（正背面）和在电脑CAD系统中绘制
		文胸缝制的特殊工艺和缝纫设备介绍
		消费群需求、购买动机、行为以及心理的分析
文胸钢圈与罩杯纸样设计	从文胸基本纸样结构关系分析不同客户体形差异及外观效果差异点；在电脑中绘制文胸原型纸样；网络调查分析。从不同风格分析部位设计效果，并进行纸样对应设计；在电脑中绘制原型纸样；品牌客户分析	不同时期和地域对文胸要求的差异与分析
		女装基本纸样，如英式、美式和日本文化式基础知识，如何得到文胸基本纸样
		绘制不同外观效果的钢圈
		文胸外观效果与原型纸样的关系
		在电脑CAD软件中熟练绘制罩杯及钢圈形状并掌握其基础变化
		裁剪和缝制出文胸原型小样（1∶1）
		调查工具的使用、服装行业网络调研报告
		不同文胸品牌的细节部位效果差异分析
		罩杯变款设计
		鸡心片、下扒、侧拉片变款设计
		电脑CAD软件绘制
		裁剪缝制出各杯型的小样（1∶1）
		收集数据分析竞争对手及挖掘潜在客户
文胸成衣设计	从文胸整体效果绘制纸样并缝制；在电脑中进行纸样修改操作。从不同客户群分析放码规则并缝制对比效果；同时熟悉文胸生产流程	文胸的设计风格与蕾丝应用
		整体文胸款式结构效果图的绘制
		手工绘制实际比例的纸样（目的试样）
		电脑CAD再绘制（目的修板）
		裁剪和缝制出完整文胸
		不同类型文胸的客户群分析
		文胸的放码方式和放码方法
		合体和束身文胸的放码控制
		裁剪缝制不同号型的文胸并比较不同
		在电脑中对特殊部位的数据进行调整
文胸产品的市场销售及订单式培养	了解文胸网络营销推广策略 根据企业职位技能要求进行专项培训	网络目标市场的推广定位、搜索引擎的使用、网络广告的推广以及博客、论坛的推广
		做报价表、分析产品的开发、大货生产等跟单流程
		根据客户需求设定内容

目 / 录
Contents

第一章 文胸产品的基础知识 /1

第一节 本章要点及关键词 /1
 一、本章要点 /1
 二、本章关键专业术语 /2
第二节 简述文胸的发展 /4
 一、西方文胸的发展 /4
 二、东方文胸的发展 /7
第三节 品牌文胸市场现状及消费者分析 /9
 一、文胸市场发展概况 /9
 二、文胸市场品牌格局 /10
 三、文胸消费者购买动机分析 /14
 四、文胸消费人群分析 /15
第四节 文胸的基础知识 /17
 一、了解人体及乳房 /17
 二、文胸各部位名称及号型数据 /20
 三、文胸的主要结构 /28
第五节 文胸的面料及其辅料 /36
 一、文胸选用面料的原则 /36
 二、文胸面辅料的种类 /36
 三、文胸面辅料的选择 /41
第六节 内衣缝制设备与工艺 /43
 一、内衣常用缝制设备 /43
 二、文胸基础工艺流程 /48
第七节 内衣生产技术部工作 /52
 一、内衣企业主要生产技术部门职能 /52
 二、技术员的工作流程总表 /54
 三、技术员的职责 /57
 四、文胸成品的测量方法 /61

第二章 钢圈及其形状设计 /63

第一节 本章要点及关键词 /63
 一、本章要点 /63
 二、本章关键专业术语 /63
第二节 钢圈概述 /65
 一、钢圈的概念 /65
 二、钢圈的分类 /65
 三、认识造型钢圈 /66
 四、钢圈号型的分析 /68
第三节 钢圈形状 /69
 一、钢圈形状和钢圈的关系 /69
 二、绘制普通型钢圈形状数据分析 /70
 三、普通型钢圈的绘制步骤 /72
 四、其他造型钢圈形状的绘制分析 /74

第三章 罩杯纸样设计与工艺 /77

第一节 本章要点及关键词 /77
 一、本章要点 /77
 二、本章关键专业术语 /77
第二节 罩杯纸样设计方法 /79
 一、国内外文胸纸样设计方法的研究状况 /79
 二、各种绘制罩杯纸样的方法 /79

第三节　从文胸造型角度分析罩杯结构设计　/86
　　一、根据文胸造型要求绘制钢圈形状　/86
　　二、不同文胸造型效果的罩杯数据　/88
　　三、罩杯纸样绘制过程　/90
第四节　罩杯省量分割设计　/99
　　一、省道形式的设计　/99
　　二、分割线形式的设计　/101
　　三、胸凸全省的省量分布　/103
　　四、罩杯各部位上缝省的作用　/106
　　五、罩杯的分割与省量分配关系　/108
第五节　不同造型的罩杯制作工艺　/109
　　一、全罩杯　/109
　　二、3/4罩杯　/110
　　三、半罩杯　/112
　　四、三角罩杯　/114

第四章　文胸成衣设计　/116

第一节　本章要点及关键词　/117
　　一、本章要点　/117
　　二、本章关键专业术语　/117
第二节　文胸款式图系列设计　/120
　　一、文胸款式图分析　/120
　　二、建立文胸款式图库　/124
第三节　文胸成衣纸样绘制　/132
　　一、文胸成衣各部位造型分析　/132
　　二、常规文胸造型的纸样绘制　/136
　　三、文胸成衣纸样设计　/142
　　四、文胸纸样结构库　/147
第四节　号型设置及放码　/151
　　一、文胸号型配置设计　/151
　　二、文胸放码设计　/151
第五节　文胸分床方案设定与排料　/155
　　一、服装纸样排料的基础知识　/155
　　二、文胸排料操作　/157
第六节　文胸成衣工艺流程　/163
　　一、缝纫前须知　/163
　　二、常规款具体缝制工艺　/165

第五章　文胸产品的市场销售　/178

第一节　本章要点及关键词　/178
　　一、本章要点　/178
　　二、本章关键专业术语　/179
第二节　文胸产品的核心需求　/179
　　一、生理需求　/180
　　二、心理需求　/180
第三节　文胸产品消费行为分析　/181
　　一、问卷调查　/181
　　二、实际调查　/181
第四节　文胸产品的价格　/185
　　一、价格与定位　/185
　　二、定价的方法　/185
第五节　文胸的销售渠道　/186
　　一、文胸产品的传统销售渠道　/186
　　二、文胸产品的销售新渠道　/187
第六节　网络销售文胸产品的描述与组合　/189
　　一、产品描述　/189
　　二、产品组合　/195
第七节　文胸产业集群　/196

参考文献　/198
附录一　ETCOM_WIBU_3D系统简介　/199
附录二　ETMark_WIBU系统简介　/208
附录三　数字化仪板的应用　/211
附录四　绘图仪　/216

第一章

品牌文胸产品运营流程
PINPAI WENXIONG CHANPIN YUNYING LIUCHENG

文胸产品的基础知识

女性总是凭借内衣来塑造形体和提升自信。内衣是女性最亲密的服装，无论是在公务繁忙的办公室，还是在挥汗如雨的健身房，或是在浪漫的烛光晚餐中，或是朋友开心聚会的场所，对内衣的选择常能影响女性的情绪。

最早的内衣可追溯到古埃及和古希腊文明时代，当时的内衣单纯讲究功能性，而现在的女性内衣大都是现代科技发展而创造的产物。20世纪纺织品技术的迅速发展，制造出很多再生纤维，如氨纶、莱卡等弹性纤维，这些新纤维织成的面料的力度和轻便性预示着轻薄且具备紧身和塑形功能的服装出现，改变了以前内衣的形状和结构，影响着产品的成本、款式和舒适性。现代技术、流行款式的快速变化以及全球传媒如电视、报纸、电影、网络等媒介的快速发展，使得外衣和内衣的界限变得模糊。

文胸是内衣的一个重要产品类别，是女性用以支托、覆盖胸部的服饰。在时尚流转的今天，文胸已不再仅仅只用于呵护人体，它还能起到修饰人体，并通过特殊的结构和材料达到抬高、集中胸部，弥补体形缺陷，塑造更加完美的身材的作用。

第一节 本章要点及关键词

一、本章要点

在我国传统观念中，内衣是不能被人看到的服饰，同传统的袍衫一样，平面化、含蓄，掩饰人体。20世纪30年代以后，受西方服饰的影响，女性才在西式服装的里面穿上了西式内衣——文胸。20世纪80年代以后，随着经济的发展，人们对服饰的认识和要求日益提高，逐渐从对外衣的讲究转变为对内衣的关注，国外内衣品牌大量倾入国内市场。

本章从文胸发展史、文胸品牌、文胸基本构成及所需要的特种缝制设备，全面介绍文胸产品运作流程中的基础知识。

二、本章关键专业术语

（1）西方文胸

西方文胸在发展过程中，随着对胸部设计的要求不同，在文胸款式及造型设计上也会有所不同，但其主要款式造型特点是强调对胸部的塑造。

（2）东方文胸

东方文胸，应该说是东方内衣。其受历史文化的影响，款式上体现中国崇尚的中庸、自然与平静。不同的历史时期有不同的内衣款式，突出的有肚兜、抹胸、诃（he）子等，这些内衣只是对胸部遮挡，并不塑型。

（3）胸型

按胸部的侧面形态，将乳房分为扁平型、半球型、标准型、圆锥型和下垂型。由于乳房的形态和位置存在较大的个体差异，几种类型的乳房并非随年龄增长才有变化，而是同时存在于生育期年龄段的女性群体中。

（4）氨纶

氨纶具有优异的弹力，故又称为弹性纤维，在服装面料上广泛应用。氨纶的弹性非常高，一般纺织品不使用100%的聚氨酯纤维，多在其他材质的织物中混用5%～30%，所得各种氨纶织物均具有15%～45%的舒适弹性。

（5）莱卡

前杜邦全资子公司——英威达（2004年科氏工业集团以44亿美元将其收购）的一个商品名，由于该公司在氨纶领域中占据市场垄断地位，莱卡几乎就成了所有氨纶的代名词。

（6）锦纶

锦纶就是通常说的尼龙，是把尼龙材料拉成很细的纤维，根据尼龙的材料不同，常见的是锦纶6和锦纶66。

（7）莫代尔

莫代尔纤维的原料产自欧洲的灌木林，制成木质浆液后经过专门的纺丝工艺制作而成，与棉一样同属纤维素纤维，是纯正的天然纤维。莫代尔产品具有很好的柔软性和优良的吸湿性但挺括性差的特点，现在大多用于内衣产品。

（8）定型纱

其材质成分主要是锦纶，网格状，很薄、透明，没有弹性，有固定、防变形的作用，用于鸡心片内层，或靠近罩杯部分的侧拉片。使用时，将其衬在面料的下面，以防止面料的伸缩变形。

（9）拉架布

通常用在文胸的后背，束裤的腹部和两侧，有较强的拉力，是内衣常用的弹性面料。拉架布的强弹性是内衣矫形的基础。

（10）弹力网

弹力网是重型内衣常用的材料，这种材料弹性较好，网孔较大，通常被两三层重叠使用，以加大矫形的力度。

（11）钢圈

钢圈用来定型罩杯，起到固胸塑形的作用，是文胸产品的主要配件。

（12）捆条

捆条是拼接缝合部位的遮挡布。

（13）橡筋

橡筋有较强的弹性，通常用于文胸的上捆和下捆边，具有包边的作用。

（14）边纶

边纶是缝制在钢圈、鱼骨和胶骨底部的衬布。由于其紧贴人体，因此不仅需要柔软适体，还要具有牢固耐磨的特性，以防钢圈、胶骨穿出戳伤人体。

（15）胶骨

胶骨是一个细窄条的塑胶制品，有半透明和不透明两种。半透明的较薄，可以直接车缝；不透明的较厚，无法直接车缝。胶骨的宽度不超过0.6cm，长度为3～12cm不等，它有一定的韧性和强度，用于文胸的侧缝，目的是支撑、收缩和保持身体曲线优美。

（16）肩带

肩带的设计是文胸设计的一个重要部分，肩带可通过各种工艺加工表现出变化多样的设计风格。

（17）鸡心

鸡心又称前中位、心位，是连接两个罩杯的小梯形（或其他设计形状）。鸡心的位置有高低之分，一般与罩杯的造型结合。

（18）侧拉片

侧拉片以拉架弹性面料为主。前侧端靠近罩杯位约3cm通常破开，前端加定型纱以固定胸部，破开部位附有胶骨，以免拉伸时起皱，后中有调节钩扣。

（19）罩杯

罩杯是文胸的主体部位，除了包容乳房，还具备如推胸、隆胸、方便运动等功能。罩杯分为水平杯和斜形杯。

（20）上胸围

人体在穿戴合体的单层、无衬垫、无支撑物的文胸使乳房呈自然耸挺状态时，经过乳房最丰满处水平围量一周的最大尺寸。

（21）下胸围

下胸围是人体经过乳房下乳根水平围量一周的尺寸。

（22）下扒

下扒是指文胸覆盖人体下胸围位置的部分。

（23）侧比

侧比是指文胸覆盖人体乳房侧后、腋窝下至背部的部分。

（24）造型数据

造型数据是指在服装设计过程中，为了达到某种造型效果而对服装原有的尺寸数据做的一个调整，从而得到一组新的尺寸数据。造型数据也可以称为服装的非控制部位数据，在服装的号型标准中，只对服装主要部位的数据控制，非控制部位的服装规格，可根据服装的款式需要自行设计。

第二节　简述文胸的发展

内衣的发展源于欧洲，有近600年的悠久历史。西方人把人体以及人体雕塑当作"永恒的艺术"，对人体美进行了充分的展现和描绘，并将服装作为表达强烈欲望的一种方式。最早的文胸雏形出现在罗马时代，当时的内衣单纯讲究功能性，当今女性所穿着的内衣大都是现代发明创造的产物，例如短裤就是在19世纪后期才出现的。

文胸作为女性贴身服饰，随着社会经济发展、地区文化差异、女性地位的提高等因素而有不同的造型设计要求。西方文胸的发展体现了文胸对女性体形塑造的唯美过程，文胸是内衣品类中最主要的一种，是对胸部的遮掩或显露，主要针对胸部进行塑形。从我国内衣的发展来看，文胸只是近代的产物，是外来服饰。在我国古代，内衣称为亵衣，是穿在里面，秘不示人的。但内衣对于每个人而言，从小到老，都是不可缺少的服装，而且在不同时期，内衣与外在的衣冠配套，关系密不可分。内衣的发展体现了中西方文化的差异。

20世纪以来，文胸一直是女性内衣中最为重要的部分，人们对其冠以不同的名称：乳罩、胸衣、塑胸衣及紧身胸衣等。在法国被称为soutien-gorge，意为束胸。就连古希腊人和古罗马人也给文胸起了他们自己的名字：玛斯塔特顿、玛米拉尔和斯特罗菲厄姆（mastratedon，mamillare，strophium）。文胸（Brassiere）一词及其非正式缩写Bra'，则是在20世纪20年代第一次采用的。文胸将女性的乳房上提、变大、撑起或束紧、勒平，无论是显露还是端庄地遮掩都是文胸的不同造型显示的效果。文胸成为女用内衣中最复杂的衣服之一，到了20世纪90年代末，它所包含的组合件多达43样，在结构与功能的设计方面，可与一部悬臂楼梯或一架吊桥相媲美。

一、西方文胸的发展

（一）20世纪前的文胸

西方文胸在20世纪前都是以胸衣的方式对胸部塑形，并没有成为单独的服装，统称为胸衣。最早可追溯到公元前2000年左右的克里特岛的持蛇女神雕像。该雕像展示着一位妇人身着饰有花边的塑形上衣支撑着胸部，使乳房向上高高耸起，如图1-1所示。

14世纪欧洲出现了一种质地坚硬的亚麻紧身内衣，贵族们开始在其装饰繁琐的华贵外衣下穿着这种短裙，这不仅可以使华贵的外衣不被体垢所损，还可以保暖。紧身胸衣最早出现在15世纪，即中央带有硬片、称作"巴斯克式"的紧身内衣（Barque），制作华丽，相当流行，甚至成为一种定情信物。到了16世纪末，整个西方都有了用布束胸的习惯，尤其是上层社会的女性，束身的程度几乎达到呼吸困难的地步。

1832年，法国人让·魏利（Jean Werly）用织机首次织出了胸衣，并申请了专利。随着1870年衬垫的出现，内衣的重点

图1-1　克里特岛持蛇女神

放在了臀部和髋部,而且以突出曲线为目的,促成了著名的S形曲线胸衣的出现,这种胸衣其实扭曲了女性的体形,极大地影响了女性的健康,对呼吸和生育都不利,如图1-2所示。

19世纪,女性内衣的质量和样式达到极限。裙撑强调了女性的臀部,带饰边的裤子和多层衬裙构成完整的裙子,紧身胸衣和束腰形成上下身明显的差异。中世纪的紧身胸衣装饰华丽,可用来当装饰外衣穿,19世纪出现的束胸内衣,是为了束缚并塑造女性的体形,其构造越来越复杂。束胸内衣的大量使用使之在西方社会成了限制女性的同义词,到了19世纪后期,女性对束身胸衣忍无可忍,要求解放束身。在第一次世界大战期间和其后的一段时期内,女性内衣、政治上要求性别平等与妇女解放运动之间的联系日趋明显。

图1-2 S形的紧身胸衣

从公元14世纪到20世纪初,大约600年的时间里,仅仅是紧身胸衣的材质和形式就纷繁多样,有用金属、木质、骨质、棉、麻、丝绸等材料做成的,款式与用途也各不相同,上层社会女性通过紧身衣,时而将身体束成直身形,时而束成S形、X形,它的奇特与奢华令人难以想象。

(二)20世纪后的文胸

在1904年,设计师们找到解决乳房支撑问题的实用方法,轻巧地设计出用骨支架支撑,上面连有缝线,还有连在一起的肩带、缎带和花边,称为棉布扩胸衣。随后,他们尝试用棉布、亚麻布、花边和缎带创造出"束胸",这是一种更接近胸衣外罩或者背心式女内衣的服饰。到1914年,出生于波兰的罗萨琳·克林女士横斜着折起两块手绢创造出"凯丝脱斯乳罩"。她把两块手绢连成一个,前面交搭起来,另加两条肩带,分别缝在双乳上端及面料构成的两个三角形的末端。松紧带交叉于背后并且扣在罩杯下面,罩杯有缝褶以便更贴体(图1-3)。

图1-3 凯丝脱斯文胸

虽然最早的乳罩只是按当时的时尚简单地将胸部压平,但凯丝脱斯乳罩是第一个在商业上成功的造型文胸。其弹性背带,胸部用省缝合,纽扣式的扣结,不久就使它成为女性寻求一种支撑性内衣的首选。

20世纪20年代的摩登女郎穿用一种宽松的中性式样胸衣,如图1-4所示。这种反映女性观点的设计方式,在整个20世纪的女性内衣设计中得到多次的体现和证实。随着纺织品和纺织服装技术的迅速发展,内衣的变化丰富多彩,更多地加入了舒适性和合体性的设计理念。当时尚与自由同等重要时,革新设计的文胸允许女性自己去选择,而不用管别人怎样看待。杯状文

图1-4 20世纪20年代的胸衣

胸、定型文胸、上提式文胸，甚至凸现乳房的文胸都开始出现在新潮流中，在1935年，华纳公司首次采用了罩杯附件。之后，设定了胸围和罩杯尺码（A、B、C、D）的标准。

1937年，杜邦公司发明了尼龙。尼龙是一种革命性的材料，结实、轻软，既可于机织又可用于针织。尼龙是制作结构性文胸的理想材料，因为它易洗、易干而且免烫，但它一直到1938年

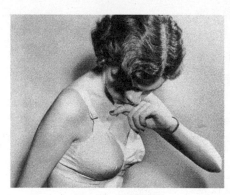

图1-5　立体罩杯

才流行，而到20世纪40年代后期它在文胸上的效用才被公认。随着丰满耸立的胸部越来越流行，好莱坞电影以高耸的乳房和维多利亚式的内衣吸引观众。出现了比较立体的罩杯，如图1-5所示。第二次世界大战的末期，各式女用内衣开始简化，文胸的耐久性就显得更重要了。更多的女性开始打网球、骑马和滑雪，文胸变得越来越柔软易曲。文胸后背与肩带都有弹性，尺码也增多了，文胸制造商认识到胸围与乳房的大小皆不容忽视。

20世纪50年代，诞生了一代文胸偶像：玛丽莲·梦露、伊丽莎白·泰勒、珍妮·曼斯菲尔德、伯丽吉特·芭尔多和"芭比娃娃"卡罗尔·贝克等体态健美的明星，她们吸引了男女影迷们的注意，也强化了文胸的吸引力。法国人看中了苹果形，由橡胶棉软软地垫起来的罩杯；而美国人则选择状似炮弹的圆锥形罩杯，其突出的乳头通过当时正流行的紧绷套头衫显露出来，如图1-6所示。20世纪50年代用来生产罩杯的纺织品多种多样，有茧绸、棉布、网状缎、织锦、尼龙面料、强力网、平放绸、缎类、薄绸等。

20世纪60年代，时尚开始在文胸上失去重要性。女性们不再需要束缚身体的内衣，而且很多人认为文胸是女性受压迫的象征。这时设计出的文胸并非要把乳房塑成某种特殊的造型，而是尝试将乳房舒适地遮掩起来（图1-7）。文胸图案有动物印花、斑点和彩印的罩杯，这些罩杯很多都是与内裤、衬裙和腰带配套出售的。许多文胸以松紧带上提罩杯，使之正好围着肋骨，令人感到惬意，又有背后的交叉肩带起附加支撑作用，与此同时又出现了采用绣花尼龙、布花边、网状或金属丝的式样。镶着的花边与嵌入的小点缀就像补花与剪下的花朵那样完美地交互辉映着。

20世纪70年代，理想的女子体态从丰满、圆润转变成为瘦高、苗条和男孩式样。新式文胸品种繁多，但大多数都是透明织物的，以显示乳房的自然形状（图1-8）。裸露成为20世纪70年代极为时髦的风尚，文胸有适度的遮盖与支撑。20世纪70年代跳迪斯科的时代开始了，加强身体美的效果，有弹性的、舒适的文胸对这些性感的外表则是完美的衬托。20世纪70年代～80年代，圆形罩杯回归，并带有金属撑，把大部分不相连的罩杯固定在适当的位置。纺织品的类型也增多，高支纱仍是主要产品，绸与缎的仿制品，如莱卡绸、双绉缎和聚酯面料等也相继出现。

图1-6　锥形罩杯

第一章 文胸产品的基础知识

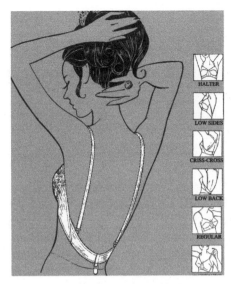

图1-7　20世纪60年代时期的罩杯

图1-8　透明的罩杯

20世纪80年代，莱卡不断改良和新材料的应用带给内衣新的生机。20世纪90年代，女性们比以前任何时候都积极参与体育运动及与健康有关的活动。更多的体力活动，促使20世纪90年代开发出运动文胸，其造型能使女性运动时有透气功能，是一种舒适、无拘束的文胸，以适应时代需求（图1-9）。女性的生活、工作等方面的情况，使她们不再有每天换好几次衣服的时间，她们所需的是像适合体育锻炼那样适合办公，或像适合卧室那样适合厨房的文胸。

在20世纪初期，文胸是女士们最隐私的服装，但到了21世纪，由于性幻想和情爱都不再隐晦，使文胸变成了华丽的、挑逗性的服装。其角色快速、彻底地转变，

图1-9　运动性能文胸

反映了20世纪社会变革和发展的力度，同时20世纪纺织品技术的迅速发展，再生纤维、莱卡新面料的发明，都影响着文胸产品的成本、款式和舒适性的变化。

二、东方文胸的发展

我国古代内衣称为亵衣，是穿在里面，秘不示人的。但内衣又是存在于不同时期，与外在的衣冠配套，关系密不可分。东方文胸，在胸部或遮掩或显露，没有针对胸部进行塑形。最著名的遮挡胸腹部的东方文胸就算"肚兜"了，伴随几许古典的浪漫风情，在现代的很多服饰设计中，还能看到其身影，代表着东方式的性感。但在古代不单是女人穿肚兜，男人和小孩也穿，而且从出生开始，一辈子都离不开肚兜，这是作为保养身体的必需服饰。只是到了近代，在外来文化的影响下，人们注重了胸部造型对服饰的影响，才逐渐接受了文胸。

内衣的概念在我国的古代就存在了，远在上古时期就出现了由亚麻织成的薄麻布内衣，其样式和外衣没有什么区别。我国内衣的型制由汉代至清代的发展相对稳定，与西方的紧身衣相比，显得轻巧而柔软，这与我国古代崇尚中庸、自然与平静的文化底蕴有关。

（一）清朝以前

亵衣是汉代以前对内衣的称谓。"亵"意为"轻薄、不庄重"，可见古人对内衣的心态。繡（qiu）衣是一种短袖对襟衣，类似袍的服装，在战国时期因为贴身而穿，属于内衣，如图1-10所示。

在汉代，"心衣"的基础是抱腹，抱腹上端不用细带，而用"钩肩"及"裆"就成为"心衣"。两者的共同点是背部袒露无后片。

在魏晋，裲裆有前后两片，"既可当胸又可当背"是其最显著的特点，通常为两层，夹层可衬棉，贴身保暖。裲裆与抱腹、心衣的区别在于它有后片。

在唐朝以前的内衣在肩部都缀有带子，以肩部支撑遮挡胸腹部的衣服。唐代女子喜欢穿半露胸式裙装，她们将裙子高束在胸际，然后在胸下部系一阔带，两肩、颈、上胸及后背无带且袒露，穿时由后及前，胸前有一排扣子系合，或用其他带子系束，外披透明罗纱，内衣若隐若现。这个时期的内衣，对胸部有一定的塑形，也体现了当时的文化氛围，与当今流行的"内衣外穿"颇为相似，如图1-11所示。

图1-10　战国时繡衣实物

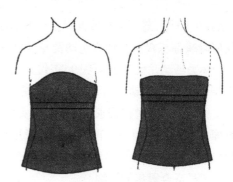

图1-11　唐代胸衣

《西厢记》中描述的宋代女子抹胸，即用一条细带围颈，一块有菱角的布遮胸，整个胸、腹全被掩住。平常人家多用棉织品，贵族人家用丝织品并绣上花卉等图案。

元代的"合欢襟"穿时由后及前，在胸前用一排扣子或用绳带等系束，和现代的抹胸露背服装很相似，面料以织锦居多，图案为四方循环花样。

在明代"存天理，去人欲"理学思想的统摄下，女子主要内衣是"抹胸"，是围在妇女胸前的围裹，胸前后都有，和当代的长款背心相似，开襟，两襟各缀有三条襟带，肩部有裆，裆上有带，腰侧还各有系带，将所有襟带系紧后形成明显的收腰。

（二）清朝之后

清代抹胸又称肚兜，一般做成菱形。上有带，穿时套在颈间，腰部另有两条带子束在背后，下面呈倒三角形，遮过肚脐，达到小腹。肚兜只有前片，后背袒露，系带不限于绳，选用金、银或铜以示家族富贵。肚兜上有各种刺绣图案，材质以棉、丝绸居多，如图1-12所示。

清朝末期，随着"洋纱、洋布"进入我国，西方的服饰出现在我国女子身上，20世纪二三十年代，"小马甲"款式窄小，通常采用对襟形式，衣襟上有扣数粒，穿时将胸腰裹紧，结构上已经表现了西方内衣结构造型设计的特性，如图1-13所示。

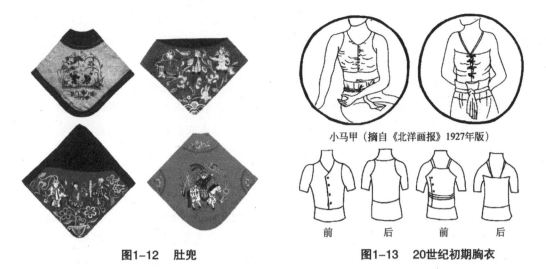

图1-12　肚兜　　　　　图1-13　20世纪初期胸衣

现在，我国的内衣体系已经完全融入西方现代内衣的体系中，内衣已经不再是"亵衣"，文胸作为表现性感的服装，出现在大街小巷专卖店和各种媒体宣传中，这些都说明女性对胸部的塑形需求的自我选择与表现。

第三节　品牌文胸市场现状及消费者分析

随着人们生活质量的提高以及消费意识的增强，女性消费者对内衣越来越重视，文胸作为重要的内衣组成部分，成为了女性消费者关注的焦点。文胸产品高档化、时装化和个性化正成为文胸产业升级变化的重点内容，推动着文胸产业在我国的快速发展。

内衣行业在我国兴起不过20年，但每年以20%的速度增长，成为全球内衣产业增长最快的地区。2011年，我国女性内衣市场的销售量已达到850亿元，且每年以16%～18%的速度增长，远远高于我国GDP的增长速度。相比于全球内衣消费市场2.9%的增速，我国女性内衣市场的发展态势让人欣慰。

一、文胸市场发展概况

我国有6.5亿女性，2007年我国女性的服装消费中，大约有8%的消费用于购买内衣，2010年购买内衣的比例已增长至10%，近一两年进一步增长至13%左右，市场容量不可小觑。但与迅猛发展的市场需求相比，我国女性内衣市场的发展比较滞后，从20世纪90年代才开始发展。1993年，首届国家级的内衣展在北京推出，这标志着我国的女性内衣市场拉开了发展的序幕，从此以后，女性内衣市场进入了快速发展时期。由于我国内衣市场消费潜力很大，一些国外品牌争先进入我国市场，开始了市场拓展工作。

我国女性内衣市场稳定快速的增长，主要源于以下因素。首先，随着我国经济快速的发展，涌现了越来越多的中产阶级。中产阶级有着自己的社会地位和社交方式，而表现个体生活方式的服装，就成为中产阶级地位重要的表现符号。未来的10年，1.4亿中产阶级将会给服装产业带来30%的增量。其次，全国居民可支配收入有了明显的提高，到2011年年底，人均服装购买金额已达到976元,在5年时间里翻了3番。再次,城市化进程加快,带来了潜在的市场容量。城镇和农村市场,内衣消费存在着巨大差距,但随着我国城市化的快速发展,农村消费者原有的内衣消费观念和模式,都将受到城市居民的影响。

近年来,我国内衣行业发展速度较快,内衣生产企业近万家,主要集中在珠三角、长三角等产业聚集区域,已成为全球内衣产业增长最快的地区之一。我国内衣品牌慢慢崛起,诸多有影响力的品牌开始在国际上崭露头角。与此同时,众多国际知名内衣品牌也已进入我国市场,争夺我国女性内衣市场的份额,我国正在从内衣制造大国向销售大国转移。

1886年成立于德国的内衣品牌"黛安芬",从100多年前的一个在厂房生产紧身内衣的小型企业起家,发展成为全球最国际化的内衣企业之一。时至今日,总部位于瑞士的Zurzach(楚尔察赫)的"黛安芬"已成为全球最大的内衣制造商之一,拥有超过37000名员工,年销售额超过16亿美元,每年生产超过2亿件内衣产品,正主导着世界内衣行业的发展和流行。1979年"黛安芬"就开始在我国来料加工产品,1992~1993年在我国成立了盐城国际妇女时装有限公司和海南优美内衣有限公司,正式确立了进入我国市场的战略。凭借着国际品牌的运作经验,"黛安芬"迅速打开了我国市场,并迎得了一大批追求形象与质量的忠诚消费者,迅速发展成为我国内衣行业的领跑品牌。2005年,众多国外著名内衣品牌高调进入我国市场,风靡全球的"维多利亚的秘密"在北京国际内衣博览会上惊艳亮相,为我国的女性内衣市场带来了不同的风格;同年10月,上海国际时尚内衣展上从欧美漂洋过海来的30多个洋品牌,把我国女性内衣市场从单一的功能性需求转变为多种需求并存的现状,众品牌之间的竞争加剧,"黛安芬"品牌的领导地位也受到了冲击。如今,我国的文胸市场,包括众多的国际品牌和国内品牌,整个市场呈零散型产业结构,品牌集中度低,领导品牌几乎不存在。知名品牌主要有德国的"黛安芬"、日本的"华歌尔"、美国的"维多利亚的秘密"等十多个品牌。这些知名内衣品牌大都在我国设厂,以全资或合资的形式进行生产,降低运作成本。国产的内衣品牌近些年也有了较快的发展,北京的"爱慕"、上海的"古今"、深圳的"曼妮芬"、"芬怡"、大连的"桑扶兰"等内衣品牌在女性内衣市场上也占有了重要的地位。

文胸的中低端市场在现阶段也具有一定的优势。在批发市场或超市内衣部,销售的大多为中低端产品,这部分产品虽然在做工和面料上与大品牌产品存在一定差距,生产工艺也比较简单,但在色彩、款式等方面紧跟流行,价格成为最大的竞争优势。

内衣行业大多处于竞争的成长期,但与整体内衣行业竞争状态不同的是,文胸市场已进入到竞争升级阶段。国际、国内品牌并立,消费者品牌意识正在普及,市场的竞争将以大品牌侵占小品牌市场份额的方式进行发展。未来,当文胸市场进入到竞争的稳定期,消费者品牌意识将进一步加强,各大品牌之间的竞争将会更加激烈。

二、文胸市场品牌格局

2011年6月,女性内衣市场前十位品牌市场综合占有率合计为60%,比2010年的64.8%有所下降。其中,前两位品牌爱慕和安莉芳的市场综合占有率均在10%以上;第三至第六位依次是曼妮芬、黛安芬、欧迪芬和古今,市场综合占有率也均超过了5%;第七至第十位依次是华歌尔、芬狄诗、桑扶兰和婷美,市场份额均不到5%。

1. 欧迪芬

欧迪芬国际集团在1980年成立于我国台湾省,现已在法国、美国、日本等国际内衣市场销售。1993年欧迪芬进入我国大陆，在北京建立第一家分公司。1996年欧迪芬在上海注册公司，为欧迪芬全面拓展我国市场奠定了坚实的基础。欧迪芬曾推出内衣外穿新概念，并研发获得专利的功能型睡袋文胸。近年来，欧迪芬大量使用透气舒适的高端材质，以提高产品的健康概念和舒适性。

欧迪芬对目标市场的把握较为准确，针对不同目标群体开发了不同品牌和风格的产品。欧迪芬品牌本身定位在28～35岁追求小资情调的都市白领市场，这些消费者追求浪漫品质的生活，懂得用最适合的内衣塑造完美身形，由内而外地显示曼妙姿态。在高端市场，欧迪芬引入了法国高端品牌伊夏（Ilsee），为28～38岁名媛贵妇、千金小姐、社会地位或购买力水平较高的女性设计法式珠宝精品内衣，开创我国精品内衣新纪元。在年轻女性市场，又推出璐比（Rubbi）品牌，为20～25岁富有创造力、喜欢变化的新时代年轻女性量身打造，让她们选择内衣的同时，分享了"轻、变、炫"的年轻生活理念。同时，又代理美国尖端隐形内衣品牌，名为Nubra，为18～35岁都市女性提供集合魔术胸罩、无肩带胸罩、隐形胸罩功能为一体的美国原装进口专利产品。欧迪芬完成了多层次的产品整合，更大程度地满足了我国不同消费群体的需要，并通过合理且具有发展潜力的营销模式，保证了与同行的竞争时能获得竞争优势。

2. 黛安芬

黛安芬（Triumph）品牌在1886年创立于德国，1953公司改名为国际黛安芬，标志着迈向国际的发展路线。1992～1993年在我国成立盐城国际妇女时装有限公司和海南优美内衣有限公司，开始正式进入我国女性内衣市场。

黛安芬内衣的设计紧随流行，做工精巧，采用先进的面料满足消费者对舒适度的要求，这些产品特征赢得了全世界女性的青睐。内衣产品涉及普通型、古典型、功能型、生理型、运动型等各个领域。在香港亚洲总部，黛安芬公司的设计团队，根据亚洲市场每个季度的市场变化和需求，设计全新概念的产品。

黛安芬公司旗下注册有四个品牌，分别命名为黛安芬，Valisere，Sloggi，HOM。黛安芬品牌主要针对都市中高档时尚女性内衣市场进行产品开发，体现内衣带给消费者的青春、时尚、前卫的特征。Valisere品牌的产品，将高雅古典的理想主义风格和传统的奢华之气完美融合，满足女性追求性感和奢华的需求。Sloggi定位在年轻时尚的女性内衣市场，表现自然、纯净、舒适、简洁的欧洲内衣时尚。Sloggi的产品不仅会提供舒适、简单的内衣，更会满足消费者对于流行品味的渴望。HOM品牌则把目标消费者选择在男性内衣市场，为男士提供舒适的内衣产品。

3. 华歌尔

华歌尔品牌在1949年成立于日本，1986年进入我国市场，本着"让中国的女性更加美丽，为中国社会做出更大贡献"为目标，开始了在我国生产和销售女性内衣的事业。1993年，在北京设立工厂作为加工基地，并在上海建立了销售分公司，开始致力国内市场的销售。华歌尔产品针对中高档时尚女性内衣市场，强调内衣功能性的特点，重视身形的塑造，把品牌定位于"塑造美丽黄金比例"上。

华歌尔重视人体数据的研究，收集日本、中国等地的女性人体数据，作为产品生产的基础，使得产品更适合亚洲女性身材的特点。同时，在设计方面又迎合了亚洲女性内敛、文雅的气质，突出女性优美体态，帮助女性完善理想形象。

华歌尔实施了多品牌策略，为不同目标市场的女性提供不同定位的产品。2012年收购法国内衣品牌Huit，品牌风格集前卫、动感、现代为一身，倡导简约、舒适的内衣哲学，传递无比精致、浪漫唯美的法式气息。Huit的产品将性感、时尚巧妙的融入合体的穿着体验中，为女性带来无与伦比的舒适与自信，淋漓尽致的释放女性曼妙的曲线之美。珀尔西（PowerShape）品牌定位于功能性内衣，专注塑造我国女性完美体形。珀尔西产品的生产数据来源于华歌尔人体科学研究所对我国女性的数据搜集，并通过分析穿着者的日常动作、肌肉与骨骼的运动，也将穿着者每个年龄段的体形变化数据进行分析，生产高端塑身衣。2010年华歌尔在上海成立义乳内衣顾问部门，为乳癌康复者提供专业义乳内衣试穿服务。丽曼（Remamma）品牌就专为经历乳房手术的女性而设，产品包括义乳、内衣、泳衣等，帮助乳癌康复者重拾从前的体态，重建自信，不再介意别人的目光，可以维持正常的社交活动。华歌尔旗下还有一个专门生产睡衣的品牌Salute，呈现了各式各样风格的产品。

4. 安莉芳

1975年，安莉芳集团创办于香港。1987年于深圳成立安莉芳（中国）服装有限公司，1993年成立安莉芳（常州）服装有限公司，并将生产线设于深圳与常州两地，开始大范围进军我国内地市场。2010年底安莉芳上海总部大厦正式落成启用。

安莉芳集团旗下拥有"Embry Form安莉芳"、"Fandecie芬狄诗"、"Comfit"、"Liza Cheng"、"E-BRA"等内衣品牌系列。

安莉芳的产品设计时尚、制作精巧，能为不同年龄的女士提供全线内衣产品，不论是活泼的青春少女，还是成熟女士、妊娠母亲，都能在安莉芳找到满意的文胸产品。芬狄诗品牌以年轻市场为销售目标，它打破东西方文化束缚，将伦敦的潮流时尚与东京的漫画艺术完美的融合在一起，以先锋的个性态度诠释了时尚女性的活力性感。Comfit的含义是"Comfortable（舒适）"与"Good Fit（合体）"的拼合，体现出"贴身、贴心"的品牌文化内涵。Comfit是一个专业化、具有功能性的内衣品牌，提倡绿色健康的功能属性概念，提供舒适、合体的内衣产品，以满足女性对健康、塑形、保健、运动、孕育等多方面的功能性需求。E-BRA是为女性提供美观时尚、舒适健康、平价实惠且有品质保障的专业内衣品牌，拥有绿色生态纺织品认证，并且融合了专业品质与时尚元素，为女性提供舒适化、多样化的产品选择。E-BRA产品价位极具竞争力，以最优的价格提供时尚和品质良好的多样化产品，带给顾客物超所值的购物体验。安莉芳集团的多品牌策略使得其公司的文胸产品几乎能够覆盖所有类别的女性市场，具有较好的竞争优势。

5. 爱慕

爱慕品牌来自北京，创立于1993年，一直秉承"精致、时尚、高雅"的品牌定位，坚持为顾客创造美丽与时尚的设计理念，追求东方元素与国际流行的有机融合，着力树立具有中国风格的国际化高端品牌形象。以"创造美，传递爱"为使命，将创意、科技、文化和环保融于时尚。

爱慕的产品涵盖基础内衣、塑身内衣和时尚内衣三大类。目前旗下已拥有多个品牌：爱慕、爱慕男士（Aimer men）、爱美丽（imi's）、兰卡文（LA CLOVER）和心爱（Shine Love）。

爱慕以精致、时尚、高雅并融合东西方文化的原创设计为女性创造美、传递爱，展现万千姿彩的女性韵味。LA CLOVER定位在奢华、性感、与众不同的女性群体，将源自意大利的设计风格融入每件作品中，把四叶草的幸运萦绕在每一位成功女性身边。爱美丽（imi's）是一个高度关注年轻女性生活方式的时尚品牌，品牌定位在"心的活力"，主张"感受时尚、享受快乐"的生活理念。爱慕的产品充分彰显性感的女性魅力，传达美国式的轻松和浪漫，这些女性追求个性化的生活方式、讲究品质、对生活充满期待。

6. 曼妮芬

曼妮芬品牌创立于1996年，是深圳汇洁集团股份有限公司旗下的知名内衣品牌。该集团的前身是深圳市曼妮芬针织品有限公司。公司现在拥有六个品牌：妮的秘密、伊维斯、曼妮芬、兰卓丽、乔百仕、BODYBEAUTY，各品牌定位清晰，针对不同的细分群体，产品线覆盖不同年龄段和多层次客户，形成了较为完备的品牌体系。

曼妮芬品牌注重充分展示女性的魅力，这些女性拥有天生的细腻与诱惑，追求自己的幸福，年轻时尚。伊维斯目标群体的消费者，坚定地追求永恒的事物，不盲目追赶潮流，品位细节、享受精致生活。兰卓丽拥有"自然、舒适、亲和"的品牌风格，是针对二线市场的内衣品牌，目标群体具有平和待人、关爱自己的生活态度，追求物有所值的理性消费，崇尚自然舒适、轻松自在的生活方式。

7. 古今

古今是1998年在上海创立的内衣品牌。古今文胸设计以当下流行的各类内衣外穿元素为灵感，运用不同的工艺手法，及设计巧思，创造出一组组自然舒适且散发着迷人气息的产品。产品的目标群体年龄跨度较大，从十六七岁的少女到四五十岁的女性都可以在店铺里找到合适的产品。

8. 芬怡

深圳市芬怡内衣有限公司成立于1997年，是一家以销售为主的生产销售型专业内衣企业。山茱萸是芬怡的品牌识别符号，象征着恒久的美丽。芬怡品牌以现代女性的生活态度为核心，以塑造女性形体健康美态、以提供切身的愉悦感受为终极追求。

9. 芭芭拉

1926年，法国的Pantin Marcel Bena在他的公寓里设立工作室为胸衣制作薄纱，这就是Barbara公司最初的雏形。1939年，公司使用Barbara名称生产内衣。到1974年Barbara产品占有了法国5%的内衣市场份额。"每一秒钟诞生一位维纳斯"，是人们对Barbara最由衷与贴切的赞叹。使用贝壳商标的Barbara在70多年来不停地致力于传统品质与流行时尚的结合，始终为女性创造流行、舒适、品质三者兼具的贴身衣物，力图让女性散发内心深处最柔美的特质。正因为如此，Barbara的每一件内衣都足以让女性迷恋不已。

10. 维多利亚的秘密

维多利亚的秘密（Victoria's Secret）成立于20世纪70年代初，隶属于美国知名中高档服装生产商Intimate Brands集团，性感是Victoria's Secret的代名词。自成立那天起，公司的名字就一直成为了魅力、浪漫、纵容及女式内衣的代名词，公司每分钟的内衣销量高达600多件。

维多利亚的秘密所倡导的"穿出你的线条，穿出你的魅力，带着轻松舒适的享受穿出属于你的那一道秘密风景"，成为了时尚女性的追求。完美的奢华感成就了女性的品位、挑剔与自我坚持，从文胸布料质感到剪裁线条都帮助女性由内而外地演绎出最细致的自我风情。

每年2月在纽约举行的春季时装发布会上，内衣似乎早已经超出了她们原本存在的意义，成为构筑一场宏大而瑰丽的童话意境的元素，秀场更像是一出声势浩大的百老汇舞台剧。众多世界超级名模们争相亮相，使得维多利亚的秘密更加充满诱人的色彩。

2004年7月，维多利亚的秘密公司开始打造红粉佳人（PINK）这个品牌，专为大学生和高中生定制休闲服、睡衣和贴身内衣。亚历山大·安布罗休为该品牌的首位代言人。红粉佳人在全美各大校园巡展，在校园外设立分销点供学生选购产品。品牌通过在MySpace网站、Facebook网站，与MTV合作并在年轻人的博客间开展市场。

三、文胸消费者购买动机分析

　　文胸产品的消费者，从最初的羞于谈论文胸产品到在公开场合分享购买经历，从偷偷摸摸购买到大大方方试穿，从满足个人生理需要到展现个体审美和个性需要，其心理发生了很大的变化。文胸产品的消费也逐渐个性化、时尚化、多元化。消费者文胸消费观念的变化，极大地推动了市场的发展。

　　随着经济水平的提高，消费观念的改变，以及服饰文化包容现象的普及，我国女性已经把追求个体美从外部的服装及其配件扩展到内在的文胸及其他内衣上。文胸的购买出现了多种动机并存的现象。

　　1. 生理舒适性动机

　　生理舒适性主要指文胸面料具有很好的服用性能和触感，尺寸符合穿着者运动特征，使穿着者感到生理舒适，活动自如。根据零点调查《女性内衣消费趋势报告》的数据，追求文胸产品的舒适性动机是消费者购买的最重要动机，50岁以上消费者中66.7%的人会将面料的舒适性放在购买动机的第一位。

　　作为女性第二层皮肤的文胸，设计和生产必须保证人体运动时不变形、不脱落，达到透气性、舒适性好的效果。追求穿着的舒适性成为女性购买文胸的基本动机。为了满足女性消费者生理舒适性的要求，需要在产品设计时充分研究人体工程学，掌握人体各部位运动与文胸结构的关系，了解文胸结构与面料物性的关系等，使产品真正做到合体、舒适、方便运动，尽可能使女性在着装后获得最大的自由度，满足对生理舒适性动机的诉求。现在，很多文胸生产企业，为了满足消费者这一购买动机，着手建立了我国女性身体尺寸数据库，使文胸产品的尺寸更符合目标消费者身材特征，达到较好的舒适效果。爱慕内衣公司从1996年开始与北京服装学院共同进行人体科学领域的研究，其人体测量工程也在几年前就达到了科学化、专业化程度，并成功计测了国内不同区域不同年龄的近万名女性体型数据，建立了数据达几百万个的女性体型数据库，爱慕的设计师凭这些数据，研发出符合我国女性体型特征的内衣板型结构，让女性穿着更舒适。

　　除了文胸产品的尺寸外，不同季节消费者对文胸厚薄和面料也有不同的要求。夏季皮肤容易出汗，容易产生皮肤过敏的现象，所以，夏季的文胸产品更强调吸湿、透湿、透气的性能。

　　2. 展示自我个性动机

　　不论哪个年龄段的女性消费者，都有展示自我个性的动机，越来越追求文胸的时尚性和艺术性的结合，把文胸的选择作为表现自我的途径，充分体现了个人的审美、情趣和爱好。30岁以下的青年女性是开放的消费群体，喜欢新鲜的外来文化，大胆地接受奔放的内衣风格并喜欢鲜艳的颜色，用文胸产品充分显示自己青春活力、无拘无束的个性。30～40岁的消费群体，注重文胸产品的品质，关注文胸和外衣的协调搭配，不盲目追求时尚，个性中带有更多高雅的内涵，因此文胸的颜色尽量选择明度低、纯度低的系列，展示一种低调、和谐的风格。

　　3. 重塑身形的动机

　　大多数女性对自己的身材并不满意，都希望能够借助文胸产品尽可能地完善自己的体形，展示优美的曲线，为了能够实现这一动机，可能宁愿牺牲穿着的舒适性。已婚的女性、胖体女性、局部有缺陷的女性和中年女性这一动机的表现更加明显。文胸生产企业现在一般采用高弹面料及特殊的组织结构制成的面料，达到补正体形的效果，并通过多片式裁剪的结构设计和特殊的缝制工艺，使穿着者达到调整体形、修整体态的目的。一些胸部曲线不太明显的女性，会选择一些厚型罩杯或者在罩杯侧面加入衬垫的款式，起到修饰曲线的作用，功能性文胸的购买大多数是重塑身形目标的体现。

4. 健康与保健动机

随着生活水平的不断提高，人们对健康和保健的意识越来越强，开始关注贴身内衣的保健功效，为了满足消费者的这一动机，文胸从面料到辅料都开始有了变化。用牛奶、蚕丝等蛋白纤维制成的文胸，除了穿着更加舒适外，还具有了护肤、美肤的作用，成为中、高端文胸产品的卖点。"戴安芬"和"安莉芳"两个品牌的文胸，在一些产品中还分别将芦荟和深海鱼油添入了面料，以起到滋养肌肤的作用。有些文胸企业生产的文胸，在罩杯里加入磁性按摩片，穿着时只需将文胸调整到震动状态，磁性按摩片会产生震动，对乳房起到按摩、增加乳房供血、防止乳房下垂的作用。

5. 审美动机

文胸作为个体服饰的组成部分，充分的体现了个体追求审美的动机，消费者希望能够从文胸产品的色彩、款式、造型和风格等方面，获得视觉满意的情感体验。奢华的蕾丝花边、闪亮的平纹织物、新型的面料和极富女性魅力的装饰物，以及刺绣、金线装饰、钉珠等细节处理方法，广泛的运用到文胸产品上，甚至华贵型内衣还采用施华洛世奇水晶和水钻等配饰，这无一不体现了满足消费者审美动机的设计手段。

四、文胸消费人群分析

1993年之前，我国文胸市场相对闭塞、购买渠道比较单一，基本上只有国产品牌出现在终端卖场上，文胸产品的消费者消费观念比较保守、陈旧。1993年之后，市场逐渐开放、活跃，多元化的购买渠道出现，国外品牌逐渐进入我国市场，消费者"真爱自我""展示自我"的消费观念越来越明显。

按照购买力水平的不同，我国文胸消费者可以分为三类，不同消费者有着不同的购买习惯和消费心理。

购买力水平高的消费者，关注文胸的品牌知名度，重视文胸产品的品质，对文胸的个性需求体现在强调产品的奢华感、产品设计风格突出等，是文胸购买的完美主义者。她们认为，自己值得拥有最好的品牌，只有高端品牌才能满足自我形象以及生活品质的需要，对品牌有较高的忠诚度。

中等购买力水平的消费者，同样强调文胸的品质，一般购买主流时尚的品牌，对文胸的个性需求体现在突出自我个性，关注产品的变化风格上。这些消费者偶尔会购买一些品牌高附加值的文胸，但日常购买更多的是主流品牌，虽然熟悉各个品牌，但是品牌忠诚度不高，喜欢尝试不同品牌的产品，她们抱有"我可以拥有更好的品牌"这样的消费逻辑。

购买力水平较低的消费者，对文胸的需求体现在低价、潮流上，希望产品有潮流感，有丰富的产品款式可供选择。经常购买有质量保证的中低端产品，对款式的要求更多，希望自己能融入流行的行列，并从中获得自信。

根据问卷《内衣消费者调研报告》的数据，在我国，中低端购买力水平的消费者，是文胸产品购买的主力军，能够承受的产品主流价格在100～300元之间，在这一区间的文胸品牌众多，竞争极为激烈。

女性在购买文胸时，会出现与外衣购买不同的行为特征，主要体现在以下几个方面。

1. 主力消费群体年轻化

文胸的主流消费者年龄在18～30岁之间，这一群体对文胸的消费有着需求全面、渠道广泛的特点，有56.97%的消费者购买频率较高，没有明显的购买动机，属于冲动型消费。她们只要遇到合适的、喜欢的、价格可接受的文胸，就会产生购买行为（数据来源于阿里巴巴内衣频道）。

2. 文胸产品选择趋向品牌化

消费者普遍认为，优良的品牌形象不仅代表了优良的产品品质，也代表了自己的形象。消费者根据自己的需要、价值观以及生活方式来选择与之相适应的内衣品牌，而品牌会使消费者联想到某一种形象，这种形象与自我形象紧密联系起来。从消费心理的角度来说，消费者购买一个法国品牌的文胸，她不只是关心文胸具有什么功能，更重要的是体验品牌传递出的个性与品位，通过品牌来表现自己的社会阶层和生活方式。美国文胸品牌"维多利亚的秘密"致力于将品牌打造成一种象征生活态度的方式。在这之前，女性文胸更多地只是一种日常所需的普通衣物，"维多利亚的秘密"使文胸被赋予更多丰富的内涵，穿上一件漂亮的文胸成为女人享受美好生活的一部分。爱美是女性的天性，展现魅力自我是女性的本能，时尚、性感的"维多利亚的秘密"文胸，完美地体现出女性的一种追求美丽、热爱生活的积极态度。

根据2012年1月《纺织服装周刊》的调查数据，文胸市场的品牌集中度是所有服装中最高的，达到60.57%，消费者的购买集中在爱慕、黛安芬、安莉芳、曼妮芬、华歌尔、古今、桑扶兰、伊维斯、芬狄诗这9个品牌，但是市场却没有绝对的品牌主导者。

3. 文胸产品色彩选择多元化

文胸市场之前最容易被消费者接受的基本都是黑、白无色彩系的产品。随着文胸产品色彩多元化的变化，购买黑、白传统文胸颜色的消费群体比例逐步减少，选择近肤色的和多彩色的消费者比例逐步增多。消费者选择文胸的颜色开始随着外衣每一季流行色的变化而变化，开始考虑内衣和外衣颜色的协调和风格统一。

4. 产品需求多元化

文胸产品选择的多元化体现在多个方面，款式、面料、风格、功能都出现多元化的需求。消费者不再满足千篇一律的款式设计，更愿意购买时尚多变的款式，搭配不同的外衣。面料上，轻薄的蕾丝、性感的薄纱、舒适的纯棉都成为被选择的目标。甜蜜糖果的风格、优雅知性的风格、性感奔放的风格可以出现在同一个消费者的衣柜里，她们更愿意为风格买单。文胸不再仅仅是女性的裹胸布，丰胸、保健、聚拢等功能都集中体现在文胸产品上，多元化的产品更容易满足多变的消费者需求。

在时尚程度较高的城市，比如上海、北京、深圳等地，女性的生活交际圈日益扩大，这些场合对文胸的穿着提出了新的要求，文胸能否满足不同场合的穿着需求，如晚装、T恤、沙滩派对、情人约会装扮等提供配套的产品，已经成为消费者选择文胸品牌的重要因素。

第四节　文胸的基础知识

一、了解人体及乳房

文胸紧裹人体，有协调皮肤运动和弥补体形缺陷的作用，可帮助女性塑造出更加完美的身材。乳房是女性身体上唯一没有骨骼支撑的器官，其腺体组织和脂肪组织极易在皮肤松弛和腺体萎缩时松懈下垂，而乳房下垂会改变躯干上下的比例关系，影响人体的整体美。所以，为了保护健美的乳房，需要及时而正确地选戴文胸。文胸的作用是保护、清洁、支撑乳房，使血液循环畅通，从而有助于乳房发育，减少行走和运动时乳房的摆动。正确佩戴文胸可以防止乳房松弛下垂，促进乳房内脂肪的积累，使乳房丰满挺立，塑造出健美的体形。

（一）乳房位置和人体的比例分析

1. 女性乳房的位置及比例

由于种族、文化、营养结构等因素，女性乳房的形态、大小、位置有一定差异。在维纳斯雕像上，人们对乳房的美有了较为统一的标准，即乳房丰满对称、大小合宜。维纳斯胸部的整体美不仅表现在乳房这个局部，还表现在它的位置与胸部结构处于一种黄金比例，这是视觉中最佳的比例关系。在人体美学和服装学上都有提及到影响人体乳房视觉效果的因素主要是乳点高和乳间距。很多有关人体美学和服装学的资料都认为7头身比例的体型是理想女性体型，从头顶至下颌点的垂直距离为一个基本单位距离（全头高）；下颌点至胸点（BP点）的垂直距离为第二个头高；胸点（BP点）至脐下位置的垂直距离为第三个头高（图1-14）。胸点（BP点）的高度应在第二条分割线（胸围线）上，即（身高-胸点高度）/全头高应为2；小于2说明胸点较高，视觉上会显得人比较挺拔；大于2说明胸点较低或者胸部下垂，视觉上人的重心靠下。横向胸点间距应为肩宽的0.5，大于0.5显得乳房向外发散角度过大，不够美观。

在文胸舒适性影响因素的研究中，穿着者对文胸的需求除尺码合适、紧度适中外，更注重文胸塑胸美体的功能，即通过文胸抬高胸高点，拉近胸点间距，以调整视觉上的美感。大多数人需要通过提高、聚拢胸点，来达到或接近人体美的标准。无疑选择好的内衣可以有效地改善视觉上人体比例的美感。

2. 女性人体上身脂肪的分布

乳房是由脂肪和乳腺等构成的，它本身没有肌肉组织可以自行托起，也没有紧贴胸骨。它只是由腺组织、脂肪组织等构成，外面由皮肤组织支撑，所以这部分的皮肤要格外地护理，以免乳房过早地松懈下垂。乳房尺寸的大小，是由青春期女性身体里的荷尔蒙及身体本身的敏感度决定的。一般来说，荷尔蒙越多，胸部就会发育的越大。完美

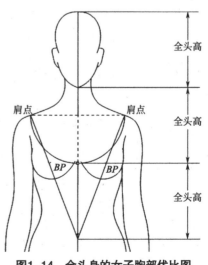

图1-14　全头身的女子胸部优比图

的胸形也与胸部的脂肪量息息相关，它也会随着胸部形态不同而变化。另外，血液循环不畅，体重的变化，还有生育时带来的胸部收缩，都会加速胸部皮肤的老化。除此之外，胸部还是受地心引力影响最为明显的人体部位。

图1-15中箭头的方向表示乳房皮下脂肪越来越薄的方向。以乳房为中心的胸部脂肪带的形态直接决定了文胸罩杯的深度、宽度和整个罩杯的外部形态及内部结构。

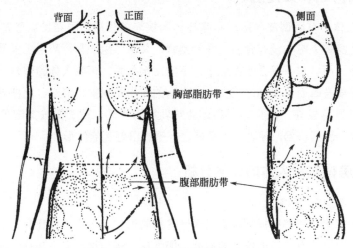

图1-15 女性胸部脂肪分布图

（二）乳房形态的研究

1. 维纳斯乳型

维纳斯乳型是乳房圆周的半径与乳高均等，乳腺组织丰满，状如苹果，是美容家所推崇的最美造型，也是文胸设计制作中所塑造的标准。图1-16中的 AB 代表乳高，AD 代表胸围线与胸下围之间的距离，B 是乳头点，其间的距离为乳间距。

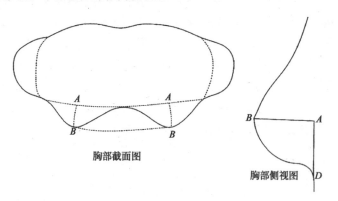

图1-16 维纳斯乳型

2. 常规乳房形态

人体的胸腔结构、肌肉形状与对称性以及胸骨的形状和深度等差异很大，胸部体表形态也因人种、年龄、发育、营养、遗传等因素有很大不同，比如：即使两个人的胸围和胸下围尺寸相同（应该穿着同一号型文胸），但如果她们的胸部扁平率（胸宽与胸厚比）、胸点间距、乳房的立体形态、下垂程度等特征数值存在较大差异，其穿着文胸的合体度和舒适感也会大相径庭。此外，即使是同一个人，在其不同的生长阶段，乳房形态也会有很大变化，例如哺乳期前后女性的乳房就会有很大的改变。甚至在1个月的周期内，由于荷尔蒙的分泌不同，乳房的尺寸和形状都会有规律地变化。

胸部造型除了胸围、乳间距、乳高等基本参数外，还涉及胸高的倾斜角度，乳房的形状、位置、大小以及胸部的侧面轮廓曲线等。自然状态的乳房形状因人而异，从高挺到低平，个体差异很大，总体来看，大致可分为以下几种类型：扁平型、半球型、标准型、圆锥型与下垂型，如图1-17所示。

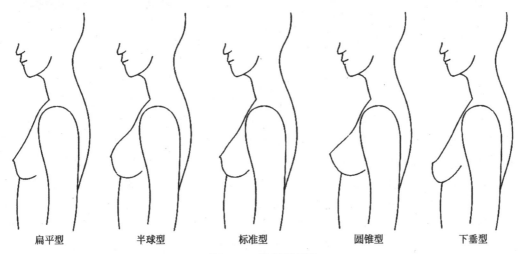

图1-17 胸部类型图

（1）扁平型：乳房隆起不高，底部相对较大，多为少女发育期。

（2）半球型：乳房隆起较大，并且饱满，如同半个苹果，是胸型中最丰满的一种。

（3）标准型：乳房隆起适中，底部宽度从胸内缘到前腋窝，整体圆润挺拔，介于扁平型与半球型之间。

（4）圆锥型：乳房隆起很高，底部相对较小，乳房向前突起并稍有垂感，底部窄且凸出量相对较大，非常美丽，但衰老快。

（5）下垂型：乳房隆起但下垂，乳点位置很低，下侧一部分碰到胸部，甚至整个乳房呈现下垂挂状。

文胸罩杯造型设计需要针对不同的乳型及体型比例特征作不同的设计，以达到美的效果。图1-18为除标准乳房外的其他乳房形态，C点是乳房上缘点；B点是乳头点；D点是乳房下缘点；A点是B点做垂直线与CD线的交点，AB是乳房高；AC与AD的大小关系表示乳房的下垂程度。各个部位的数据不同，AB、AD、AC有其变化的规律。圆盘型因AB值较小，几乎没有下垂的可能，则$AC=AD$；半球型的B点已略有降低，则$AC>AD$；圆锥型的重心外移，且重力增加，则B点更为下移，$AC>AD$；下垂型的B点更加下移，甚至低于D点，使之呈袋状悬垂，这时AC远大于AD。除此之外，在人体美胸的评论中，乳沟被认为是美胸所必备的，乳沟的形成除了需要足够的AB值外，还要求双乳之间的距离不能过大，因此需要设计罩杯时提高聚胸程度（即缩小乳间距）。随着年龄和受地心引力的影响，乳房的形态也会发生一定的变化，逐渐由圆盘型、半球型等变为其他的形态。从而影响了乳房乃至整个体形的外在形象美,因此,文胸就扮演了一个很重要的角色。它可以对女性易下垂的胸部施加一定的力量,从而修正或保持好乳房的形态。

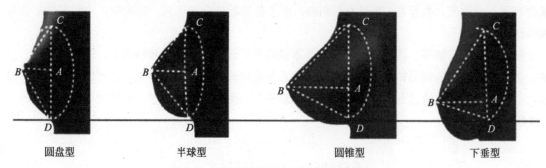

图1-18 乳型的截面形态和轮廓曲线特点

3. 不同乳房形态的罩杯选择

罩杯的杯型和分割方式会依据人体的胸部大小、形态特征来选择。人们把罩杯分为A、B、C、D、E等杯型,这些字母代表罩杯的大小,即人体胸围与下胸围的差。将其分为小、中、大三种,A为小杯,B为中杯,C、D、E为大杯。依据各种罩杯的造型以及功能的分析,小杯一般采用1/2、3/4杯型,单褶或两片式分割,不适合多片分割;中杯一般采用3/4、全罩杯杯型,适合各种分割;大杯一般采用全罩杯杯型,多片式分割,罩杯容量更大;应当根据胸部大小选择罩杯的杯型。结合上面所列的罩杯功能与造型要求来选择合适的罩杯。

(1)圆盘型乳型

由于圆盘型乳型的 AB 值过小,必然导致乳房不够挺拔,可以选用带胸垫的文胸,将乳房向内推,从而提高隆起,使之丰满圆润。杯型可选用1/2杯或3/4杯。

(2)半球型乳型

半球型乳型的 B 点偏低,可选用3/4杯宽带钢圈文胸或选择全罩杯、三片式的裁剪。这类文胸底面积较大,可以将整个乳房全部包起来,避免选择1/2罩杯,防止造型出现压胸的状态,尽量选择较硬的面料,可不使用钢圈。

(3)圆锥型乳型

圆锥型乳型的 B 点下移,乳房向前突出并稍有垂感,底部窄且突出量相对较大,适合穿着底面积宽、容积深、伸缩性佳的带钢圈文胸,也可选用垫棉文胸,使其更加丰满。杯型可选择全罩杯或3/4罩杯。

(4)下垂型乳型

下垂型乳型的 B 点下移量很大,一定要用钢托文胸,托起下垂的乳房,使其造型圆润,应选用3/4杯和全罩杯有钢圈的文胸,加宽后比,以防止乳房下垂。

二、文胸各部位名称及号型数据

(一)关于文胸

1. 文胸各个部位名称

文胸各个部位的名称如图1-19所示。

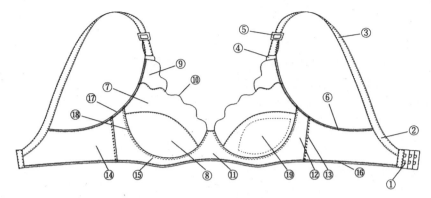

图1-19 文胸各部位名称

① 勾扣：可以根据下胸围的尺寸进行调节，一般有三个松量可供选择。
② 后背带：支撑后背肩带而设。
③ 肩带：可以进行长度调节，利用肩膀吊住罩杯，起到承托作用。
④ 圈扣：连接肩带与胸罩的金属环，也叫O扣。
⑤ 调节扣：一般是08扣或89扣配套使用，调节肩带长度。
⑥ 上捆：将侧乳收束于胸罩中，使用弹性材料，起到固定作用。
⑦ 罩杯上片：是胸罩的最重要的部分，有保护双乳、改善外观的作用。
⑧ 罩杯下片：是胸罩的最重要的部分，有支撑双乳的作用。
⑨ 耳仔：连接罩杯与肩带的部位。
⑩ 罩杯上沿：将上乳覆盖于罩杯中，防止因运动而使胸部起伏太大。
⑪ 鸡心：胸罩的正中间部位，起定型作用。
⑫ 侧比：胸罩的侧部，起到定型的作用。
⑬ 胶骨：连接后比与下扒的中间部位，里面一般为胶质材料，起定型作用。
⑭ 后比：帮助罩杯承托胸部并固定文胸位置，一般用弹性强度大的材料。
⑮ 下扒：支撑罩杯，以防乳房下垂，并可将多余的赘肉慢慢移入乳房。
⑯ 下捆：支撑乳房，可固定胸罩的位置，根据下胸围的尺寸确定。
⑰ 夹弯：靠手臂弯的位置，起固定支撑收集副乳的作用。
⑱ 钢圈：一般是金属的，环绕乳房半周，有支撑和改善乳房形状和定位的作用。
⑲ 杯垫：支撑和加高胸部，根据材质不同可分为棉垫、水垫、气垫。

2. 女性胸部及腰部主要尺寸测量（图1-20）

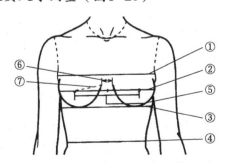

图1-20 女性上身主要部位测量图示

① 上胸围：以前腋下点为测点，用软尺围量一周的尺寸。
② 胸围：以 BP 点为测点，水平测量一周的尺寸。
③ 下胸围：以乳房下边缘乳底点为测量点，水平测量一周的尺寸。
④ 腰围：手臂弯曲，肘关节高度，量取腰部一圈。
⑤ 乳间距：两乳点（BP）间的直线距离。
⑥ 前中宽（心位宽）：前胸围线处两乳间的宽度。一般为 2～3cm。
⑦ 半乳宽：自乳点沿人体曲线测量至前中心减去前中宽的一半所得尺寸。

3. 绘制文胸所需数据

绘制文胸除了上述所需数据外，其他部位数据通过测量、计算、造型绘制等方法得到。如图 1-21 所示，虚线 a 部分是 BP 点的投影点到乳房根围的直线距离；虚线 b 部分是胸高差；虚线 c 部分是下乳杯长；虚线 d 部分是乳房根围；虚线 e 部分是 BP 点的投影点到乳房心位的直线距离；虚线 f 部分是 BP 点的投影点到乳房侧位的直线距离；虚线 g 部分是 BP 点到乳房心位的弧线距离；虚线 h 部分是 BP 点到乳房侧位的弧线距离。

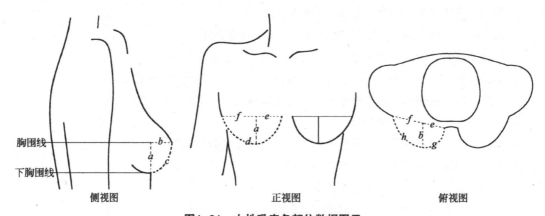

图1-21　女性乳房各部位数据图示

（1）下乳杯长

下乳杯长是指乳头至乳房下缘点（乳房根部的最低点），沿胸廓围量的水平围长尺寸。它是文胸结构设计中文胸罩杯下杯高的重要尺寸数据，也是判断文胸合体与否的重要尺寸数据之一。

（2）胸高差

胸高差是指 BP 点到其投影点的直线距离。它直接确定文胸在结构设计中收省量的大小，是判断成品文胸是否会出现罩杯空洞、不合体的主要尺寸依据。

（3）乳房根围

乳房根围是指腋侧乳房根围点经乳房底点到内侧乳房根围点的体表实长，是确定文胸罩杯弧度大小的主要尺寸数据，影响着文胸罩杯的合体性。

（4）乳房根围间隔

该尺寸是指乳房心位到乳房侧位的直线距离，是文胸罩杯围度设计的参考数据之一。

（5）BP 点的投影点到乳房根围线的直线距离

该尺寸是文胸罩杯结构绘制过程中重要的参考数据，影响着钢圈文胸中罩杯下弧度线的设计，在胸部数据统计过程中，该长度数据需经过绘图测量所得。

（6）BP点的投影点到乳房心位点的直线距离

该尺寸是文胸罩杯结构绘制过程中重要的参考数据。在胸部数据统计过程中，该长度数据是经过公式"乳房根围间隔/2"计算所得，但为了满足不同的造型要求，在等式后可适当的增加或减小数据，该长度数据与"BP点的投影点到乳房侧位点的直线距离"是相互对应的。

（7）BP点的投影点到乳房侧位点的直线距离

该尺寸是文胸罩杯结构绘制过程中重要的参考数据。在胸部数据统计过程中，该长度数据是经过公式计算所得，具体方法同BP点的投影点到乳房心位点的直线距离所述。

（8）BP点到乳房心位点的曲线距离

该尺寸是指BP点到乳房心位点的体表实际长度，是影响文胸罩杯杯宽尺寸大小的重要数据，是文胸造型设计中的重要参考数据之一。该数据统计经过绘图、测量所得。

（9）BP点到乳房侧位点的曲线距离

该尺寸是指BP点到乳房心位点的体表实长。这是影响文胸罩杯杯宽尺寸大小的重要数据，也是文胸造型设计中的重要参考数据之一。该数据统计经过绘图、测量所得。

（二）文胸的号型数据

1. 文胸的号型标注

服装号型的定义是根据正常人体的规律和使用需要，选出最有代表性的部位，经合理归并设置的。"号"指高度，以厘米表示人体的身高，是设计服装长度的依据；"型"指围度，以厘米表示人体胸围或腰围，是设计服装围度的依据。身高以5cm为单位，胸围、腰围分别以4cm、2cm为单位，同时上下装分别标有型号，以适应消费者的需求。人体体形也属于"型"的范围，以胸腰差为依据把人体划分成Y、A、B、C四种体形。Y型为胸腰差24～19cm，A型为18～14cm，B型为13～9cm，C型为8～4cm。

按照"服装号型系列"标准规定在服装上必须标明号型，号与型之间用斜线分开，后接体形分类代号。例如160/84A，其中160表示身高为160cm，84表示净体胸围为84cm，体形分类代号"A"表示胸腰落差在18～14cm之间。全国及分地区女性各体型所占的比例人群中，A和B体型较多，其次为Y体型，C体型较少，但具体到某个地区，其比例又有所不同，如表1-1所示。

表1-1 全国及分地区女性各体型所占的比例   单位：%

地区\体型	Y	A	B	C	不属于所列四种体型
华北、东北	15.15	47.61	32.22	4.47	0.55
中西部	17.50	46.79	30.34	4.52	0.85
长江下游	16.23	39.96	33.18	8.78	1.85
长江中游	13.93	46.48	33.89	5.17	0.53
两广、福建	9.23	38.24	40.67	10.86	0.96
云、贵、川	15.75	43.41	33.12	6.66	1.06
全国	14.82	44.13	33.72	6.45	0.88

从表1-1中可以看出，在全国A体型的女性占的比例最多，因此，选用A体型的女性进行数据分析，是最具代表性的。

（1）我国女性各号型系列身高与胸围的范围，如表1-2～表1-5所示。

表1-2　女性Y号型系列身高与胸围范围　　　　　　　　　单位：cm

部位	数值						
身高	145	150	155	160	165	170	175
胸围	72	76	80	84	88	92	96

表1-3　女性A号型系列身高与胸围范围　　　　　　　　　单位：cm

部位	数值						
身高	145	150	155	160	165	170	175
胸围	72	76	80	84	88	92	96

表1-4　女性B号型系列身高与胸围范围　　　　　　　　　单位：cm

部位	数值									
身高	145		150		155	160	165		170	175
胸围	68	72	76	80	84	88	92	96	100	104

表1-5　女性C号型系列身高与胸围范围　　　　　　　　　单位：cm

部位	数值										
身高	145		150		155	160	165		170		175
胸围	68	72	76	80	84	88	92	96	100	104	108

（2）文胸的号型

文胸的"号"是指下胸围的大小，表示方法多种多样。我国主要采用美英和日本的标准来标注。欧洲/日本使用的65、70、75、80等，是指下胸围的尺寸为65cm、70cm、75cm、80cm等。美国/英国使用的30、32、34、36等，是按照英寸制，在下胸围尺寸数的基础上增加4～5，测量下胸围遇奇数加5，遇偶数加4。如测量下胸围尺寸为29英寸，那么文胸的号为34，如果是28英寸，则为32。中间体以下胸围75cm为基准数，以5cm分档向大或小依次递增或递减来划分不同的号。

文胸的"型"是指罩杯的大小，以罩杯代码表示，罩杯代码表示相适宜的人体上胸围与下胸围之差，允许误差为±1.25cm。罩杯一般用A、B、C等大写英文字母表示，每2.5cm为一级，AA为7.5cm，A为10cm，B是12.5cm，C是15cm，D是17.5cm，E是20cm，以此类推，如表1-6所示。不同国家、地区对号型的标注是不同的，即使是同一号型所表示的尺寸也有差异（表1-7～表1-9）。总的来说，在AA杯和D杯之间的尺寸是统一的。我国多采用日本的标注方法，同时也存在着与美英相同的标注方法。

表1-6　罩杯代码　　　　　　　　　单位：cm

罩杯代码	AA	A	B	C	D	E	F	G
上下胸围之差	7.5	10.0	12.5	15.0	17.5	20.0	22.5	25.0

表1-7 常规文胸号型标准　　　　　　　　　　单位：cm

文胸号型	下胸围	胸围与下胸围差
70AA	68～73	7.5
70A	68～73	10
70B	68～73	12.5
70C	68～73	15
70D	68～73	17.5
70E	68～73	20
70F	68～73	22.5
75AA	73～78	7.5
75A	73～78	10
75B	73～78	12.5
75C	73～78	15
75D	73～78	17.5
75E	73～78	20
75F	73～78	22.5
80AA	78～83	7.5
80A	78～83	10
80B	78～83	12.5
80C	78～83	15
80D	78～83	17.5
80E	78～83	20
80F	78～83	22.5
85AA	83～88	7.5
85A	83～88	10
85B	83～88	12.5
85C	83～88	15
85D	83～88	17.5
85E	83～88	20
85F	83～88	22.5

表1-8 各国文胸号的标注

英国	美国	欧洲/日本	法国	意大利	澳大利亚
30	30	65	80		
32	32	70	85	1	10
34	34	75	90	2	12
36	36	80	95	3	14
38	38	85	100	4	16
40	40	90	105	5	18
42	42	95	110		
44	44	100			
46	46				
48	48				
50	50				
52	52				
54	54				
56	56				

表1-9 不同国家和地区的文胸型标注

英国	美国	欧洲/日本	法国	意大利	澳大利亚
AA	AA	AA	AA		
A	A	A	A	A	A
B	B	B	B	B	B
C	C	C	C	C	C
D	D	D	D	D	D
DD	DDE	E	E	DD	DD
E	DDDF	F	F	E	E
F	G				F
FF	H				FF
G	I				G
GG	K				GG
H	L				H
HH					HH
J					J

2. 文胸测量与公差要求

根据FZ/T7 3012-2008《文胸》标准中，针对文胸产品的检验规则等有详细说明（表1-10、表1-11）。

表1-10 规格测量部位及规定

规格		测量方法
底围长	a	自然平摊后，沿文胸下口边测量（可调式量最小尺寸）
肩带长	b	量肩带的总长（可调式量最大尺寸）
衣长	c	自然平摊后，自肩带中间量至最底边（只用于肩带与罩杯为整体的文胸）

表1-11 规格尺寸公差要求　　　　　　　　　　　　单位：cm

项目	优等品	一等品	合格品
底围长	±1.0	±1.5	±2.0
肩带长	±1.0	±1.5	
衣长	±1.0	±1.5	

3. 文胸相关部位的数据分析

文胸设计的部位尺寸有很多，但因为人体各部位间是相互联系的，几个相关联的变量在反映信息时会有若干的重叠，因此采用主成分分析可以从诸多变量中找出几个能反映所含信息的典型指标，并以此标定文胸号型。在徐朝晖的《数据分析在文胸生产中的应用》的主成分分析中应用相关数学方法得出了文胸控制部位间的如下相关系数。

① 下乳杯长 $= -0.398283 + 0.061417 \times$ 下胸围 $+ 0.314924 \times$ 胸围差

② 乳房根围 $= -6.245713 + 0.257876 \times$ 下胸围 $+ 0.5948 \times$ 胸围差

③ 胸高差 $= 8.550891 - 0.051215 \times$ 下胸围

④ 乳头间距 $= 0.724918 + 0.191781 \times$ 下胸围 $+ 0.314244 \times$ 胸围差

⑤ 乳房根围间隔 $= -0.653143 + 0.172132 \times$ 下胸围 $+ 0.188452 \times$ 胸围差

根据造型效果，可调整BP点的纸样结构位置，以乳房根围间隔数据的中点为理论意义上的BP点，向中间偏移0～1cm。如果要求强居中效果，BP投影点到乳房侧位的直线距离=乳房根围间隔/2+1；BP投影点到乳房心位的直线距离=乳房根围间隔/2-1。如果只要求提起抬高效果，BP投影点到乳房侧位的直线距离=乳房根围间隔/2；BP投影点到乳房心位的直线距离=乳房根围间隔/2。BP投影点到乳房根围的直线距离、BP点到乳房心位的弧线距离和BP点到乳房侧位的弧线距离在乳房根围和下乳杯长的数据控制下，根据造型要求测量得到。

以上这些数据可根据国家号型，分别计算出各体型的下乳杯长、乳房根围、胸高差、乳头间距和乳房根围间隔。表1-12～表1-17为A体型各罩杯乳房理论数据计算表。

表1-12　A体型AB杯乳房理论数据计算表　　　　　　　　　　单位：cm

罩杯	AB	AB	AB	AB	AB	AB
胸围差	5.0	5.0	5.0	5.0	5.0	5.0
胸围	70	75	80	85	90	95
下胸围	65	70	75	80	85	90
下乳杯长	5.2	5.5	5.8	6.1	6.4	6.7
乳房根围	13.5	14.8	16.1	17.4	18.6	19.9
胸高差	5.2	5.0	4.7	4.5	4.2	3.9
乳房根围间隔	11.5	12.3	13.2	14.1	14.9	15.8
乳头间距	14.8	15.7	16.7	17.6	18.6	19.6

表1-13　A体型AA杯乳房理论数据计算表　　　　　　　　　　单位：cm

罩杯	AA	AA	AA	AA	AA	AA
胸围差	7.5	7.5	7.5	7.5	7.5	7.5
胸围	72.5	77.5	82.5	87.5	92.5	97.5
下胸围	65	70	75	80	85	90
下乳杯长	6.0	6.3	6.6	6.9	7.2	7.5
乳房根围	15.0	16.3	17.6	18.8	20.1	21.4
胸高差	5.2	5.0	4.7	4.5	4.2	3.9
乳房根围间隔	11.9	12.8	13.7	14.5	15.4	16.3
乳头间距	15.5	16.5	17.5	18.4	19.4	20.3

表1-14　A体型A杯乳房理论数据计算表　　　　　　　　　　单位：cm

罩杯	A	A	A	A	A	A	A
胸围差	10	10	10	10	10	10	10
胸围	70	75	80	85	90	95	100
下胸围	60	65	70	75	80	85	90
下乳杯长	6.4	6.7	7.1	7.4	7.7	8.0	8.3
乳房根围	15.2	16.5	17.8	19.0	20.3	21.6	22.9
胸高差	5.5	5.2	5.0	4.7	4.5	4.2	3.9
乳房根围间隔	11.6	12.4	13.3	14.1	15.0	15.9	16.7
乳头间距	15.4	16.3	17.3	18.3	19.2	20.2	21.1

表1-15 A体型B杯乳房理论数据计算表   单位：cm

罩杯	B	B	B	B	B	B
胸围差	12.5	12.5	12.5	12.5	12.5	12.5
胸围	77.5	77.5	82.5	87.5	92.5	97.5
下胸围	60	65	70	75	80	85
下乳杯长	7.2	7.5	7.8	8.1	8.5	8.8
乳房根围	16.7	18.0	19.2	20.5	21.8	23.1
胸高差	5.5	5.2	5.0	4.7	4.5	4.2
乳房根围间隔	12.0	12.9	13.8	14.6	15.5	16.3
乳头间距	16.2	17.1	18.1	19.0	20.0	21.0

表1-16 A体型C杯乳房理论数据计算表   单位：cm

罩杯	C	C	C	C	C	C
胸围差	15	15	15	15	15	15
胸围	75	80	85	90	95	100
下胸围	60	65	70	75	80	85
下乳杯长	8.0	8.3	8.6	8.9	9.2	9.5
乳房根围	18.1	19.4	20.7	22.0	23.3	24.6
胸高差	5.5	5.2	5.0	4.7	4.5	4.2
乳房根围间隔	12.5	13.4	14.2	15.1	15.9	16.8
乳头间距	16.9	17.9	18.9	19.8	20.8	21.7

表1-17 A体型D杯乳房理论数据计算表   单位：cm

罩杯	D	D	D	D	D
胸围差	17.5	17.5	17.5	17.5	17.5
胸围	77.5	82.5	87.5	92.5	97.5
下胸围	60	65	70	75	80
下乳杯长	8.8	9.1	9.4	9.7	10.0
乳房根围	19.6	20.9	22.2	23.5	24.8
胸高差	5.5	5.2	5.0	4.7	4.5
乳房根围间隔	13.0	13.8	14.7	15.6	16.4
乳头间距	17.7	18.7	19.6	20.6	21.6

三、文胸的主要结构

文胸的结构直接决定造型的视觉效果，文胸造型美的根本原因就在于结构设计是否合理。只有合理、美观的内在结构设计，才可能带来令人赏心悦目的外观造型。

（一）文胸罩杯的分类及功能特点

罩杯是文胸的主体部位，除了覆盖乳房，还有托胸、隆胸的作用。以下是对罩杯进行的分类。

1. 按罩杯覆盖乳房面积分类

罩杯覆盖乳房面积的大小分为全罩杯（4/4杯）、半罩杯（1/2杯）、3/4杯、5/8杯、三角杯（图1-22）。

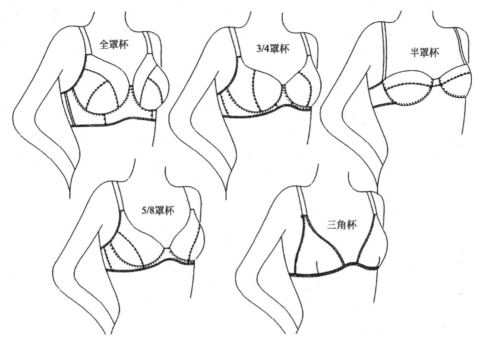

图1-22　按罩杯覆盖乳房面积的大小分类

（1）全罩杯

全罩杯的罩杯一般较深、较大，将乳房全部包容于罩杯内，侧拉片及下扒较宽，其侧下位和前中位紧密贴合人体，有较强的牵制和弥补作用。全罩杯对乳房的支撑力也较大，具有较好的支撑与提升集中的效果，是最具功能性的罩杯。可以很好地固定乳房，使其行动自如，同时，可收集分散在乳房周围的肌肉，胸肌较多而属圆盘型乳型的女性可以选择此种罩杯，也可以根据乳高的需要在内层增加海绵衬或其他材料的衬垫来美化造型。由于能使穿着者胸部稳定挺实、舒适稳妥，因此深受妊娠、哺乳期妇女、年纪较大或胸部较大女性的青睐。

（2）1/2罩杯

1/2罩杯是在全罩杯的基础上，保留下方的罩杯支托胸部，具有托高乳房的作用，使胸部造型挺拔。一般都会在胸口部位加些花边装饰来增加立体感，适合胸部较小的年轻女性，不太适合丰满的人穿着。罩杯外形设计呈半球状，在设计制作中95%以上的为可拆卸肩带，由于稳定性较弱，提升效果不强，承托力小，所以比较适合胸部小而平坦的女性。此种胸罩通常可将肩带取下，搭配露肩、露背、吊带等服装。

（3）3/4罩杯

3/4罩杯介于全罩杯和1/2罩杯之间，它是利用斜向的裁剪及钢圈的侧压力，使乳房上托，侧收集中性好，其造型优美、式样多变，特别是前中心的低胸设计，能展现女性的玲珑曲线。这种式样的内衣实用、舒适，并且能够很好地修饰乳房形态，半球型、圆锥型可以选用此种造型以增加乳沟魅力，如乳房有下垂倾向，则宜在罩杯下缘加衬钢圈，以增加胸罩的承托力。这款胸罩最适合在重要场合穿戴，无论是结婚典礼、晚会相聚，还是其他重要的社交活动都可以搭配合适外衣。

（4）5/8罩杯

介于1/2杯和3/4杯之间，适合胸部小巧玲珑的女孩，更显丰满。由于前幅收止的位置正好在乳房最丰满的地方，因此会令胸部显得特别丰满。5/8罩杯又可分为偏1/2杯型和偏3/4杯型两种，偏1/2杯型的5/8杯由于领型呈一字造型，对乳房上部的丰满度要求较高，较适合胸部为B杯或C杯的丰满人群，偏3/4杯型的5/8杯由于前幅边呈斜角，心位较低，丰满人群易产生压胸现象，因此特别适合胸部为A杯或B杯人群。

（5）三角杯

遮盖面积为三角形的杯型，它覆盖面较小，性感迷人，美观性较好，适合胸部丰满胸型美观的年轻女性穿着。

2. 按分割线的设计分类

通常还可将罩杯分成单褶一片、两片分割、多片分割、一次性压模成型的罩杯（图1-23）。

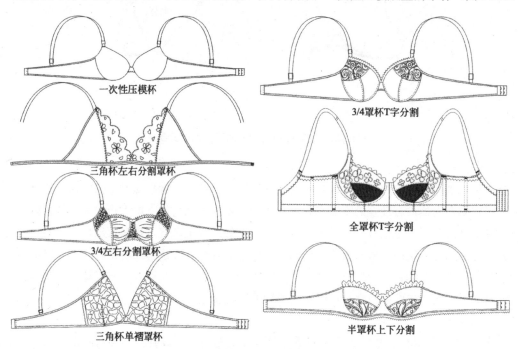

图1-23　罩杯按分割线分类部分设计图

（1）单褶一片

单褶一片罩杯虽然不易塑造圆润的外形，但最适合运用到无钢圈的沙滩比基尼上；外饰蕾丝时通常选择这种分割设计，以确保花型完整。为了更好地控制罩杯区域的形状，一般单褶都是由BP点往罩杯下沿中间部位形成。然而，这样的结构设计使其罩杯造型相对较扁平，罩杯容量有限，包容性不大，因此，适合胸部较小的女性穿着。

（2）两片分割

两片分割罩杯又分上下杯、左右杯和斜形罩杯，无论是哪种造型，杯中分割线的设计十分重要，平直或圆顺，直接影响到文胸的穿着效果。

(3)多片分割

由于罩杯面积小,分割片数多,不易于加工工艺,最常用的多片分割设计是T字分割,其塑造圆润的形状,更多用于棉杯分割或大罩杯设计。

(4)一次性压模成型

该造型是指在一定温度、压力下固化成型的罩杯,表面圆顺平滑,适合夏季穿着。

3. 按其使用材料划分

(1)模杯文胸

模杯文胸由海绵复合后经过高温处理一次成型,立体感强,表面造型具有光滑圆润的特点。可分为厚模杯、中模杯、薄模杯、上薄下厚模杯。可以不完全依靠钢圈的承托力和肩带拉力来抬高乳房,而是依靠模杯的造型来改善乳房的形状,具有塑造圆润胸型的作用,适合乳房偏小的女性穿着(图1-24)。

(2)夹棉文胸

夹棉文胸由丝棉贴合针织布后,经过裁剪缝合而成,杯型灵活多样。丝棉手感丝滑,非常柔软。用薄海绵制成的杯型较薄,透气性好,通过裁剪工艺改变罩杯大小、深浅,穿着后能适当调整胸型,让胸型呈现自然挺拔状态。能制成各种杯形,适合各种胸型女性穿着。另外,在内层增加衬垫可以根据需要灵活拆下和更换。在衬垫里可加入各种增加血液循环的物质,对乳房起到保健的效果(图1-25)。

(3)单层文胸

单层文胸罩杯无夹棉,用单层或双层面料缝制而成,以单层蕾丝的款式最为常见,有浓厚的欧洲风格,透明、轻薄,充分体现性感魅力,适合胸型浑圆丰满的女性穿着(图1-26)。

图1-24 模杯文胸效果图

图1-25 夹棉文胸效果图

图1-26 单层文胸效果图

4. 按肩带的设计

(1)根据外形效果分类

① 无肩带类:一般作为露背式时装或晚礼服专用文胸。

② 肩带不可卸类:用打结机将肩带固定罩杯上,对胸部的提升和保型效果有很好的作用。

③ 肩带可卸类:肩带与罩杯用挂钩方式固定,便于肩带按需拆卸。

(2)肩带的选择

肩带的选择应根据不同的体形以及不同的穿着风格来定。

① 厚肩:肩膀弧度适中,肩部肌肉较厚,锁骨、肩胛骨不明显者,文胸宜选肩带略宽、弹

力好、垂直状或内斜状肩带，太偏外侧的肩带容易滑落，而且对胸部丰满的女孩来说，造型上会显得比较松散。此外，肩带前段没有弹性，可以较好地拉起乳房，并且不会因穿戴几次之后肩带松弛而失去强拉力。

② 斜肩：俗称美人肩，这类肩膀弧度较大，无论肩部肌肉多少，肩胛骨都不突出。斜肩与窄肩不同，由于肩部斜度大，肩带很容易滑落，所以最好选用略宽一些的肩带，有利于防落滑，肩带背面的防滑处理可以加大摩擦力。

③ 平肩：俗称将军肩，这类肩膀弧度较小，肩胛骨比较明显。无论是选用哪种肩带都是合适的。但从胸部造型角度考虑，平肩体形看上去比较方正，可以通过胸部的调整使体形更加协调。窄肩型平肩，可通过外斜状肩带的文胸来使乳房向两侧扩展一些；宽肩型平肩，就可用内斜状肩带的文胸使乳房集中一些。但要注意乳房最高点与前锁骨中部在一条线上可使体形更加优美。

④ 露肩式服装：选择可拆卸肩带的文胸，注意文胸一定要合体、略紧，不然由于肩带的拉升，很容易下滑。另外，可拆卸的透明肩带亦是最佳选择。

⑤ 露背式服装：肩带偏外，后背位置较低的肩带以及绕颈型肩带都是露背装的最佳选择。

5. 按照文胸纸样设计有无钢圈划分

（1）有钢圈文胸

有钢圈文胸对胸部造型效果更好，但是对女性的胸部塑形的同时也会带来因压迫给身体造成的不适。

（2）无钢圈文胸

无钢圈文胸多为少女文胸，旨在起到对胸部的保护作用（图1-27）。另外，在乳房跟围进行结构造型设计，没有钢圈也能起到一定塑形效果。

图1-27　无钢圈文胸效果图

（二）罩杯分割方式与造型效果

在文胸设计中，罩杯的推胸、隆胸等功能主要借助杯型来达到，杯型即是我们通常所指的造型，罩杯造型的立体感依靠罩杯的分割结构线来完成，通过分割来达到立体的造型。罩杯的分割原则如下。

① 文胸罩杯分割线设计要以罩杯结构的基本功能为前提，使文胸穿着舒适、修体并且造型美观。

② 文胸罩杯的分割线在与标准胸部曲线不发生明显偏差的基础上，尽量保持平衡，使得缝合缝份后的造型在分割线处达到完美效果。

③ 文胸罩杯分割线一般经过乳点或靠近乳点分割。若是有几条分割线的，至少有一条分割线与乳点相交，其他的分割线则根据造型和功能要求来进行设计。

在文胸设计中，款式造型的立体感依靠分割罩杯的结构线或省的设置来完成，按照结构线的数量分为单褶一片、两片分割、多片分割。

1. 单褶一片

一片式罩杯除了压模一片式罩杯外，还有以单褶的形式设计的罩杯。可以分别在罩杯的上缘、下缘、心位、侧位四个位置设省，如图1-28所示。不同位置作用各不相同。

(1) 罩杯上缘分割设计

图1-28中的a图省位在罩杯上缘，缝合后下杯边弧线幅度会由于上缘省的牵扯力发生变化，罩杯向上的承托力减少，钢圈托不住胸杯底，并且上杯边的立体结构较强，而下杯边较扁平，包容量不大。同时，罩杯上缘的省缝量大小也会牵动上缘弧线的变化，影响了罩杯的合体性。胸部丰满的人穿着后，罩杯因托不住胸部而出现压胸现象，且由于包容量有限，胸部会感受到四周的压力，让人感觉非常不舒服。

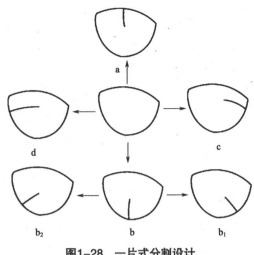

图1-28 一片式分割设计

(2) 罩杯下缘分割设计

b图省位在罩杯下缘，通常省位分布在两种位置，一种是省位在罩杯下缘外侧的b2图，另一种是省位在罩杯下缘内侧的b1图。b2图缝合后罩杯下缘，侧边弧线受到省缝线的牵扯力形成斜向的推力以及承托力，且扩大了外侧上部的包容量，使回流的脂肪有足够的发展空间，并通过受力作用将胸部往前中推拢。胸部外溢的人穿着后乳房向内推拢，提高隆起，使之造型圆满。与之对比，b1图省位在罩杯下缘内侧，着重加强胸部内侧的抬高力。省道缝合后下缘外侧弧线受到省线的拉伸力形成向上的承托力，而内侧由于省缝线的牵扯力加强了对胸部内侧的抬高。胸部娇小的人穿着后能让胸部提高隆起，使其鼓胀，从而使得造型丰满。

(3) 罩杯心位分割设计

如图1-28中的c图，省位在罩杯心位，接近罩杯上缘，缝合后罩杯上杯边会受到缝省线的拉伸力扩张，以贴合胸部，而罩杯下缘也受到缝省线的拉伸形成向上的支持力。然而，罩杯下缘对乳房向上的承托力有限，罩杯造型相对较扁平，包容量不大。丰满的人不宜选择此种分割效果，由于罩杯上缘弧度变化，穿着后会出现压胸现象。放在边角位的省缝线会加深车缝的难度，在纸样制作的过程中也会出现许多问题，同时，完成后的缝省缝份布料层也会比较厚，工艺难度比较大。

(4) 罩杯侧位分割设计

如图1-28中的d图，省位在罩杯侧位，缝合省后罩杯侧位容量增加，使回流的脂肪有足够的空间。罩杯上杯边会受到缝省线的拉伸力扩张，比较贴合胸部，而罩杯下杯也受到缝省线的拉伸形成向上的支持力，但罩杯向上的承托力有限，且罩杯靠鸡心位置相对较扁平。罩杯侧位较圆润，一般在罩杯内侧边垫上衬里，使罩杯侧边硬挺，起到推聚乳房的作用。

2. 两片分割

两片分割文胸按其分割线的方向可将文胸划分为上下罩杯（横向分割线）、左右罩杯（纵向分割线）。

(1) 上下罩杯

上下罩杯的上杯边缘线称为上杯边，上杯的下边缘是杯骨。它们的线型直接影响罩杯的合体程度，如弧线造型的上杯边不仅形态优美，而且有弹性，不会因为压迫乳房而使穿着者感觉不适；而直线造型的上杯边则过紧并且没有弹性，穿着后压胸且罩杯空，乳点顶不到杯顶，外形也不好看，所以对于上下罩杯的文胸来说，上杯的设计形态是影响造型设计的重要因素。

下杯是罩杯的下半部分，具有支撑、托高乳房的作用，使胸部造型挺拔。一片下杯比较扁平且立体效果不明显，包容量有限，造型相对较弱。水平上下杯型着重抬高乳房，其横向分割增加了罩杯容量，使其更具有包容性。一般上杯使用蕾丝花边面料进行设计，下杯则使用较有弹性的面料。

如图1-29中的a图所示罩杯上下水平分割，省道弧线经过BP点呈水平状，缝合省位后上杯边受到缝省的向下拉伸扩张，能更好地贴合胸部，下杯两端受到缝省的拉伸形成向上的支持力。杯骨弧线圆顺，但罩杯下杯相对扁平且立体效果不明显，包容空间小，造型感相对较弱。这种分割着重抬高乳房，适合胸部稍微下垂或胸部较小的人穿戴。

如图1-29中的b图所示罩杯上下斜向分割，罩杯横线分割自前中过BP点斜向上，杯型注重下杯造型结构，缝合缝份后，上杯边受缝份斜向拉伸扩张，能更好地贴合胸部。下杯两端受到分割线斜向上的拉伸形成向上和向内集中推拢力，因此形成两边向中间的推挤力，使乳房朝中间集中。斜型上下杯型注重下杯造型结构，罩杯横线分割线过BP点，且斜向外，下杯通过侧边推拢乳房，形成自两边向中间的推挤力，使乳房朝中间集中，呈现乳沟，性感迷人。

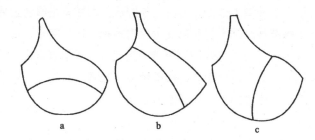

图1-29 两片式分割设计

（2）左右罩杯

左右杯型的文胸，在靠近鸡心的部分，杯中骨线的位置和形状设计相当重要，需要平顺圆滑，并且要突出胸高点的位置，这些因素都直接影响了文胸的造型美。靠近侧翼的部分，上边缘尺寸不宜过长或过短，它将直接影响肩带太开或太拢。杯中骨线的设计直接影响罩杯的立体造型，弧线弯度大，则穿着后罩杯内空间太大，并且压迫乳房；弧度太小，杯边缘不适体而产生反翘现象。左右杯型通过纵向分割，增加了罩杯容量，使其向上支撑的立体感加强。罩杯将乳房四周的肌肉向中部集中，乳房被托起的效果明显，突出乳房曲线。如图1-29中的c图所示罩杯左右分割，省道弧线的设计直接影响文胸的造型。缝合省位后左右杯都受到分割线拉伸，使左右杯有向上的支持力和向内集中的拉伸力，将乳房四周的肌肉向中部集中，乳房被托起的效果明显，突出乳房曲线。

3. 多片分割

多片式文胸以三片式最为常见，多片分割的罩杯能更好地贴合胸部，提高罩杯的合体性、舒适性，在工艺制作时也方便车缝。常见的多片分割有横T字和竖T字分割。横T字罩杯实际上是以上下罩杯的形式为基础，将下罩杯分割成两片的形式。竖T字罩杯则是在左右罩杯的基础上将靠近侧位的杯分割成两片的形式。

总的来说，两片式文胸只有一条或横或纵的分割线，比较扁平，立体效果不够完美，而多片式分割罩杯造型比较圆顺。虽然多片分割能够使得罩杯造型较为均匀平缓且包容量大，但分割线太多也会影响文胸的外观，尤其是出席重要场合时不宜穿这种杯型的文胸，胸部娇小的女性也不适宜选择此种款式。由此可见，结构线的设计对文胸造型的影响很大。不同的结构形式会造成造型上的差异，应从文胸的造型要求出发，设计合理的结构形式，这样才能将造型美准确地把握住。

（1）横T字分割

如图1-30中的a图所示将罩杯自前中纵向破开过BP点后再横向分割，缝合后不但能得到符合胸部曲线的立体结构，而且分割处能形成自两边向内集中的拉伸力，罩杯上杯边由于向下的拉伸力有所扩张能更好地贴合并固定乳房，而下杯边也由于向上的拉伸形成更好的承托力，包裹托住乳房。同时，罩杯侧片分割，缝合后使回流的脂肪有足够的发展空间，上片和下片形成较大的牵扯力将胸部往中间推拢，呈现乳沟，丰满性感。一般可在其中加入一层薄型或中型的衬里，使侧片变得硬挺，增加推托力。

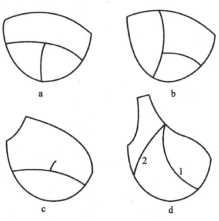

图1-30　多片式分割设计

（2）竖T字分割

如图1-30中的b图所示，斜向过BP点分割罩杯，缝合后罩杯增加了容量，更具有包容性，且分割线缝合处造型较为均匀、平缓。罩杯的下杯片分割处产生牵扯力，从而使下杯片形成向上的支撑力，同时，斜下片由于破开处的拉伸力而迅速扩张并形成自罩杯两侧向内的侧压力，推拢乳房向内集中，露出乳沟，丰满圆润。而罩杯上杯边由于向下的拉伸力有所扩张能更好地贴合乳房，下杯片也由于向上的拉伸更加强了其承托力，抬高乳房。

（3）倒竖T字分割

如图1-30中的c图所示，水平方向过离BP点1.5cm左右的点分割罩杯，在这点上过BP点纵向破开，BP点可稍上移0.5cm，这样破开的上省道大概2cm。将BP点稍微上移在视觉上有抬高胸部的作用，但移动的量值不可过大。缝合分割线后罩杯增加了容量，省尖造型较为均匀、平缓。罩杯的横向破开，对下杯边形成了向上的支持力，配合上杯边的缝省对上杯边两端产生拉伸扩展，使罩杯更好的贴合胸部，这种罩杯分割有很好的承托以及抬胸的作用。

（4）造型线分割

如图1-30中的d图所示，两道分割线把罩杯分为三片。缝合省道后，罩杯容量增加，更具有包容性。省道1的缝合对下杯边形成向上的拉力和斜向的推聚力，省道2增加了侧部的容量，使回流的脂肪有更多的发展空间，两道省的缝合都对上边缘拉伸扩展，使上边缘更好的贴合胸部，下杯边也由于向上的拉伸更加强了其承托力，这种罩杯分割适合胸部丰满的人穿。

多片式分割除了三片分割，还有四片分割。四片分割的包容性和造型会更好，但从文胸工艺的角度考虑，一般文胸很少采用四片分割，多片式罩杯分割一般应用在大杯的设计上，适合胸部丰满的人穿着。

第五节　文胸的面料及其辅料

一、文胸选用面料的原则

文胸是贴近肌肤的服装，在面料的选用上既要考虑能够塑造人体的美丽，又必须兼顾人体的健康。一般选择吸湿、透气、柔软、保暖，并具有一定的延伸性和回弹性，易洗、快干、不易变形等特性的面料。文胸主要作用是塑体美化，可选用装饰性和功能性兼具的面料。文胸对女性的胸部起到承托、稳定、矫正、美化的作用，其款式多样、色彩丰富，极具潮流感。面料可选用柔软、透气、吸水性好的棉布，花型典雅、纹理细致的蕾丝，以及滑爽亮泽的真丝等。在直接接触皮肤的部位，尽量不要选用化纤面料，以免引起湿疹和皮肤过敏。

文胸的材料最为复杂，它不仅需要吸湿、透气，还要有保型、装饰、富有弹性的功能，所以在选材上需设计多层次、多材料组合的结构，以满足多种功能的需要。一般是以天然纤维材料作内衬，以满足紧贴皮肤所需要的舒适保健性能，外加化纤合成材料用以定型及装饰，要求织物密度较大。辅助材料要牢固且光滑，主要有钢丝圈和调节扣。蕾丝花边装饰异彩纷呈，主要以刺绣与印花相结合的刺绣印花装饰面料用于文胸外饰设计。蕾丝花边是当今文胸必不可少的辅料，使时尚文胸有层出不穷的新款式。

进入20世纪90年代，倡导环保绿色面料用于内衣设计，具有以下几个功能需求。

① 舒适功能上提高选材的吸湿性和放湿性。

② 保暖功能上以往运用的纤维层及纤维层甲薄膜的方式将被新型内衣材料所取代，走向"轻、薄、暖"的最高境界。

③ 在内衣的保健功能上提升其增强人体细胞新陈代谢、活化细胞的功效，从而促进人体的血液循环、增强人体免疫功能。

④ 从整形功能上不断提高纤维的高弹性、耐磨性、轻柔舒适和防紫外线的功能等。

绿色环保内衣不仅是对人们健康的高度重视，更是对广大消费者美观性、舒适性的保障，迎合回归自然的时尚。

新纺织面料层出不穷，一些高科技含量的材料也进入了文胸设计、生产之中，如记忆合金、天然彩棉、大豆纤维、牛奶丝等。记忆合金丝可以使罩杯不变形，支撑底托的作用更好。彩棉纯天然、环保、不用染色，已大量用于内衣的生产。

二、文胸面辅料的种类

（一）文胸的面料

内衣面料基本分为两大类：天然面料和人工合成面料。

天然面料又分为植物纤维（棉、麻等天然纤维）面料和动物纤维面料，动物纤维面料又分为毛发类（羊毛、兔毛等）面料与分泌物类（桑蚕丝、柞蚕丝等）。天然纤维基本被应用于内衣的贴身部分例如文胸的里衬、内裤的底裆等。由于天然纤维本身有种种局限性，现在的内衣大都采用合成纤维面料（涤纶、锦纶、氨纶）。天然纤维面料的优点：透气、吸汗、不易引起皮肤过敏、不起静电。缺点：缩水、易褪色、变色、起球、打皱、使用寿命短。合成纤维面料的优点：色泽艳丽、强度大、耐磨性好、不褪色、不起球、不打皱、使用寿命长。

1. 文胸所需主要面料

（1）棉

棉的手感质朴、温和，无光泽，穿着舒适，但易起皱和缩水。这种棉织物除了做家居服和睡衣外，还可以制作部分文胸和内裤，穿着健康、舒服、透气。棉或涤棉针织汗布制造加工的里布，弹性小，用在文胸里衬或内裤底裆等贴体的敏感部位，保证穿着的基本舒适性，透气吸湿，亲肤感极好（图1-31）。

（2）真丝

真丝是世界上最好的天然面料之一，手感柔软细腻，穿着舒适、飘逸，悬垂性好，其透气性和吸湿性都很强，是四季都适合穿着的内衣材料。但真丝梭织面料没有弹性，无法制作紧身、塑形的文胸、束裤，只有用丝纤维织成针织布，增加其经纬向的弹性后，方可作为内衣面料（图1-32）。

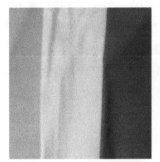
图1-31 棉布

图1-32 真丝面料

（3）拉架布与滑面拉架

拉架布是棉与弹性纤维相结合而成的一种面料，弹性大、透气，常用于文胸及内裤。滑面拉架是双向弹性面料，不同纹向弹性区别较大，其特点是回弹性好，主要用来做文胸后拉架，束裤、腰封、功能性束衣（图1-33）。

（4）琼丝汀

琼丝汀是弹性面料，其特点是富有缎面光泽，有华丽的丝光效果，主要用于文胸及内裤、束裤（图1-34）。

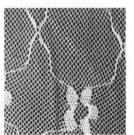

图1-33 拉架布与滑面拉架　　　　　　　图1-34 琼丝汀和渔网布

(5) 渔网布

渔网布是双向弹性面料，不同纹向弹性区别较大，根据面料的薄厚分别用于文胸、内裤、束衣及泳衣的外观设计，具透气、性感效果。同时可用于束裤、腰封、功能性束衣（图1-34）。

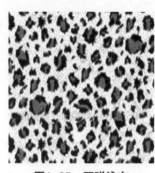

(6) 双弹泳布

双弹泳布是双向弹性面料，其特点是伸展性好，产品可分普通型、超细型等，前一种主要用做文胸、内裤，后一种则是泳衣的首选面料（图1-35）。

(7) 莫代尔（MODAL）

莫代尔是采用天然木材或者其他材料纺丝加工而成的纤维，因纤维本身及生产过程中所使用材料，均可回收再利用，是新时代环保产品，也被叫做再生纤维素纤维。它具有透气性和吸湿性，其柔软、通爽、细腻的特性，使织物光滑如丝，穿着极为舒适，多次洗涤不易掉色。但保形性和耐磨性较差，且具有较强的可燃性。

图1-35 双弹泳布

(8) 莱卡

莱卡是一种优质氨纶，它是美国前杜邦公司研发的优质弹力纤维的一个注册商标。莱卡的伸展度可达5～7倍，且能完全回复原样，对人的束缚力很小，可以配合任何面料使用，不能单独织成面料，只能与天然或合成纤维混纺织成面料，它使面料具有非凡的回弹力，使用在内衣上，使内衣面料富有弹性，上身效果更加舒适美观。现在一般的内衣都属于棉与莱卡的混纺面料，克服了纯棉织物的强力较低、尺寸稳定性差的缺点，具有手感弹性好、可机洗等优点。含莱卡的内衣外表美观，不易泛黄，贴身穿着特别舒适。

(9) 丝光棉

丝光棉采用100%纯棉，经丝光烧毛工艺制成，具有棉的优点，且色彩鲜艳、外观美观、光洁度高。穿着舒适，无压迫感，且穿着时不会起毛，轻柔滑爽。

(10) 彩棉

彩棉具有天然色泽，不用人工染色故而也避免了染色剂等化学有害物质。

2. 文胸所需辅助面料

(1) 定型纱

定型纱又称格子纱，呈尼龙网状，薄而透明、透气、硬度大、不贴身、不变形、无弹性，主要用做文胸的鸡心和侧边位。定型纱属于辅料，用于需要固定的部位，如文胸的鸡心或前片、束裤的腹部和两侧，紧身衣的两侧及前后腰部。使用时，将其放在面料的下面，以防止面料的变形。主要成分是锦纶、氨纶，特点是经向弹力强、纬向弹力稍差、恢复力好、强度大，强调的是收束性（图1-36）。

图1-36 定型纱

(2) 花边

花边又称蕾丝，一般分为经编花边和刺绣花边，装饰性织物，最能体现女性魅力的装饰物。富有神秘感，价格较贵，一般用强度最高的锦纶和弹力最好的氨纶交织而成，耐光性差。通常有弹性和宽窄之分。宽的花边10cm左右，可以裁开装饰在内衣的各部位；窄的花边只有1cm左右，通常缝在内衣边缘内侧。蕾丝是内衣杯面的主要面料，基本分为底网刺绣和蕾丝花边两类（图1-37）。

（3）弹力网

弹力网是束身型内衣常用的材料。这种材料网孔大、透气性好、弹性好，通常被两三层重叠使用，以加大矫形的力度。如图1-38所示。

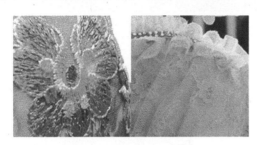

图1-37　底网刺绣和蕾丝花边

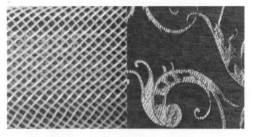

图1-38　弹力网和提花面料

（4）提花面料

提花面料的弹力不明显，柔软光滑，手感好，易洗快干，耐穿，不宜暴晒。如图1-38所示。

（二）文胸的辅料

（1）钢圈

钢圈用于文胸和塑身衣前片的罩杯底部，起到固型作用，是文胸产品重要的辅料。钢圈有各种规格，适合不同尺寸和体形的需要。钢圈有软硬之分，软质钢圈较窄，适合于胸部比较小的女性；硬质钢圈相对较厚，适合于胸部较丰满的女性。钢圈有归拢和支撑胸部的作用，使女性的胸部更有形、更丰满。在缝制时用多层布料包缝，并在两头打结，确保牢固（图1-39）。

（2）橡筋

橡筋又称花牙丈根，是1～2cm的窄边，有较强的弹性。通常用在文胸的上捆边和下捆边及束裤的腰部，具有包边的作用。同时，由于其厚实、耐磨，还具有一定的支撑性。

（3）捆条

捆条是包裹钢圈、胶骨和钢骨的衬布。由于其紧贴人体，因此不仅需要柔软适体，还要具有牢固耐磨的特性，以防钢圈、胶骨穿出戳伤人体，所以一般的捆条都是三层以上包裹的。2cm宽的捆条，用于罩杯棉的缝合位的面部；1cm宽的捆条，用于罩杯棉的缝合位的底部。

（4）钢骨

钢骨由小金属钢圈套穿制成，宽度不到0.8cm，长度10～25cm不等。钢骨的韧性较强，比胶骨柔软，适合在长身束衣和腰封上使用，穿着既舒适又能塑形体。特别是长款的束胸产品在边缝和侧缝上都使用钢骨，便于支撑衣服的下缘，使其不会翻卷上来。特别是采用了360°记忆合金钢骨，可以不受任何动作的限制（图1-40）。

（5）胶骨

胶骨是细窄条的塑胶制品，有半透明和不透明两种。半透明的较薄，可以直接缝纫，不透明的较厚，无法直接缝纫。胶骨的宽度不超过0.6cm，长度3～12cm不等。它有一定的韧性和强度，用于文胸和塑身衣的侧位，目的是支撑、收缩乳房两侧的脂肪，保持身体曲线优美。

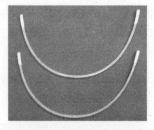
图1-39 钢圈实物图

图1-40 钢骨

（6）肩带

肩带是内衣的重要组成部分，主要的受力部位。可以根据设计专门制作或细或粗的肩带，甚至是双肩带、透明肩带、花边肩带等装饰性肩带（图1-41）。

图1-41 透明肩带和"9"字、"8"字肩带扣

（7）肩带扣

肩带扣是肩带和内衣连接的部件，有两种类型：一是肩带扣形如"9"字形（玖扣），是可拆卸肩带；二是固定肩带，其肩带扣形如"8"字形（捌扣），肩带无法拆卸（图1-41）。

（8）扣件（钩圈）

内衣的扣件通常用在后片中心位置，也叫背扣。文胸的扣件有单扣、双扣及多扣之分。连体文胸的扣件最多，从胸围线到下摆。内衣的扣件通常有三排，相间1.2cm，可用三排扣来调节内衣的松紧。由于内衣面料和工艺的特殊性，内衣的专用设备除了一般使用的单针平缝机外，还必须有一些特殊的机械设备来缝制肩带、扣件等，达到特殊造型效果要求（图1-42）。

图1-42 扣件和花饰

（9）花饰

花饰即两个杯罩中间的装饰物，常装饰于鸡心上方，多用细丝带做成精致的小蝴蝶结或吊坠。

（10）缝制线

缝制线主要有PP线和弹力丝。PP线用于文胸的车缝线；弹力丝只用于罩杯棉侧边和顶边的拷克底线。

三、文胸面辅料的选择

(一)文胸面料的适用性

文胸的各个部分具有不同的功能,在选取制作材料时,首先考虑是否适用。每个部位对于材料的要求是不同的。文胸的组料相当繁杂,一般情况下一件文胸的主辅面料达十几种:主料(全棉针织或细布)、花边、网眼布、无纺布、肩带、松紧带、钢圈、钩扣、调整环、斜条、饰花等。

1. 文胸的罩杯

罩杯部位由面布、里布和模杯材料组成。里布因直接贴合肌肤,应以全丝、全棉等天然材料为佳,而化学纤维因具有伸缩性,在制造修正体形的文胸时就必不可少了。面布可选用的范围很广,如针织平纹、棉布、蕾丝、弹力网布、经编织物等。模杯所使用的材料根据不同的款式要求而不同。第一种是单层文胸的罩杯,是由单层面料缝制而成,通过裁剪并利用面料的弹性塑造胸部立体曲线,其裁剪要求、合体性要求都很高。这种文胸透气性好,但塑型性相对较差,适合胸型丰满的人群。第二种是通过车缝工艺塑造的立体杯型的夹棉文胸,夹棉部分较常采用的是海绵与无纺布两种。海绵较为柔软、透气性较好,但是塑型性不如无纺布。无纺布是将蓬松棉热压成一定厚度的面料。无纺布还可运用贴合方式加工,粘压在两层针织面料之间,达到满足款式设计的要求。第三种由海绵、喷胶或丝绵材质经过高温、高压直接定形而成模杯文胸,外面覆盖一层同样热压定形的面布即可。

2. 文胸的鸡心

由于具有集中的效果,为了避免两罩杯中间位置的变形,鸡心底面料会用到定型纱,加强稳定性,以免鸡心部位变形。在前扣结构的文胸中鸡心的位置是采用金属扣或是塑胶扣的材质。

3. 文胸的后拉片

后拉片是以弹性拉架面料为主,分割处内层也有一层定型纱避免因拉力过强,导致面料变形等问题。人体在正常运动时,将拉伸后背的长度。因此后拉片必须具备弹性特点,以保证人体在运动时的舒适性。

4. 文胸的肩带

肩带最重要的作用是提拉乳房,塑造更美的身形。为了实现这一作用,肩带往往采用编织紧密并有一定厚度的织带。为了提高肩带的摩擦力,减少肩带滑肩的缺点,肩带反面加工成绒面以增强摩擦系数并温和贴肤。

(二)不同的文胸面料营造不同的风格

不同质感的面料可以体现不同风格的款式,文胸主面料为平滑有弹性的素色、印花针织面料以及有各种花纹图案的蕾丝、平织棉布、格子面料等(图1-43)。

光滑的弹性面料,表面平滑柔软,无需太多的装饰工艺就可表现出浪漫、简洁的设计风格。

文胸最常用的材料就是蕾丝,薄而透明的蕾丝面料轻盈、薄透、柔软,更能体现女性阴柔、曼妙的气质,适合设计富有柔美风格特点的文胸,突显浪漫、典雅、精致的风格。印花、格子等图案的针织平纹布,朴实中富于变化,表现出清新自然的风格。典型的豹纹图案,用于体现野性、极具性感的特点。

日式少女系风格中，常采用细格子面料，营造少女甜美可爱的气质，加上蕾丝花边的点缀更富于青春活力。少女系风格设计主要在面料的选用上，细格子、圆点印花等精致的图案面料，配于常采用的粉色系色彩，具有体现温顺而不失活泼的特色，让人体会少女清丽、柔美的个性特点。

欧式文胸以突显性感为主要风格特点，透明而带有花卉的薄纱是这一风格文胸最常用的面料之一。色彩上以深色系为主，主要体现强烈的视觉效果，以突现性感特色为主要目的。

（三）女性内衣材料服用性鉴定

文胸是贴身服装，从服用性角度看，外观主要指光泽、花纹、悬垂性、尺寸稳定性；舒适性则指满足人体生理卫生和活动自如所需要具备的各种性能，具体指吸湿性、透湿性、透气性、手感、弹性；耐用性是指耐加工与应用性能，具体包括强度、抗污和色牢度；保养性指洗涤性、防虫、防霉等。

通常，文胸材料的选用从外观、舒适性、耐用性、保养性和价格等方面来权衡，当强调一个服用性因素的时候，就只能淡化甚至忽视另一个。例如，贴身内衣以舒适性、耐用性和保养性为主，外观方面，可以降低要求；补整内衣是为了修整体形不足，配合外衣穿着，完善体形美，所以，在选

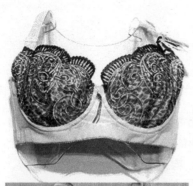

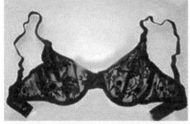

图1-43　不同风格的文胸

材时以外观的尺寸稳定性为主，相对考虑舒适性。既使舒适性不是特别好，但一些女性为了美丽，也会忽略对舒适性的要求；装饰文胸以外观、舒适性为主，即强调其吸湿性、透湿性和手感等，价格也相对较高，耐用性方面的要求就会降低。装饰文胸款式是根据流行而定的，不在乎是否经久耐穿；运动式文胸主要以舒适为主，同时还要求耐洗，好保养。现代人们追求健康美，在运动式文胸的款式设计中增加了不少时装元素，外观的要求也逐渐提高。

在进行材料检测时，可根据不同功能文胸，依据服用性要求主次，侧重检测相应面料和辅料的实用性能（表1-18）。

表1-18中的"√"只是表明侧重或主要检测方面，没有"√"的并不是不检测相应性能，只是针对服用性能要求相对较低。功能性文胸在面料服用性能鉴定时，完全依据其具体功能而进行相应检测，比如哺乳文胸，在维护女性乳房外形的基础上，主要为了哺乳方便，因此在面料的舒适性上，强调的是透湿性、保暖性、耐洗性，而弹性方面的检测是不需要的。

从表1-18中可以看到，不同功能的文胸必须要检测材料上残留物，也就是文胸必须采用"绿色纺织品"标示，即无毒害物质的纺织品，要求在穿着上对人体健康安全。同时，还都要求面料吸湿性、透气性和弹性好，然后再依据穿着功能要求不同，选择相应特性测试，这样以最有效的方法保证了服装质量。

表1-18 文胸检测要求

材料检测方法		文胸分类				
		贴身文胸	装饰文胸	补整文胸	运动文胸	功能性文胸
色牢度检测	耐洗色牢度	√			√	√
	耐光色牢度				√	
	耐刷洗色牢度	√	√		√	
外观形态检测	悬垂性		√			
	柔软度	√				
	洗可穿性	√			√	
通透性检测	吸湿性	√	√	√	√	√
	透湿性	√	√	√	√	√
	透气性	√	√	√	√	√
	保暖性	√				
变形性测试	拉伸变形	√	√	√	√	
	收缩变形	√			√	√
材料上残留物检测	甲醛	√	√	√	√	√
	杀虫剂或防腐剂	√	√	√	√	√
	染色牢度	√	√	√	√	√
耐用性检测	拉伸强度			√	√	√
服装辅料检测	衬料		√	√		
	里料		√	√		
	线、带料			√		
	花边和蕾丝	√	√			

第六节 内衣缝制设备与工艺

一、内衣常用缝制设备

制衣机械按照不同的用途可以分为裁剪设备、粘合设备、缝纫设备、钉锁设备、整烫设备以及各类专用设备等。

现代工业用缝纫设备随着服装的款式、面料、功能等方面的多样性，其种类、功能和缝纫方式也越来越多。目前世界上工业缝纫机的种类已经达到几千种，综合了电子、电脑、液压、气动等先进技术。既有一机多用型的缝纫机，又有专机专用型的缝纫机，为服装的工艺制作提供了更多的可能性。下面着重介绍内衣缝制工艺中最为常用的缝纫设备及其特点和用途。

（一）平缝机

平缝机又称梭缝机，是最常用的缝纫设备之一。其线迹结构简单、牢固、不易脱散，用线量少，线迹正反面相同，使用方便，但线迹的拉伸性较差。按照缝纫线迹可以将其分为单针双线平缝机和双针四线平缝机。在缝纫效果上看，平缝机也包括缩缝机。

内衣面料以薄料为主，更有极薄的面料存在，因此各大缝纫机生产厂家相继推出了针对内衣面料特点的工业用平缝机。解决了薄面料、弹性面料在缝制时出现的堵塞、滑移，以及缝纫线迹不规则等问题。配合电子控制设备，可以自由控制缝纫线迹的类型，集成自动切线、自动倒针等功能，大大简化了缝纫操作程序。

1. 单针双线平缝机

单针双线平缝机又称单针平缝机或单针车，如图1-44所示。一根面线和一根底线，在缝料上构成单线迹的缝线组织。

单针车在内衣工艺流程中主要用于拼合、固定等。对于针距密度设定以及缝份量，每个厂家针对自身的工艺水平、面料类别有着相应的缝纫规定（如拉架布、色丁布等高密度面料的缝份为0.4cm，蕾丝等镂空面料缝份适当加大，可以到1cm），各自独立，并自成一家。

2. 双针四线平缝机

双针四线平缝机又称双针平缝机或双针车，如图1-45所示。两根面线和两根底线，在缝料上构成双线迹的缝线组织。

图1-44 单针双线平缝机

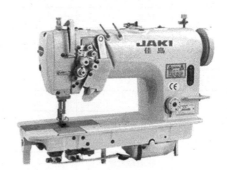
图1-45 双针四线平缝机

双针车在内衣工艺流程中主要用于固定、缉双线等工序。对于针距密度设定以及缝份量，每个厂家针对自身的工艺水平、面料类别也有着相应的缝纫规定。

3. 平缝机常用线迹

平缝机常用线迹如图1-46所示。

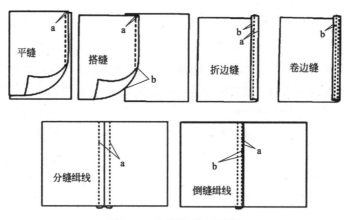
图1-46 平缝机常用线迹

① 平缝图中a指缝份大小，一般为0.3～0.6cm。

② 搭缝图中a指缝份大小，b指整个搭缝的宽度，一般b为0.6cm左右。

③ 折边缝图中线迹距离边缘宽度一般为0.1cm左右，a、b相加为整个缝份的宽度，一般为0.6cm左右。

④ 卷边缝是在折边缝的基础上增加卷边的大小，一般为0.3cm左右，图中b与折边缝相同。

⑤ 分缝缉线是在平缝的基础上将缝份分开，然后缉双线，线路宽度a一般为0.3cm。

⑥ 倒缝缉线是在平缝的基础上将缝份倒向一边，然后缉双线，线路宽度b一般为0.6cm，明线与布折边距离a一般为0.1cm宽。

（二）包缝机

包缝机又称拷边机、拷克机、锁边机、切边机等，如图1-47所示。其线迹是由两根或两根以上的线相互穿套于面料的边缘上，不必像平缝机那样需要更换底线，可以将包缝和缝合两道工序合二为一，提高生产效率。根据线迹和用线的数量可分为单线、双线、三线、四线、五线等几种包缝机，目前最为常用的是三线、四线、五线的线迹，这几种线迹可以集于一台包缝机，提高了缝纫机的利用率。包缝机可以进行包边、包缝、包缝连合等功能。

1. 三线机

三线机多用来包边。将单边裁片的边缘包裹起来，以防止脱散。

2. 四线机

四线机多用来包缝。将双层或者多层裁片的边缘包裹起来，在形成缝合的基础上防止边缘脱散。

3. 五线机

五线机多用来包缝连合。在包缝的同时，增加双线链式缝，兼有包边缝合的双重作用。

4. 包缝机常用线迹

在内衣制作工艺中，包缝机主要用来包缝面料边缘，防止面料脱散。另外四线、五线包缝机多数用来复合缝纫，将包缝与平缝一次性完成，如图1-48所示。

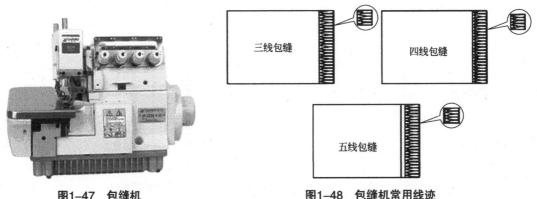

图1-47　包缝机　　　　　　　图1-48　包缝机常用线迹

① 三线包缝中的缝份在内衣工艺中多为0.5cm，密度为18针/3cm。

② 四线包缝的缝份在内衣工艺中多为0.6cm，密度为18针/3cm。

③ 五线包缝的缝份在内衣工艺中多为1cm，密度为18针/3cm。

（三）绷缝机

绷缝机又称唛夹机，是用两根或两根以上的面线和一根底线相互穿套而形成的链式绷缝线迹的工业缝纫机，如图1-49所示。由于绷缝线迹具有缝制面料边缘和在包缝线迹上进行绷缝的特点，强度高，拉伸性好，并且可防止裁片边缘脱散，因此被广泛用于针织类服装制作工艺中。近年来，成衣的款式变化万千，绷缝机亦常被应用于缉缝装饰线迹的用途上，而且绷缝机缝制的线迹款式变化有多种，如二针三线绷缝、二针四线绷缝、三针四线绷缝、三针五线绷缝、四针六线绷缝等。

在内衣工艺中，绷缝机的用途多用来进行折边（袖口、脚口、下摆等）、装饰、搭缝、固定等，如图1-50所示。

图1-49　绷缝机

二针三线绷缝线迹

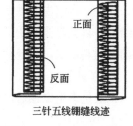

三针五线绷缝线迹

图1-50　绷缝线迹

（四）曲折缝缝纫机

曲折缝又称之字车、人字车、千鸟车，如图1-51所示。它是在普通梭式缝纫机的基础上增加了针杆摆动结构功能，形成曲折的线迹。用线量相对较多，其拉伸性也明显提高，同时外观比较美观。根据线迹状态又可以分为单针人字线迹和三针人字线迹。

在内衣工艺中，曲折缝缝纫机的用途多用来进行拼缝、装饰、搭缝、固定等，如图1-52所示。

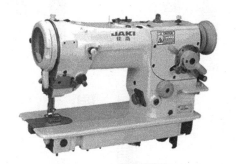

图1-51　曲折缝缝纫机

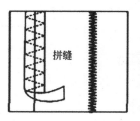

拼缝

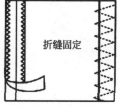

折缝固定

图1-52　曲折缝线迹

（五）套结机

套结机又称为打结机、固缝机、打枣车，专用于缝合加固成品服装中受拉力和易破损部位，如图1-53所示。其针数很密，花样繁多，有平缝套结、形状套结、花样套结等。现在的电子套结机已经集合了各种装饰线迹功能。

（六）其他缝纫设备

在内衣缝制工艺中还会应用到其他的缝纫设备，如钉扣机、锁眼机、打褶机、绣花机、链缝机等。

钉扣机在内衣企业中除钉扣外，还用来钉标牌等。因此又称为打标车、订标车，如图1-54所示。

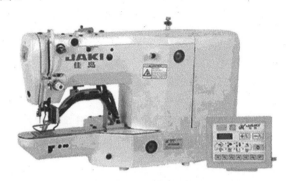

图1-53　多功能套结机

图1-54　多功能打标车

（七）辅助缝纫设备

1. 定规类辅助件

定规又叫导向尺、导架、限制器、缝料控制器、引导板或工具挡等。在缝纫设备上用来规定尺寸、引导操作的附属装置。定规可被独立安装在缝纫设备的某个特定位置，用来限定或指示缝料边缘或其他部位的缝距，使得缝制产品的距边一致、缝距相等。

2. 压脚类辅助件

压脚是缝纫设备送料机构中一个必不可少的部件。它起着压紧或夹紧缝料使机器可以顺利送料，保证针线的线圈顺利形成，以及确保被勾线器可靠勾住的作用。目前已定型的各种缝纫设备均是按使用对象的不同要求而设计压脚的，因此都有着各自的局限性。更好的方式是能在各种缝纫设备上更换不同的专用压脚，就可克服和改善原有的局限性，使其增加新的功能，这是取得事半功倍效果的方法。

3. 送料方式类辅助件

送料运动是最基本的缝纫操作之一。最早的送料机构是以辅助配件的形式出现的，在成千上万种缝纫设备中，为完成送料任务而设计出的性能各异的送料方式已有很多。目前在内衣工艺中这类设备基本上用于橡筋的送料。

4. 边缝器类辅助件

边缝器俗称拉筒、喇叭筒，是对各种缝边辅助件的总称，是缝纫机辅助配件家族中最重要的角色之一。边缝器主要包括双卷边器（又称为两折筒）、三卷边器（又称为三折筒）、折边器、包边器四个种类。

5. 镶嵌器类辅助件

镶嵌器是在缝纫制品上镶嵌各种筋、绳、带、线、条的高质高效的专用缝制辅件,是从边缝器类辅助件派生出来的一个类别。

6. 打褶器类辅助件

打褶器最先是专门对布边进行辅助褶裥缝纫的辅助装置。与送料方式类一样,目前已有很大一部分打褶装置已完全发展成为专用的打褶设备。不仅可对布边,而且还可对大面积乃至整匹的缝料进行褶裥缝纫,所能打出的褶裥花式非常多。

7. 其他类辅助件

其他类辅助件常用的有穿线器、曲折线迹器、锁眼器、伸带器、压脚提升器、强力牵引器等。由于各类辅件的使用,使得缝纫设备增加了新的功能,达到省力化、高速化和自动化的效果。辅件的使用可获得显著的经济效益。

二、文胸基础工艺流程

内衣生产工艺设计是综合了各种缝纫效果,并在保证设计意图,能够达到设计师和客户对外观设计效果要求的情况下,根据工厂实际情况,合理利用机械设备,最大限度地提高生产效率,将成品顺利产出的过程。

首先要分析产品的基本结构,明确产品是由哪些材料、形状的样片组成;然后分析这些组成部分的拼接次序;最后将每道生产工序根据产品的外观效果,合理安排缝纫设备进行缝制,并确定缝纫质量要求。以有下扒普通文胸为例进行基础工艺说明,如图1-55所示。

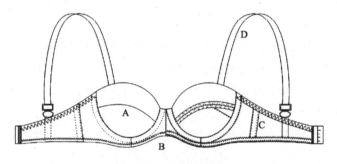

图1-55 文胸效果图

(一)效果图分析

文胸由罩杯A、鸡心B、后拉片C、肩带D四部分组成,如图1-55所示。

(二)文胸各个裁片构成

文胸是由多个裁片拼接组合构成,不同的部位有不同的形状,运用不同的面辅料,见表1-19。

(三)文胸缝制工艺流程

文胸的缝制工艺复杂,其流程多达十几个步骤,具体见表1-20。

表1-19 文胸各个裁片的构成

裁片图示		裁片名称	数量	面料	辅料
A	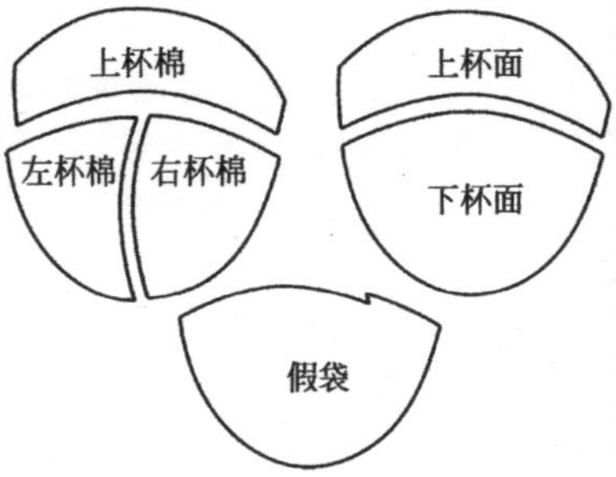 上杯棉、左杯棉、右杯棉、上杯面、下杯面、假袋	上杯棉	2	海绵	下纱条、防拉条、钢圈拉带、钢圈
A		左杯棉	2	海绵	
A		右杯棉	2	海绵	
A		上杯面	2	拉架布	
A		下杯面	2	拉架布	
A		假袋	2	弹力棉布	
B	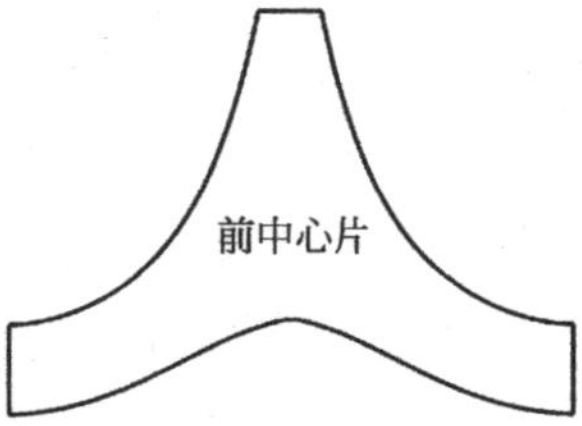 前中心片	前中心片	1	拉架布	防拉条
B		前中心底片	1	定型纱	
C	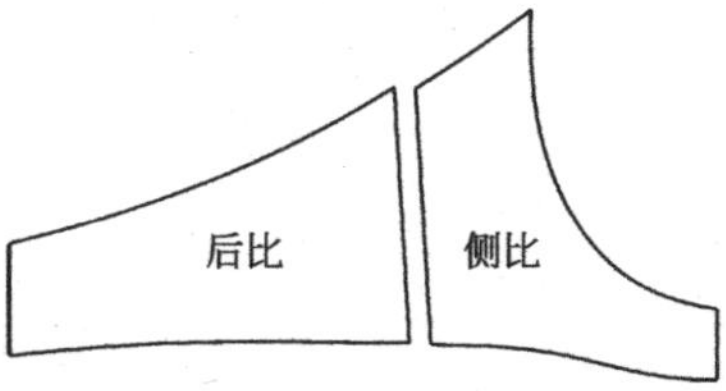 后比、侧比	侧比面布	2	拉架布	松紧带、0字调节扣、圈环、钩扣和钩圈、弹力丝
C		侧比底片	2	定型纱	
C		后片	2	网眼布	

表1-20 文胸缝制工艺流程

工序的构成及工序分析	图示	车种	备注
1. 缝合左右杯棉。将宽为1cm的捆条分别放置于杯棉中缝的两面，然后用曲折缝缝纫机中的人字线迹缝合左右杯棉	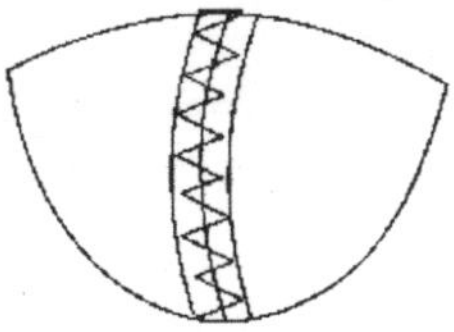	曲折缝缝纫机	注意起针和结束时要回针
2. 缝合内袋。将内袋向里折0.6cm，然后以单针平车距止口0.4cm处车缝	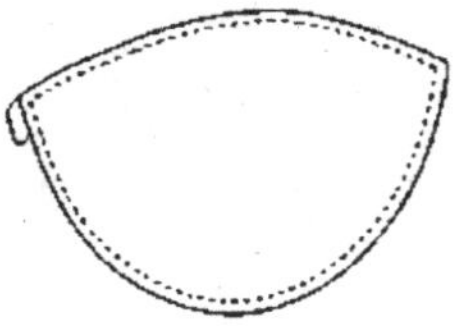	平缝机	注意起针和结束时要回针
3. 缝合下杯棉与内袋。将内袋布与夹棉下杯平齐，然后以单针平车距止口0.1cm处车缝	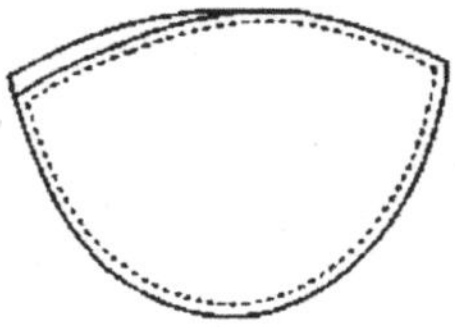	平缝机	注意留出袋口位置，起针和结束时要回针，完成后，内袋布要平服且左右杯对称

续表

工序的构成及工序分析	图示	车种	备注
4. 缝合上下杯棉。将宽为1cm的捆条分别放置于杯骨线的两面，然后用曲折缝缝纫机中的人字线迹缝合上下杯棉，最后用三线包缝下杯边及肩夹弯	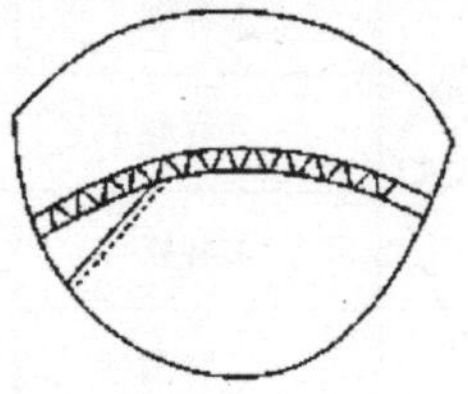	曲折缝缝纫机	注意捆条要均匀，杯棉要拼齐，起针和结束时要回针
5. 缝合上下杯面布。将上下杯面布面对面在杯骨线对齐，然后以单针平车距止口0.4cm处车缝	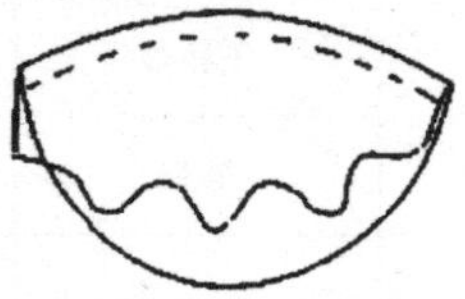	平缝机	注意线迹圆顺，无断线，起针和结束时要回针
6. 缝合罩杯面布与杯棉。将罩杯面布与杯棉的面与里相对，于上杯边处对齐，以单针平车距止口0.5cm处车缝，然后将面布与杯棉平展，面布上杯边缝份倒向杯棉的面部以单针平车距止口0.3cm处车缝，加强面部的稳定性；最后将面布反过来使面部与杯棉的里面相对对齐，以单针平车距杯棉止口0.2cm处，距面布止口0.6cm处上下对齐车缝，将面布与杯棉合为一体	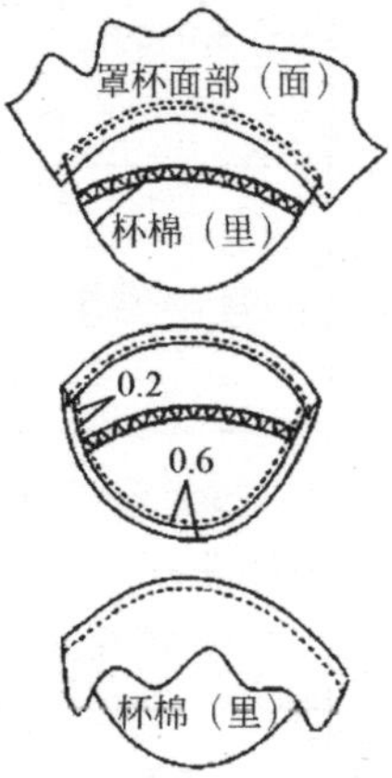	平缝机	注意剪口对位，面部平服，无起皱，线迹圆滑平顺，起针和结束时要回针
7. 平缝机缝合侧比。将侧比和定型纱底对底平齐，以单针平车距止口0.5cm处车缝	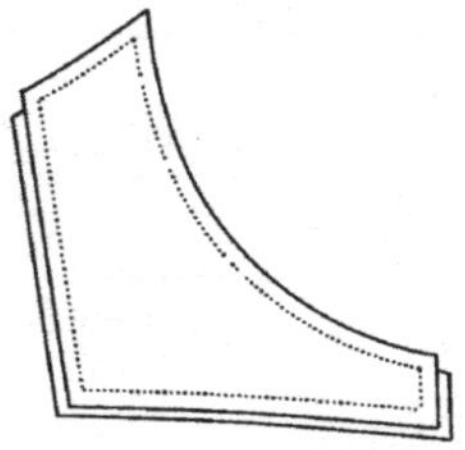	平缝机	注意线迹圆滑平顺，起针和结束时要回针
8. 平缝机缝合侧比与后比。将侧比与后比面对面于侧缝处对齐，在距止口0.5cm处车缝，缝份倒向两边	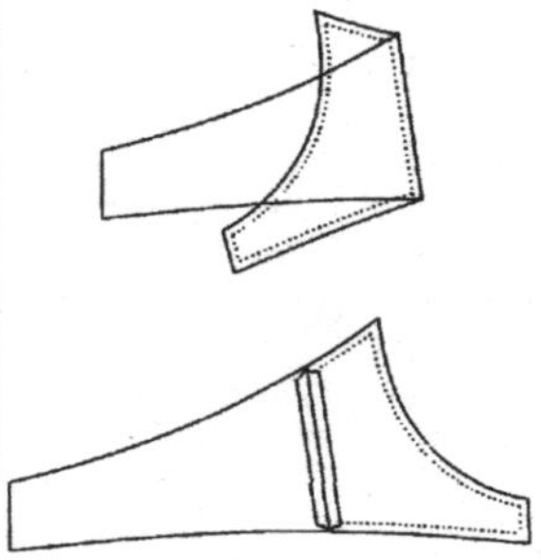	平缝机	注意线迹圆滑平顺，起针和结束时要回针
9. 双针车双针劈缝后片并缉缝捆条。用双针车在定好的位置缉缝捆条，并穿入胶骨	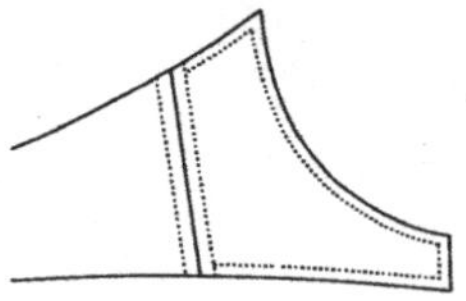	双针车	注意线迹圆滑平顺，起针和结束时要回针

续表

工序的构成及工序分析	图示	车种	备注
10. 缝合鸡心。将鸡心面与定型纱面与里相对，分别以单针平车距止口0.5cm处车缝，然后将鸡心反转，使里与面相对，并以单针平车于鸡心边距止口0.1cm处车缝，将鸡心面与里合为一体	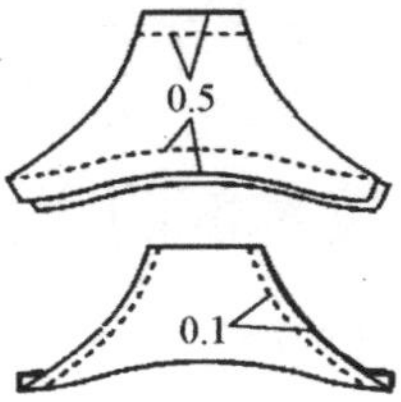	平缝机	注意边缝止口对齐，线迹平滑圆顺
11. 缝合鸡心与后拉片。将鸡心与后拉片下杯缘面对面对齐，以单针平车距止口0.1cm处车缝，将缝份倒向两边	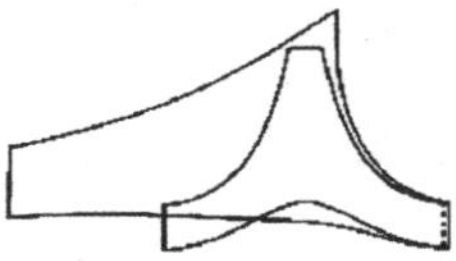	平缝机	注意线迹平滑圆顺。
12. 缝合罩杯与衣身。将罩杯与衣身面对面，以单针平车距止口0.5cm处车缝，缝份倒向衣身	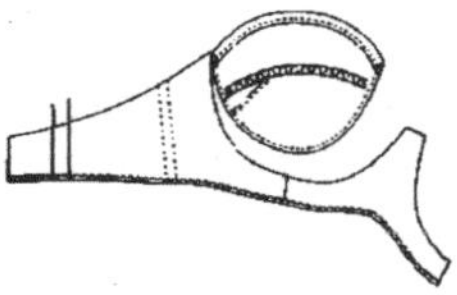	平缝机	注意缝止口对齐，线迹平滑圆顺
13. 绱松紧带。首先将松紧带与后拉片面的上围对齐，以曲折缝缝纫机中的人字线迹车缝固定松紧带于肩夹及后拉片上围线，然后反折再用曲折缝缝纫机中的人字线迹车缝固定	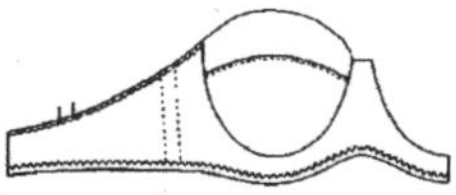	曲折缝缝纫机	注意面部平服，不扭纹，上围线饱满圆顺
14. 中检			检查样板规格，颜色是否有差错，针脚是否有松动等
15. 绱捆条。将捆条沿罩杯下杯缘以0.6cm双针车固定	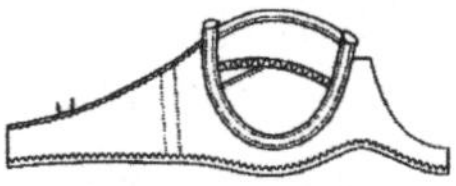	双针车	注意线迹均匀平顺，罩杯缝份倒向罩杯里，完成后下杯缘平滑圆顺
16. 绱钩圈。将完成后的后拉片放置钩圈中间，然后以曲折缝缝纫机中的人字线迹将钩圈固定在后拉片的后中线上	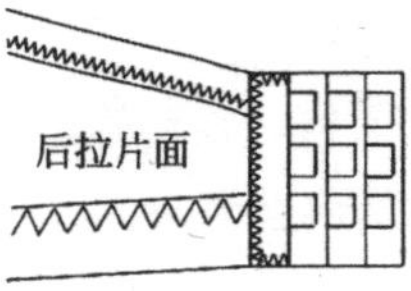	曲折缝缝纫机	注意线迹均匀平顺，不露毛边，起针和结束时回针
17. 固定肩带。将肩带以套结车分别固定于罩杯上方及后拉片装肩带处	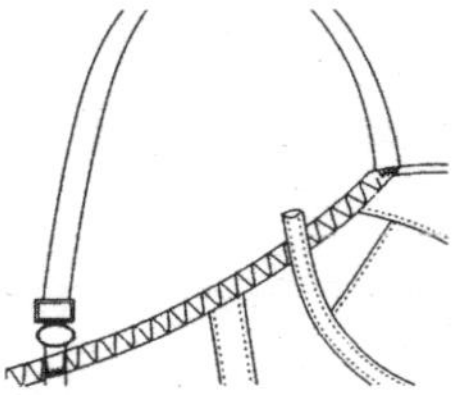	套结机	注意罩杯上方的肩夹要对到前肩带中间并且左右对称
18. 穿钢圈封结。将钢圈传入捆条中，并在捆条两端封结固定，防止肩带脱落、钢圈移位	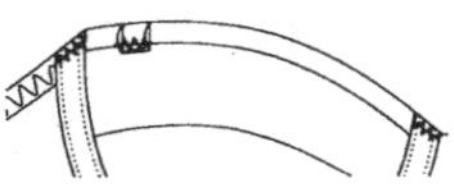		注意钢圈型号正确，区分心位与侧位，左右对称
19. 后整理。手工剪除多余的线头和余料			

第七节　内衣生产技术部工作

一、内衣企业主要生产技术部门职能

只有了解工厂的分工结构以及各部门的运作,才能更好地跟进技术工作。以下介绍内衣厂内的主要生产技术部门。

1. 纸样部（CAD房）职能

纸样部的主要职能是出纸样,包括样板纸样制作、面辅料估算耗料、大货纸样放码、大货排料。

（1）纸样制作

纸样完成后要制样衣试穿,发现不合体的部位,查找原因,即时修改纸样,审核没问题,纸样交给裁床,安排裁剪样板。

（2）面辅料估算耗料

提供内衣各部位所用布料的单件用料量,用于两种情况,一是用于报价,二是用于预订大货面料。估算提供各种辅料的单件用量,如带类（肩带/松紧带等）、蕾丝等,用于预订大货辅料。

（3）大货纸样放码

提供全号码尺寸表及样板给客人,当样板被客人批核后,纸样部会根据客人的缩放比率规则,设计各个号码的尺寸,然后给客人批核。审批后进行放码操作。

（4）大货排料

确定大货布幅,按大货订单明细算出各种布所要排的号码数比例,进行排料。

2. 裁床部职能

裁床部的职能主要为裁剪,包括裁剪样板、裁剪大货。

（1）裁剪样板

核查办单,收齐纸样、所要用的面料、辅料等,安排裁剪。裁剪时,若发现问题,如布有疵点或色差等,向技术员反映,由技术员协助解决。

（2）裁剪大货

收齐大货的面辅料、纸样排料图,裁床部安排松布、拉布、裁剪。在开裁前,裁床人员提供一份预裁表,包含所用的布料量,及裁剪细数。从此表中,可了解所订的面辅料是否够量,一般客人会接受±5%的发货数量。

裁剪时,先用电剪大面积裁剪,然后用固定裁刀裁开每个部位的小裁片。有专人检查每一片裁片是否有布疵、色差等,发现有问题的裁片,挑出后另外补裁。

3. 样板房职能

样板房为加工缝制样板的部门,其职能包括车缝样板、核查样板,完成后交由技术员试穿,确定没问题,寄给客人审核。裁床部将裁片、车缝辅料,交给样板房。样板房根据样板单的要求和参考样板,生产出客人所要求的新样板。生产中,样品制作人员确保每一工序的尺寸和品质,发现质量不合格的部位,立即拆、立即改善。因制作样板过程中,没有设中检,全由车板员凭经验控制品质。

4. 采购部职能

采购部的职能包括布的采购和生产辅料的采购。

（1）布的采购

采购人员依据技术员提供的客人审核后的布料、色卡、订布表，另开订购单与供应商订货。

（2）辅料采购

技术员要提供辅料的订购表、客人审批的样品、客人审批的色卡。采购车缝物料和包装物料等。

5. 面辅料仓职能

面辅料仓是所有生产所需的面辅料存放处，包含有新的、准备要生产的生产物料，还有大货存余的物料，以客户和代号分类存放。采购部在订物料前，会先查库存，确实没有，才会下订单。面辅料仓收到样板单，会以样板单上的物料要求，备好物料。

辅料仓每天接收供应商送的物料，要进行数量的核实、品质的查验等。在管理系统中，做每天的进料明细，以供采购部和技术员查看所订物料的到厂进度。

收到大货制单后，按照制单的面辅料表要求，以排期表各单的先后次序，备好生产物料，送往车间。

6. 排单部职能

排单部安排各车间正在生产和将要生产的生产次序、出货次序。技术员提前提供客户将要下单的数量及出货大约时间，让排单部预排生产期。

排单员以客人的出货进度安排生产期，参考大货批办期、生产物料到厂期、大货制单期、大货纸样完成期、唛架期、裁期等进度进行安排。有关部门以此排期安排工作，若某一环节不能按照预期完成，很有可能被调单，导致订单不可按期生产，会影响出货。

7. 生产车间职能

生产车间是工厂的重心，占劳动力最多的部门。车间会分多个组，以各组的生产力，安排固定的客单，但也会以实际的单量及款式的复杂性，进行适当的调整。各生产组以生产排期安排工作，以大货制单表的制作工序，安排工人的流水生产。

8. 查货部职能

查货部也称QC部quality control，即质量控制部，负责查验工作，有中查、尾查、跟客QC。

① 中查是在车间控制车缝品质，要对客人审批样板进行对款，避免款式车缝错误。以跟单员提供的物料卡，对车间所用的物料进行检查，避免用错。每部位的尺寸度量，是否达到制单的要求，若发现有差异，是否在客人的接受范围内，与客户沟通并作记录。客人同意，则可以继续生产；若超过客人要求，则要找相关部门，纸样部、裁床车间，还有跟单一起查找原因，确定改善方法。同时，还需要对正在车缝的产品品质进行控制，若发现跳针、断线等车缝问题，则退交车间返修。

② 尾查是对成品的整体查验，包括成品所有尺寸度量、包装等是否符合要求。

③ 跟客QC，在客人QC查货时，协助客人的QC。

9. 尾部职能

尾部也称包装部，车间完成的成品会流到尾部，以制单的包装要求，进行整烫、包装、入箱、出货。

二、技术员的工作流程总表

(一) 基本流程

1. 收取资料工作

技术员收到客人的开发资料后,技术员要安排以下工作。

(1) 报价

制作报价表,包含各布料所需的单价(各布料单件用量和布种的单价所得)、各辅料所需的单价(各辅料单件用量和各辅料的单价所得)、加工总价(每个缝制工序的加工价的总和)。

(2) 样板开发

制作样板单,交由纸样部(制作样板纸样)、裁床部(裁剪样板)、样板房(缝制样板)。

(3) 物料开发

布料开发(每个布料的质地开发、每个布料的颜色开发)和辅料开发(每个辅料的样式开发、每个辅料的颜色开发)。

2. 大货订单工作

收到客人的大货订单,技术员要安排以下工作。

(1) 大货布料订购

制作布料订购表(由每种布料的规格、每种布料的单件用量、每种布料的用量得出各种布料所需订的用量),然后由布采购组安排采购。

(2) 大货辅料订购

制作辅料订购表(由每个辅料的规格、每个辅料的单件用量、每个辅料的用量得出各辅料所需订的用量),然后由辅料采购组安排采购。

3. 完成大货制造单工作

完成大货生产制造单制作,发给各部门进行大货生产。

① 纸样部:进行大货纸样放码、进行大货排料。

② 布料仓:准备布料大货。

③ 裁床:收到大货排料图,进行拉布、裁剪。

④ 辅料仓:备辅料。

⑤ 生产车间:进行大货缝制。

⑥ 查货部:对大货生产进行中查、尾查,控制大货的品质。

⑦ 尾部:进行打挂牌、入胶袋、装箱、出货。

(二) 新款内衣生产流程

新款内衣的生产流程如图1-56所示。

(1) 提供数据

由技术员提供相关数据如下:①BOM表;②制版制样单;③样品需求表;④新材料样板,部分款式客户会提供规格表、板型或样品等,所有数据都需要提供参考货号样品。

（2）接收数据

由CAD中心对应窗口接收相关数据，并核对数据提供是否齐全，分派给组员进行板型制作。

（3）新款制作

依据技术员提供的相关数据进行板型制作，并完成新款规格表制作。助理工程师需依据复核程序进行自我板型复核。

（4）试板

需确认立裁表布和板型机能的款式，由助理工程师提供样板、小型样板图、立裁表布回馈记录表及材料，给试板员进行试板作业。

（5）板型复核

副工程师依据复核程序对助理工程师的板型进行复核把关，详见复核窗体使用及注意事项。

（6）给板

板型复核无误后，交由助理工程师，进行割板动作，将样板整理并盖上名字章、日期章交技术圈长。

（7）初样制作

技术员依据CAD提供的板型与规格表进行初样制作。

（8）初样试穿

初样完成后，由技术员通知模特，会同CAD中心、主要客户进行试穿。如果试穿效果理想，直接寄样品给客户。如果试穿不理想，视情况判定是车缝还是板型问题，交相关部门进行修改。

（9）用量计算

由CAD中心对应窗口接收技术员提供的数据进行用量估算。

（10）客户选款

如果客户不满意，则有回馈修改评语的部分，继续改板，重新制作样品寄客户。如果客户选中，开始下单进行后续作业。

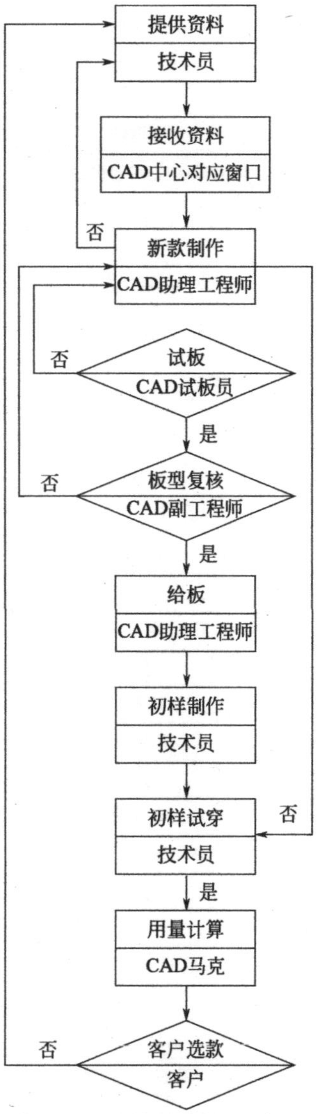

图1-56 新款内衣生产流程图

（三）板型设计生产流程

板型设计生产流程如图1-57所示。

（1）提供数据

由技术员提供相关数据如下：①最新BOM表；②大货联络单及样品需求表；③客户最终确认的样品；④样板图申请表；⑤制板制样单。

（2）接收数据

由CAD中心对应窗口接收技术员提供的相关数据，并核对数据提供是否齐全，分派给组员进行大货出板作业。

（3）大货修改

①针对大货联络单上的修改评语进行修改，修改后签名签日期。②需要试立裁表布的依照立裁表布试板作业流程进行作业。

（4）核板存储

①CAD助理工程师依据大货出板的复核程序进行复核，将最后确认的板次另存到大货板区。②规格表存储：a.未确认规格表，需发客户确认的规格表，在原样品规格表增加活页，命名为确认规格。b.有确认规格表，在原样品规格表增加活页，命名为确认规格，并将客户已确认的规格表，另存到大货规格表区。

（5）板型复核

CAD副工程师按复核程序进行复核把关。若不合格则返回到上一步的核板存储。

（6）发规格表

需发客户确认规格的款号，按规格表作业标准给技术组长。

（7）挂图

由CAD助理工程师打印小型样板图，填写裁剪周长，在样板图申请表上签名签日期，返回技术组长提供挂图。

（8）样板整理查核

①板型确认好后，进行全尺寸板型输出，并依尺寸大小顺序整理样板。样板上需盖章：a. CAD确认章，b.出板人私章，c.样板序号章。②样板整理后需进行查核。

（9）出板

①由CAD助理工程师打印3份规格表，一份CAD中心留底，另外两份与技术员提供的相关数据一并交回技术员，规格表上签名。②提供全尺寸样板。注：贴印花或绣花位置板的款号，需提供放大板两套，比对板两套，放大镂空板1套。

（10）发马克板

核板组审核无误后，助理工程师将样板出板于技术员，并将出板登记本给到主任工程师发马克板。同时主任工程师将大货规格表、大货规格尺寸表、对应款式资料夹等资料通知相关人员。

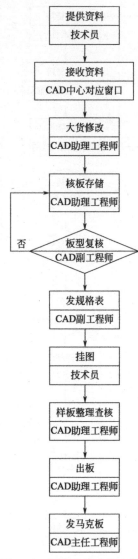

图1-57 板型设计生产流程图

（四）放码设计生产流程

放码设计生产流程如图1-58所示。

（1）提供数据

由技术部依据以下提供相关数据：①BOM表；②制板制样单；③样品需求表；④部分款式会提供样品。

（2）接收数据

由CAD中心接收技术提供的相关数据，并核对数据提供是否齐全，再分派给组员进行板型放缩。

（3）板型放缩

CAD助理工程师依据技术员提供的相关数据进行板型放缩，并完成规格表的制作，并需依复核程序进行板型的复核。

（4）板型复核

CAD副工程师按复核程序对技术员的板型进行复核把关。

（5）挂板

板型复核无误后，交由技术人员依据样品需求表，视情况进行样板切割操作，并盖上日期章。数据交客户负责人，由各个客户负责人将电子文件样板放入管理系统内，供制图中心算用量。

（6）样品制作

技术员依CAD中心提供的板型与规格表，进行样品制作。

三、技术员的职责

技术员的具体工作包括以下几个方面。

1. 文胸报价表

新一季度，在新样品开发前，先要对将要开发的款式进行报价。技术部要根据款式要求，提供一份报价表，核算一件内衣的基本成本。

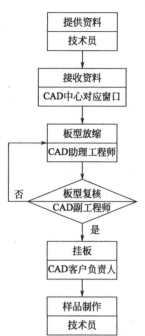

图1-58　放码设计生产流程图

（1）面料

注明每种面料的规格、单价、单件用量、单件产品的面料价格。将要报价的资料交CAD中心，注明报价用，CAD中心绘制纸样，并预排料，算出各部位的预计用布量。

（2）辅料

包括各种辅料和线，注明每种辅料的规格、单价、单件用量及单件产品的辅料价格。

（3）加工价

工人完成内衣的各工序的工时价钱总和。

例如以图1-59中的文胸款式为例，说明一件文胸的用料情况，见表1-21。

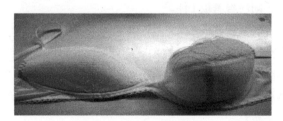

图1-59　文胸报价单图示

2. 开样板单

技术员要开具用于做样板指引的样板单。同时发给CAD中心、样板间、裁床部、布仓、物料仓。技术员发单后，要对各部门跟进，确保样板在预定时期完成。

各个内衣厂的样板单的格式不同，但内容基本包括以下方面。

（1）企业的板单编号

板单编号作为企业内部沟通使用。企业使用生产管理系统，填入相关资料后，系统自动编号，避免出现重复号码。

表1-21　一件文胸的用料情况

代号	名称	单件用量
001	尼龙网布（用于前中心面片和左右后片）	17cm
002	尼龙网布（用于前中心底片）	0.5cm
003	钢圈带	50cm
004	直条（1cm宽，用于缝合杯棉底）	70cm
005	直条（2cm宽，用于缝合杯棉面）	70cm
006	杯棉（上下左右杯）	5cm
007	防拉条（罩杯侧边和下边）	64cm
008	蕾丝（上下左右杯）	50cm
009	肩带（1.2cm宽）	110cm
010	松紧带（内衣底边及后片上边）	120cm
011	8字调节扣	2个
012	圈环	2个
013	钩扣和钩圈	1套
014	钢圈	1对
015	弹力丝（杯棉侧边和顶边的拷克底线）	
016	PP线（车缝线）	
017	加工总价	

（2）客户名和客户款号

在样板单上注明客户名及客户款号，便于与客户沟通。

（3）码数、颜色、件数

在样板单上注明样板所要做的各个号码，每个号码的颜色，每个号码要做的数量。

（4）参考资料

如果是新款，则需要注明厂出纸样。如果之前做过，要注明之前的板单编号，便于纸样跟进。另外，若有样板参考，则注参考板1件。

（5）布料种类

在样板单上注明各种布料的成分，主要布料和配属布料，标注每种布料用于哪些部位。

（6）布料配色及布料编号

有的款式，所用的各种布料颜色有差异，要分别注明，避免配错颜色，并注明每种布料的编号，便于布料仓寻找和配送布料。

（7）贴布板

样板单要贴上布板（以组区分），及每组中各部位的每种布，避免裁错布、用错正反面、用错主要布料和配属布料、用错颜色等。

（8）款式图

要有结构清晰的款式图，让各部门了解所要做的内衣是怎样的款式。

（9）客户评语及注意事项

每做完一款样板，寄给客户后，客户会对样板进行审核，会提出一些要修改的评语，要将评语注明于样板单上。同时将客户评语中要修正的内容标明在参考样板对应的位置上，提醒有关部门。

（10）辅料

车缝中，要用到的辅料，包括辅料规格、用量、车缝位置、各部位用到的缝纫线（PP线或弹力丝）和各线的色号等。

（11）车缝规格指示

写明各部位缝线的针密，每寸多少针。写明各部位的车缝工艺。

（12）尺寸表

客户尺寸要求，要注明各部位的测量方法。

（13）包装指示

在样板单上注明包装方法和包装物料。

3. 布料开发

如果开发新的布料，技术员需要将布的成分、组织结构给布料组，由布料组找布料商提供样板给客户审批。布料的质地确定后，跟单要安排色卡的打样，并让客户批核。布料的开发，必须在客户下大货订单之前完成，以免影响大货物料的订购。

4. 辅料的开发

技术员将新辅料的要求给采购组，然后提供几种辅料样式给客户审批。如果颜色与布料配色的，则要待客户批复布料色卡后，再安排辅料色卡。若是撞色，则要求供应商按客户要求的提供给客户批核。辅料的开发，必须在客户下大货订单之前完成，以免影响大货物料的订购。

5. 大货布料的订购

客户下了订单数之后，技术员要将具体数据交给CAD中心，要求给予预订布料的用量。接着技术员要做订布表，交由布料组采购。订布表包括：所用的各种布料的规格、单件用量、整单用量。因为预订布料的时间较长，必须提前完成订布表。订购时，跟单员要将客户审批的质地样板、色卡交布料组，避免预订布料出现误差。

6. 面辅料订购表

客户下了订单数之后，技术员要做订辅料表，交由采购组。辅料表包括：所用的各个辅料规格、单件用量、整单用量。订辅料时，跟单员要将客户审批的标准板、色卡交采购组。

包装物料，一般可在大货开始生产时预订，但也要具体分析。以图1-59的文胸款式为例，假设有红色和黄色两个色，每色各250件，共计500件，说明如何设计面辅料订购表，见表1-22。

7. 大货生产制造单

当客户批了产前样板后，技术员就要发大货生产制造单，用于大货的生产指引。大货生产制造单要发给以下部门：纸样房、裁床部、物料仓、生产车间、包装部、查货部。各部门以制单的要求，安排相应的工作。

大货生产制造单包括以下内容。

（1）企业的大货生产制造单编号

大货生产制造单编号作为工厂内部的沟通，同样板单一样，企业使用生产管理系统，填入相关资料后，系统自动编号，避免出现重复号码。

（2）客户名、客户款号和季度

在大货生产制造单上注明客户名，还有客户的款号以及成衣的季度。

（3）参考资料

表1-22 面辅料订购表

代号	名称	单件用量	件数	总用量
001	尼龙网布,红色（用于前中心面片和左右后片）	17cm	250	42.5m
002	尼龙网布,黄色（用于前中心面片和左右后片）	17cm	250	42.5m
003	尼龙网布,红色（用于前中心底片）	0.5cm	250	1.25m
004	尼龙网布,黄色（用于前中心底片）	0.5cm	250	1.25m
005	直条（1cm宽,用于缝合杯棉底）,红色	70cm	250	175m
006	直条（1cm宽,用于缝合杯棉底）,黄色	70cm	250	175m
007	直条（2cm宽,用于缝合杯棉面）,红色	70cm	250	175m
008	直条（2cm宽,用于缝合杯棉面）,黄色	70cm	250	175m
009	杯棉（上下左右杯）,红色	5cm	250	12.5m
010	杯棉（上下左右杯）,黄色	5cm	250	12.5m
011	防拉条（罩杯侧边和下边）	50cm	500	250m
012	钢圈带,红色	30cm	250	75m
013	钢圈带,黄色	30cm	250	75m
014	罩杯面蕾丝（上下左右杯）红色	50cm	250	250m
015	罩杯面蕾丝（上下左右杯）黄色	50cm	250	250m
016	肩带,红色	110cm	250	275m
017	肩带,黄色	110cm	250	275m
018	8字调节扣,红色	2个	250	500个
019	8字调节扣,黄色	2个	250	500个
020	钩扣和钩圈,红色	1套	250	250套
021	钩扣和钩圈,黄色	1套	250	250套
022	松紧带,红色	120cm	250	300m
023	松紧带,黄色	120cm	250	300m
024	圈环,红色	2个	250	500个
025	圈环,黄色	2个	250	500个
026	PP线,红色		250	
027	PP线,黄色		250	
028	弹力丝,红色		250	
029	弹力丝,黄色		250	
030	钢圈	1对	500	500对
031	尺码标（有码数之分）			

在大货生产制造单上注明生产前样板的板单号，参考样板一件。必须有参考板，否则大货生产不会开工生产加工。

（4）特殊工艺

在大货生产制造单上注明是否有印花、订装饰珠等特殊工艺。

（5）抽办资料

TOP样板和船头样板，客户要求的颜色、码数、件数。TOP样板，出货前要从大货中抽取样品给客户批核。TOP样板批核后，才可出货。船头样板，是出货时从大货中抽取样品给客户存用。

（6）超、短数比率

多数客户，一般会接受±5%的走货，若多于或少于5%时，要提供裁数给客户审批，并详细

（7）布料

在大货生产制造单上注明各种布料的成分，主要布料和配属布料，标注每种布料用于哪些部位。

（8）船期明细

有时一张订单会出货到不同的国家，制单编号以不同的国家分-1/-2等。货运方式也有飞机货运或船舶货运。

（9）布料配色及布料编号

有的款式，所用的各种布料颜色有差异，要分别注明，避免配错颜色，并注明每种布料的编号，便于布料仓寻找和配送布料。

（10）布卡表

大货生产制造单要贴上大货布板，以组别及主布、配布分开。避免发错布、裁错布，用错正反面、用错主布和配布、用错色等。

（11）款式图

在大货生产制造单上要有结构表达清晰的款式图，让各部门了解所要做的内衣是怎样的款式。

（12）客户评审

在大货生产制造单上注上生产前样板客户评审。同时将客户评审修正的内容标明在参考样板对应的位置上，提醒有关部门。

（13）辅料

车缝中要用到的辅料，包括物料规格、用量、车缝位置、各部位用到的车线（是PP线或弹力丝）以及各线的色号等。

（14）车缝规格指示

标注各部位缝线的针密，1cm多少针。写明各部位的车缝要求，缝制工艺要与样板相同。

（15）尺寸表

客户审批的全号码的尺寸表，要注明各部位的度量方法。

（16）包装指示

在大货生产制造单上注明包装方法和包装物料。还要注明箱标，有正标（一般在箱子较大的一面）和侧标（在箱子较窄的一面）。

四、文胸成品的测量方法

（1）下胸围

如图1-60所标示部位A的尺寸，将文胸放平，水平测量。

（2）罩杯高

手拿文胸和皮尺，顺着弧度由罩杯上沿中心量至罩杯下沿中心。若是上下片分割或T字分割，则有上罩杯高与下罩杯高之分（B_1：上罩杯高；B_2：下罩杯高），如图1-60中B_1和B_2所示。

（3）杯宽

手拿文胸和皮尺，沿着分割线弧度量测，如图1-60中C所示。

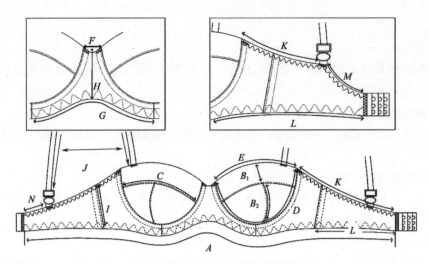

图1-60 文胸成品的各部位测量图示

（4）罩杯下沿长

罩杯下沿长即下杯缘，水平放置文胸，竖立皮尺，使有刻度的一面垂直于文胸，从罩杯心位处顺着钢圈带外沿形状量至罩杯侧位处，如图1-60中D所示。

（5）罩杯上沿长

罩杯上沿长即上杯的边缘线，沿杯边曲线测量，如图1-60中E所示。

（6）鸡心片前中心上宽

土台前中心上沿线长，如图1-60中F所示。

（7）鸡心片前中心下沿长

土台前中心下沿线长，如图1-60中G所示。

（8）鸡心片前中心高

沿土台前中心中线由上沿量至下沿，如图1-60中H所示。

（9）斜边长

侧比靠近钢圈侧位点处垂直测量至下围线，如图1-60中I所示。

（10）肩带长

杯顶处沿肩带测量至后比肩带位，如图1-60中J所示。

（11）后片上沿长

水平放置文胸，竖立皮尺，使有刻度的一面垂直于文胸，顺着上摆弧度从钢圈带边沿量至背钩，不含背钩和钢圈带，如图1-60中K所示。

（12）后片下沿长

水平放置文胸，竖立皮尺，使有刻度的一面垂直于文胸，从后片接合罩杯处顺着下摆弧度量至背钩，不含钢圈带和背钩，如图1-60中L所示。

（13）背带长

水平放置文胸，竖立皮尺，使有刻度的一面垂直于文胸，沿内沿测量，如图1-60中M所示。

（14）后肩带距

不含背钩、不含肩带，竖立皮尺沿图示位置测量，如图1-60中N所示。

第二章

品牌文胸产品运营流程
PINPAI WENXIONG CHANPIN YUNYING LIUCHENG

钢圈及其形状设计

文胸从款式造型可分为无肩带型、魔术贴型、前扣型、运动型、孕妇型、无缝型等。按罩杯覆盖乳房面积可分为全罩杯、3/4罩杯及1/2罩杯等。按罩杯工艺设计又可分为单层文胸、夹棉文胸、无缝文胸、模杯文胸等。除此之外，还有一种最简单的分类方法，也就是按照文胸有无钢圈来区分，但有钢圈的文胸包含了上述几种分类的文胸，也就是说钢圈型文胸既可以是无肩带型的，又可以是3/4罩杯的，还可以是有夹棉工艺的，而无钢圈文胸包含的种类较少。从调查与上述分析中看出，在琳琅满目的文胸市场上，绝大部分是钢圈型的文胸。此外，钢圈型文胸相比其他文胸更具有归拢和支撑胸部的作用，从而使女性的胸部更有形、更丰满，因此深受女性喜欢。

第一节　本章要点及关键词

一、本章要点

本章最主要的是分析各种造型的钢圈数据，并根据造型的要求分析数据、绘制钢圈形状。数据分析的公式来源于徐朝晖的《数据分析在文胸生产上的运用》一文中的统计分析公式。其在对女性作了抽样检测后，针对于文胸结构数据与胸部形态特征有关的16个部位作了测量，并在所得数据的基础上作了主成分分析，得出的乳房主要部位数据公式。统计分析有一定的共性，对于文胸这种合体度、舒适度要求高的服装，风格要求不同，面对消费群不同，都应经过实际试穿后进行数据修整。

在本章中，根据文胸外观造型设计要求，对主要部位的造型数据进行测量，并绘制出合体服装中的主要定位部位：钢圈形状部位。在此基础上完成不同造型钢圈的设计。

二、本章关键专业术语

（1）钢圈

钢圈在文胸产品的罩杯下缘，是支撑且塑造文胸形状的重要组成部分，是构成文胸产品的主要附件。

（2）钢圈形状

将钢圈端点部位向外扩出一定宽度所形成的钢圈形状，是绘制罩杯、侧拉片、下扒和鸡心片的依据。

（3）钢圈内径

钢圈内径是指钢圈两端点（心位与侧位）的内缘直线距离，文胸的号型决定钢圈的内径大小。

（4）钢圈外长

钢圈外长是指钢圈外缘的弧线距离，钢圈的外长由乳房根围的长度控制。

（5）杯宽

杯宽是由罩杯心位点经过胸高点测量至侧位点的弧线距离。

（6）下杯缘长度

下杯缘是由罩杯心位沿杯底曲线测量至侧位点的弧线距离。

（7）侧高

侧高是由侧比靠近钢圈侧位点处垂直测量至下胸围线的距离。

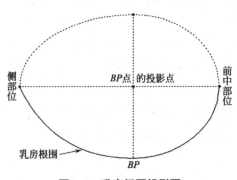

图2-1 乳房根围投影图

（8）乳房根围

如果把乳房比作锥形，经过乳头投影点绘制水平线，水平线下的弧线长度为乳房根围如图2-1所示。

（9）下胸围

以乳房下边缘的最底端为测量点，用软尺水平测量一周所得的尺寸为下胸围尺寸，水平线就是下胸围线。

（10）胸围

过BP点水平围绕人体一周，测量的数据则为胸围尺寸，该水平线为胸围线。

（11）智能笔工具

综合多种工具的功能键，可在多种功能之间切换使用。常用的功能是绘制矩形、水平线、垂直线、45°线、平行线；任意长度的曲线和直线；修正、编辑曲线点列；做角连接、长度调整、一（两）端修正、删除的修改操作；单向省、法向省、转省、省折线；端点移动、删除等。

（12）接角圆顺

将裁片上需要缝合的部位对接起来，并可以调整对接后曲线的形状，调整完毕，调整好的曲线自动回到原位置。

（13）点打断

将指定的一条线，按指定的一个点打断。

（14）测量长度工具

测量线段的长度。

（15）剪刀

剪刀用于将一条线段（直线或曲线）从任意点处断开，使它变成两条线。

（16）连接工具

用于将剪断的线段连接起来。

（17）曲线拉伸工具

用于改变直线或曲线各码的长度。

（18）椭圆工具

画椭圆图形。

（19）线类型工具

可改变线的类型，比如实线改为虚线等。

（20）旋转工具

用于旋转并复制一组点或线。

（21）移动工具

用于移动、复制、粘贴一组点或线。

第二节　钢圈概述

一、钢圈的概念

钢圈是根据人体体形特征，由柔韧的金属条制成的用于支撑乳房的下托。一般是合金的，环绕乳房下半周，有支撑和改善乳房形状和定位的作用。钢圈用于文胸和束身衣前片、乳房的下托，属于文胸的辅料。

二、钢圈的分类

一般来说，要求文胸的钢圈是有弹性的，并有一定韧性但可以弯曲，同时要保证不可以变形。不同的内衣，用的钢圈有所差异，如鸡心位的高低、侧位的宽窄等，都决定了钢圈的形态和规格。

1. 按外形分

有连体钢圈和非连体钢圈两种，连体钢圈是指钢圈的心位相互连结，但此种钢圈比较少用；非连体性钢圈是最常见的钢圈。钢圈根据空间形态又可分为平面钢圈、二维钢圈和三维钢圈。

2. 按尺码分

钢圈的划分基本与文胸尺寸划分一致，即按围度可分为70cm、75cm、80cm、85cm和90cm等，按照罩杯可分为AA、A、B、C、D和E等。

3. 按钢骨的尺寸分

常用的生产钢骨的厚度与宽度有0.8mm×2.15mm、1.0mm×2.0mm、1.5mm×2.0mm、1.8mm×2.45mm等，也有按照客户或款式要求定制的。

4. 按材质分

一般采用的有不锈钢、PP（聚丙烯polypropylene）或者是合金材料制成的钢圈。其中，不锈钢的钢圈具有弹性好、不易变形、不生锈等特点，但比较硬。PP和合金材料制成的相对较软，可塑性也比较强。此外还有一些特殊材料,例如琴钢线钢圈,它具有稳定性高、韧度强的特点,但成本比较高;记忆合金内衣钢圈,具有一定的记忆功能,使文胸更贴体舒适,并有较好的保形性。

5. 按钢圈造型分

有高胸型钢圈、普通型钢圈、低鸡心型钢圈、连鸡心型钢圈和托胸型钢圈五种。

6. 按加工工艺分

按照工厂的加工可分为尼龙头钢圈、包漆钢圈、包胶钢圈、套胶帽钢圈、套胶帽包漆钢圈等。一般采用的是不锈钢金属并外加胶套设计,除保护钢圈外,亦可减少钢圈带来的压迫感。

7. 按钢圈的软硬程度分

钢圈有软硬之分,软质的钢圈较窄,适合于胸部比较小的女性;硬质的钢圈相对较厚,适合于胸部较丰满的女性。

8. 按特殊功能分

可通过金属安全检验器的钢圈、永不变形的钢圈等。

三、认识造型钢圈

(一)造型钢圈的类别

钢圈用于文胸和束身衣的前片、乳房的下托,钢圈是钢圈型文胸的主要辅料之一,它的外形是根据款式造型决定的。钢圈使文胸贴身且固定胸部,有效地归拢和支撑胸部,可以使文胸保持完美的外形,使文胸更加贴身,达到固定胸部使其不易变形的目的,从而塑造胸部完美造型。

钢圈的主要外形数据有钢圈的外形、内径和外长,钢圈按照外形特征特点、心位点和侧位点距胸围线的距离不同、形态不同等方面可以分为普通型钢圈、高胸型钢圈、低鸡心型钢圈、连鸡心型钢圈和托胸型钢圈,如图2-2所示。

1. 普通型钢圈

图2-2中的a图是普通型钢圈,心位点与侧位点的高度差为2.5～3.5cm,这种钢圈针对标准体型设计,适用于大众化的文胸。各种杯型的文胸都可用这种钢圈,并且无论是具有推胸效果的文胸还是具有托胸效果的文胸都可以使用。

2. 高胸型钢圈

图2-2中的b图是高胸型钢圈,心位点与侧位点的高度差为1～2cm,钢圈的外径较长,多用高胸型的文胸和束身衣。在固定胸部下缘的同时将胸部托起,是托胸类文胸的首选钢圈。

3. 连鸡心型钢圈

图2-2中的c图是连鸡心型钢圈,又称W型钢圈,钢圈的心位点与侧位点高度差大于6cm,侧位较高。这类文胸在固定胸部的同时,将腋下多余脂肪向中间归拢,使得胸部更丰满。多用于低鸡心、连鸡心和无鸡心的文胸。

4. 低鸡心型钢圈

图2-2中的d图是低鸡心型钢圈,心位点与侧位点的高度差为4～6cm,钢圈外长比较短。多用于斜杯,将胸部多余脂肪推向胸前,矫正胸部造型,使胸部曲线更加完美,是推胸效果最好的钢圈。

5. 托胸型钢圈

图2-2中的e图为托胸型钢圈，这类钢圈比较特殊，心位点与侧位点高度差仅为0～1cm，其外径较短，多用于三角型文胸，主要起固定文胸底部，使其不易上下移动的作用。

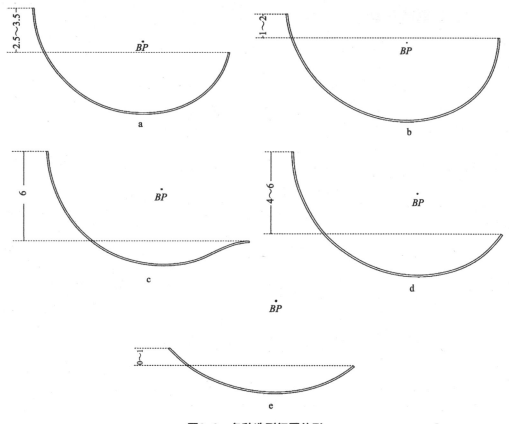

图2-2 各种造型钢圈外形

（二）钢圈和罩杯整体结构的关系

钢圈作为文胸的一个主要部件，与文胸其他部位的数据有着极其紧密的联系，钢圈形状数据的变化与下扒、鸡心片和侧比有着密切的联动关系，是连接这几个部位的一个关键衔接部件，其数据具有一致性。钢圈型文胸的罩杯设计与其他文胸的不同。其纸样设计流程是：选择款式造型→选择钢圈→罩杯的设计与修正→文胸其他部位的设计与修正→成型。

罩杯的纸样结构设计是相对独立的，钢圈一般是附着在罩杯上，所以罩杯部分的结构设计，是依赖于钢圈形状的外缘长度。另外，由于要与钢圈相连，所以罩杯下缘线的长度要严格按照钢圈形状的外缘长度确定，在钢圈形状弧线数据控制下，完成罩杯结构设计，不管罩杯结构的省如何改变，罩杯如何分割，其与钢圈形状缝合的部位数据的差不得超过0.5cm，更不能为负值。也就是说罩杯的纸样外形设计是依赖钢圈形状数据的，钢圈是整个文胸设计的基础与主体，而罩杯则是钢圈作用的外在表现。

钢圈是缝合在罩杯和下扒的连接处，在文胸结构设计中，需要的是钢圈形状。可依据钢圈形状弧线设计鸡心与侧比纸样结构；也可以把钢圈形状直接放在女装上衣原型上，进行束身文胸的设计。

四、钢圈号型的分析

（一）常用钢圈号型

钢圈的号型与罩杯的号型规格基本一致，见表2-1。

表2-1 钢圈号型分类表　　　　　　　　　　单位：cm

钢圈代码	AA	A	B	C	D	E
上下胸围差	7.5	10	12.5	15	17.5	20

注：因E杯以上的女性不建议使用有钢圈的文胸，所以本书只研究E杯以下的杯型。

钢圈的一般表示方法有65A、70A、75B、80C等。其中65、70、75、80为号，表示人体的下胸围尺寸；字母A、B、C为型，代表人体胸围与下胸围的差（表2-2）。

表2-2 常用钢圈号型规格表　　　　　　　　单位:cm

人体尺寸		规格	人体尺寸		规格
下胸围	胸围		下胸围	胸围	
60	67.5	60AA	80	90	80A
	70	60A		92.5	80B
	72.5	60B		95	80C
	75	60C		97.5	80D
	77.5	60D		100	80E
65	77.5	65AA	85	95	85A
	80	65A		97.5	85B
	82.5	65B		100	85C
	85	65C		102.5	85D
	87.5	65D		105	85E
70	77.5	70AA	90	100	90A
	80	70A		102.5	90B
	82.5	70B		105	90C
	85	70C		107.5	90D
	87.5	70D		110	90E
75	85	75A	95	105	95A
	87.5	75B		107.5	95B
	90	75C		110	95C
	92.5	75D		112.5	95D
	95	75E		115	95E

按照我国服装号型系列的统计范围，我国女性胸型范围是：下胸围为60～96cm，胸围为75～107.5cm，型的范围在AA、A、B、C、D之间。

(二)钢圈号型分析

以普通型钢圈来分析钢圈号型,它是通过实际测量得出来的数据,有一定的偏差,但能比较直观的说明标准型钢圈号型之间的差异。从表2-3的数据分析得出以下结论。

① A型钢圈适用范围广,75下胸围在每个号型中居中。因此,生产加工的基础板通常以A杯75下胸围的尺寸为准。

② 同时可以发现60D、65C、70B、75A、80AA等号型钢圈外长尺寸基本一致。同样,65D、70C、75B、80A、85AA等这组数据也一致。总的来看,整个表格中从左下角到右上角对角线数据一致,即穿80C文胸的女性在后比与后搭扣不会太紧的前提下可以穿着75D的文胸,但需要与文胸的罩杯的设计相配合,例如夹棉,才可以达到合体的效果。

表2-3 标准型钢圈　　　　　　　　　　　　　　　　　　单位:cm

钢圈号型 (钢圈外长尺寸)		号						
		60	65	70	75	80	85	90
型	AA		15.4	16.8	18.2	19.8	21.2	22.7
	A	15.4	16.9	18.1	19.5	20.9	22.5	23.8
	B	16.9	18.4	20	21.4	22.9	24.4	
	C	18.4	20	21.4	22.8	24.4	25.9	
	D	20	21.3	22.6	24.1	25.5		

以上分析只是对女性选择合适的文胸有一定的指引性意义。但由于女性胸部形态较为复杂,仅仅知道胸围和下胸围这些基础部位尺寸是远远不够的。必须就胸部涉及的各相关部位尺寸及其相互影响进行分析,并得到相应的数据,以简化缩放和制图的复杂性与不可控性。通过对人体数据的分析,可得到下乳杯长、乳房根围、胸高差、乳房根围间隔、乳头间距等数据与胸下围及胸围差之间存在内在数据关系,并在此基础上得到这些控制部位的理论档差数值。

第三节　钢圈形状

一、钢圈形状和钢圈的关系

钢圈形状是根据文胸造型的需求而设计的结构线,对罩杯纸样、鸡心纸样和侧拉片纸样都有在结构上的关系。钢圈形状的位置和设计根据文胸造型要求进行,主要参考数据是下乳杯长、乳房根围、胸高差、乳头间距、乳房根围间隔、BP点的投影点到乳房根围的直线距离、BP点的投影点到乳房侧位直线距离、BP点的投影点到乳房心位直线距离、BP点到乳房心位距离、BP点到乳房侧位距离。根据这些数据及造型的要求,绘制出如图2-3中上图的钢圈形状。

钢圈形状确定后,按图2-3中的数据将钢圈形状的侧位端点水平移动,则移动量是造型设计时BP点的移动量,然后,沿移动后的弧线向下缩减工艺缝制量,约为0.75cm;同样,钢圈形状的心位端点沿弧线向下缩减工艺缝制量,约为0.75cm。得到钢圈弧线后选择钢圈宽度作平行弧线,连接弧线的端点,即可得到钢圈,如图2-3中下图所示。

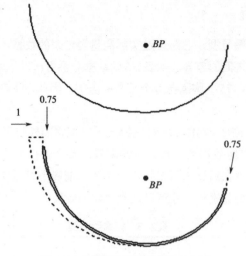

图2-3 钢圈和钢圈形状的关系图

二、绘制普通型钢圈形状数据分析

（一）绘制钢圈形状的主要数据来源

合适的罩杯才能够完美地塑造胸部形态，显现出女性人体特有的美好曲线。也就是说，钢圈型乳罩能将女性的乳房上提、撑起、变大、显露及端庄地遮盖起来，合理的钢圈位置和造型非常重要，因此，依赖钢圈形状而绘制的罩杯在穿着后才能有理想的效果。

根据文胸造型的要求分析罩杯各个主要部位数据，并绘制钢圈形状及钢圈。基础数据来源于徐朝晖的《数据分析在文胸生产上的运用》一文中的统计分析公式，造型数据根据文胸造型的要求调整弧线外形并在基础数据的控制范围内。具体计算公式及各号型的主要部位数据，参考本书第一章第四节中的文胸号型数据内容。

（二）数据分析思路

在罩杯纸样绘制过程中，造型要求提升同时或许还要求居中，则意味着BP点移动的数据不同，设计乳房根围造型设计线的效果也不同，钢圈形状也不同。依赖钢圈形状而绘制的罩杯在穿着后才能达到要求的胸型效果。

绘制钢圈形状所需主要数据是乳房根围间隔、BP点的投影点到乳房根围的直线距离和乳房根围；绘制罩杯所需主要数据是下乳杯长、BP点到乳房心位的弧线距离和BP点到乳房侧位的弧线距离。其中，依据乳房根围间隔数据和强调抬高或居中的造型效果，将BP点向中间偏移0～1cm。如果要求居中效果，BP点的投影点到乳房侧位的直线距离=乳房根围间隔/2+1；BP点的投影点到乳房心位的直线距离=乳房根围间隔/2-1。如果只要求提起抬高效果，BP点的投影点到乳房侧位的直线距离=乳房根围间隔/2；BP点的投影点到乳房心位的直线距离=乳房根围间隔/2。

BP点的投影点到乳房根围的直线距离、BP点到乳房心位的弧线距离和BP点到乳房侧位的弧线距离，在乳房根围和下乳杯长的数据控制下，根据造型要求测量得到。

(三)绘制过程

1. 具体绘制数据

以适用范围最广的A体型、A罩杯、75下胸围数据分析说明绘制普通型钢圈形状的过程。查看表1-14中数据,胸围85cm、下胸围75cm、胸围差10cm、乳房根围间隔14.1cm、下乳杯长7.4cm、乳房根围19cm、胸高差4.7cm。以居中造型为例,因此,BP点向心位方向移动1cm,计算公式如下(保留小数点后一位):

BP投影点到乳房侧位的直线距离=乳房根围间隔/2+1=8.1cm;

BP投影点到乳房心位的直线距离=乳房根围间隔/2-1=6.1cm;

2. 绘制步骤

以下操作步骤在ETCOM_WIBU_3D设计与放码CAD系统中完成。

(1) 绘制乳房根围曲线

要求罩杯造型居中,绘制乳房根围曲线,靠近心位的弧线要饱满圆顺。

① 用智能笔工具,以BP点为起点向右绘制水平线6.1cm,得到心位点(F点);再向左绘制水平线8.1cm,得到侧位点(E点)。

② 以心位点和侧位点为参考点,向下绘制一条靠近心位点较饱满圆顺的弧线。弧线的走势是造型要求的居中效果,如图2-4所示。单击"智能笔"工具的右键,在"长度"输入栏内输入"19",点击曲线上点,则曲线长度调整为19,可随意调整曲线上的控制点,保持其形状为居中造型。

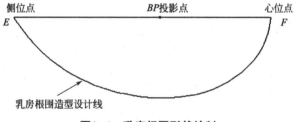

图2-4 乳房根围形状绘制

(2) 绘制标准曲线

按计算基本数据值,调整乳房跟围曲线长度。根据造型要求手动绘制的乳房跟围造型设计线的随意性大,弧线绘制不规范。因此,需要应用系统提供工具,重新绘制标准曲线。

① 选择"智能笔"工具,从BP点的投影点(O点)向下做垂直线到乳房跟围曲线,为A点;框选乳房跟围曲线后,按键盘上的"删除"键,删除手动绘制的乳房跟围线。

② 选择"直角连接"工具,以A点和心位点做直角连接,形成B点;以A点和侧位点做直角连接,形成C点。

③ 选择"圆角处理"工具,分别对两个直角连接点进行圆角曲线处理操作。按住Shift键,框选B点处的两个直角线,鼠标移动到B点,按住左键移动鼠标光标点至BP点的投影点(O点),出现调整的圆角曲线,同时,两个垂直线消失,如图2-5所示。

④ 选择"半径圆"工具,以BP点的投影点为圆点,以OC为半径做圆。

⑤ 选择"旋转"工具,以C点为旋转点,移动圆使得底边部与AE曲线相切。

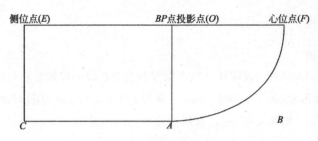

图2-5 圆角曲线处理

⑥ 选择"点打断"工具,将AE曲线在相切点处打断;同时,将半径圆也在相切点处打断,打断处为G点。

⑦ 选择"要素合并"工具,分别点选FA弧线、圆角曲线上的AG弧线和半径圆上的GE弧线,右键确认。选择"智能笔"工具,调整合并后的曲线长度,确保乳房跟围数值为19cm,如图2-6实线所示。

⑧ 选择"要素长度测量"工具测量OA长度,即"BP点的投影点到乳房根围的直线距离"约为5cm,并记录在数据表中。

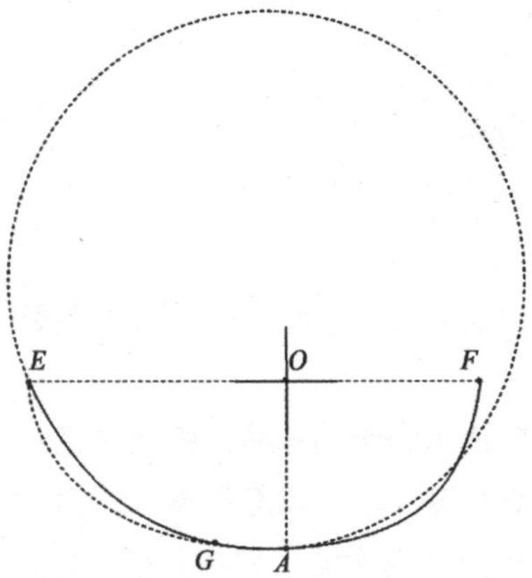

（3）钢圈侧位点调整

普通钢圈的侧位点和心位点的高度差在2.5～3.5cm之间,根据胸围变动,把2.5～3.5cm等差分配在各胸围段之间,

图2-6 调整合并后的乳房跟围曲线

具体数据见表2-4。

表2-4 侧位点升高分配值　　　　　　　　　　单位：cm

罩杯	A	A	A	A	A	A	A
胸围差	10	10	10	10	10	10	10
胸围	70	75	80	85	90	95	100
下胸围	60	65	70	75	80	85	90
侧位点升高分配值	2.5	2.67	2.83	3.0	3.17	3.33	3.5

75A下胸围的侧位点升高值为3cm。用"智能笔"工具,以侧位点为起始点垂直向上绘制3cm的直线,再做水平线相交于旋转后的半径圆,形成H点。用剪刀工具剪切半径圆弧上水平线的交点弧线。用连接工具把乳房根围弧线和此段弧线相连接。然后,用移动工具把钢圈形状（实线）移动出来,完成钢圈形状的绘制操作,如图2-7所示。

三、普通型钢圈的绘制步骤

从钢圈形状可测出钢圈的数据,从实物钢圈也可绘制出文胸结构设计中的主要结构线——钢圈形状。以下从普通型钢圈形状绘制出普通型钢圈,不同造型钢圈形状绘制钢圈的操作步骤一致。

在制图软件CAD中,操作步骤如下。

① 钢圈形状取后,用"移动"工具移动复制一个钢圈形状,A点处用"剪刀"工具剪断钢圈形状曲线,如图2-8所示。

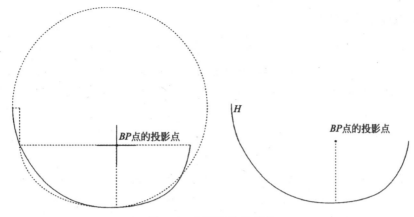

图2-7　钢圈形状完成图

②用"智能笔"工具以钢圈形状的侧位端点H点为起始点，向心位方向水平移动1cm，端点处为I点；用"智能笔"工具将I点和A点连接；然后，选择"两点相似"工具，使IA线的形状与HA弧线的形状相似，如图2-9所示。

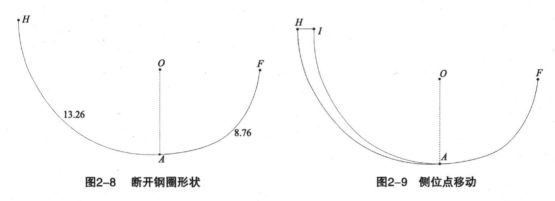

图2-8　断开钢圈形状　　　　　　　　　图2-9　侧位点移动

③用"智能笔"工具把移动后的I点缩减缝制工艺量0.5～0.75cm，同样，把钢圈形状的心位F点沿弧线向下缩减缝制工艺量0.5～0.75cm。选择"要素合并"工具把缩减缝制工艺量后的两条线IA和AF连接，形成钢圈弧线，钢圈宽度为0.2cm。选择"智能笔"工具作0.2cm平行弧线，并连接端点处。向内做平行弧线，用于无下扒罩杯；向外做平行弧线，用于有下扒罩杯。图2-10所示的是向内做的平行弧线。

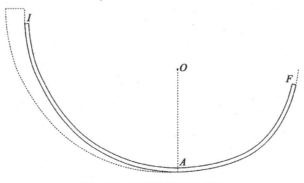

图2-10　普通型钢圈完成图

四、其他造型钢圈形状的绘制分析

文胸造型按照鸡心的不同,可以分为高鸡心文胸款、普通鸡心文胸款、低鸡心文胸款、连鸡心文胸款。鸡心又称前中位、心位,是连接两个罩杯的小梯形,它的作用是连接并固定两个罩杯。心位纸样裁片的顶端宽度(不计钢圈)通常控制在0.5～1cm以内,目的是拉近两个乳房的距离,使其更集中。鸡心高度根据款式的变化有高鸡心和低鸡心之分。区分文胸的高低鸡心要以胸围线为基准,当鸡心顶端的水平线低于胸围线,则该文胸属于低鸡心文胸;反之为高鸡心,也称为高胸型。

不同文胸造型需要相应的钢圈配合,钢圈形状也因此不同,不同造型的钢圈形状都可以在绘制普通型钢圈形状的基础上完成。确定心位点的高低,然后确保心位点和侧位点的不同的造型高度差,即可完成钢圈形状的绘制。各个造型钢圈形状绘制过程中,需要考虑心位点和侧位点的位置变化,但必须确保不同造型的高度差要求。

在普通型钢圈形状绘制的基础上,修改心位点高度,侧位点依据造型要求提升相应数值。用"智能笔"工具在修改框中输入正值,为加长修改线段长度;输入负值,为减少修改线段长度。以下绘制的图形都是以75A号型数据说明心位点和侧位点变化值。

1. 高胸型钢圈形状

心位点和侧位点两端的高度差为1～2cm,钢圈的外径较长,多用于高胸型的文胸,固定胸部下缘的同时将胸部托起,是提胸类文胸的首选钢圈。高胸型钢圈形状是将普通型钢圈形状的心位点加长0.5～1cm,侧位点升高2.5cm。

如图2-11所示,用"智能笔"工具将普通型钢圈形状的心位点延长0.5cm;将侧位绘制一条垂直于胸围线长度为2.5cm的直线,做水平线与参考半径圆相交,用"点打断"工具剪开该相交点。用"要素合并"工具,将跟围曲线与该段曲线连接,完成高胸型钢圈形状设计。

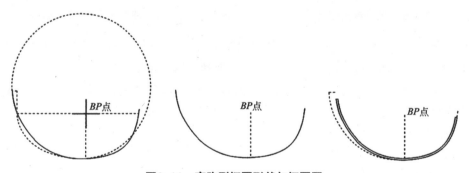

图2-11 高胸型钢圈形状与钢圈图

2. 低鸡心型钢圈形状

低鸡心文胸最好能用配套的低胸型钢圈,指钢圈的两个端点(心位和侧位)的高度差为4～6cm之间。多用于斜杯,将胸部多余脂肪推向胸前,矫正胸部造型,使胸部更加完美,是推胸效果文胸的首选。低鸡心型钢圈形状是将普通型钢圈形状的心位点降低至BP点投影点至乳房跟围直线中点形成,侧位点做相应升高,侧位点升高值不可超过参考圆或参考圆弧线,走势不可以太向内弧。总之,侧位点和心位点的升高与降低要根据造型进行设计的同时,也需要考虑号型数据及成品完成后对胸部的影响。

如图2-12所示，用"点打断"工具将普通型钢圈形状的心位点沿着乳房跟围弧线2cm剪断；将侧位绘制一条垂直于胸围线长度为3.5cm直线，做水平线与参考半径圆相交，用"点打断"工具剪开该相交点。用"要素合并"工具，将乳房跟围曲线与该段曲线连接，即完成低鸡心型钢圈形状设计。

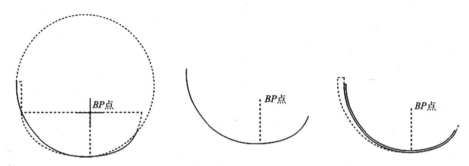

图2-12　低鸡心型钢圈形状与钢圈图

3. 连鸡心型钢圈形状

连鸡心型钢圈又称W型钢圈，钢圈两端心位点和侧位点的高度差大于6cm，侧位较高。这类文胸在固定胸部的同时，将腋下多余脂肪向中间归拢，使得胸部更丰满。多用于低鸡心、连鸡心和无鸡心的文胸。

如图2-13所示，用"点打断"工具，从普通型钢圈形状的心位点沿着跟围弧线3.3cm处打断，用"智能笔"工具向中心线（右侧）绘制0.5cm水平辅助线，然后再向下做垂线与3.3cm处水平线相交。用"圆角处理"工具，操作产生乳房跟围弧线和3.3cm处水平线的圆顺弧线，弧线截止到中心线。

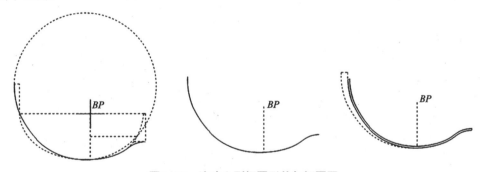

图2-13　连鸡心型钢圈形状与钢圈图

在侧位点绘制一条垂直于胸围线长度为3.3cm直线，做水平线与参考半径圆相交，用"点打断"工具剪开该相交点。用"要素合并"工具，将圆角处理的弧线、跟围弧线、侧位处参考圆弧线三段连接，即完成连鸡心型钢圈形状设计。

4. 托胸型钢圈形状

这类钢圈比较特殊，钢圈两端心位点和侧位点的高度差仅为0～1cm，其外径较短，多用于三角型文胸，主要起固定文胸底部，使其不易上下移动的作用。

如图2-14所示，用"点打断"工具，从普通型钢圈形状的心位点沿着跟围弧线3.3cm处打断，在侧位点沿着跟围弧线2.3cm处打断，剩余的跟围弧线就是托胸型钢圈形状。

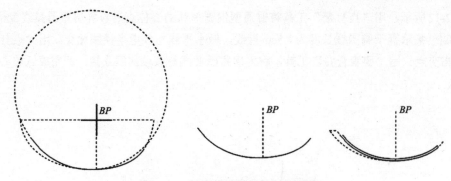

图2-14 托胸型钢圈形状与钢圈图

第三章

罩杯纸样设计与工艺

我国人口基数大，但目前我国适龄人群均消费文胸的能力与国际水平相比，存在着很大的差距，因此我国女性内衣市场有着很大的发展空间，将成为服装业中最具发展前景的行业之一。我国内衣业起步晚，但发展迅速，目前处于步入成熟的转型期，但由于技术的相对落后，包括内衣纸样设计技术的落后，成为影响内衣质量的主要瓶颈之一，阻碍了我国内衣行业的快速转型。同时，在文胸纸样技术方面始终没有形成统一的指导体系，每家企业自成体系。由于女性乳房形态特征的特殊性，决定着罩杯必须具备较强的功能性，罩杯纸样设计对于罩杯功能性的实现具有非常重要的意义，是文胸设计生产的核心环节。

第一节 本章要点及关键词

一、本章要点

罩杯造型设计是文胸设计中技术性最强的部分。由于文胸的贴体性，决定了文胸与人体的紧密关系，使得文胸设计比一般的服装设计更具特殊性，对设计师了解和掌握人体躯干各部位的详细尺寸和各部位具体造型的要求也就更为严格。本章详细介绍罩杯纸样的各种国内外设计方法，对比分析各自优势，并从基础造型数据角度，以造型为主要目的，详细讲述绘制罩杯板型设计的具体操作方法。

二、本章关键专业术语

（1）智能工具

多种功能集合在一个工具上，应用左右键、Ctrl键、Alt键、Shift键等辅助完成多种绘图功能。可绘制矩形、水平线、垂直线、45°线；可绘制任意长度的直线、曲线；可修正、编辑曲线点列；可做角连接、长度调整、一（两）端修正、平行线、删除等修改操作；可做单向省、法向省、转省等操作。

(2) 形状对接

将所选的形状,按指定的位置对接起来。

(3) 纸形剪开

沿裁片中的某条分割线将裁片剪开,或复制剪开的形状。

(4) 工艺线

生成各种标记线,有明线(在指定要素的方向位置做明线标记)和波浪线(在裁片内做代表吃量的波浪线标记)。

(5) 要素属性定义

将裁片上任何一条要素,变成自定义线的属性。有辅助线、对称线、不推线、全切线、半切线、必出线、优选线、非片线、剪切线、加密线、曲线以及不输出、不对称等属性。

(6) 形状对接

将所选的形状,按指定的两点位置对接起来。

(7) 圆角处理

对两条相连接的要素,做等长或不等长的圆角处理。

(8) 固定等分割

将裁片按自定义的等分量及等分数进行分割处理。

(9) 指定分割

将裁片按自定义的分割量和指定的分割线进行分割处理。

(10) 多边分割展开

按指定的分割量,系统自动展开成指定的形状。

(11) 省道

在指定部位做指定长度和宽度的省道。

(12) 省折线

做省道中心的折线,且把不等长的两条省线修至等长。

(13) 转省

将现有省道转移到其他地方。有直接通过 BP 点转省、等分转省、指定位置转省和等比例转省四种方式。

(14) 皮尺测量

按皮尺的显示方式测量选中的要素。

(15) 两点测量

通过指示两点,测量出两点间的长度、横向、纵向的偏移量。

(16) 要素上两点拼合测量

通过指示要素及要素上的两点位置,测量出两组要素中,两点间的要素长度及长度差。

(17) 综合测量

可测量一条要素的长度,或几条要素的长度和长度差。通过指示两点,可测量出两点间的长度、横向、纵向的偏移量。

(18) 要素长度测量

测量一条要素的长度,或几条要素点长度和。

（19）拼合检查

测量两组要素的长度和长度差。

（20）角度测量

测量两直线夹角角度。

（21）平行线

按指定长度或按指定点做与参考线平行的线。

（22）半径圆

通过输入圆的半径做圆。

（23）两点相似

通过指定两点位置，做要素的相似处理。

（24）要素合并

将一条或多条要素，合并成一条要素。

（25）要素打断

将指定的若干条线，按指定的一条线打断。

（26）变更颜色

将所选要素，变更成为指定的颜色。

第二节　罩杯纸样设计方法

一、国内外文胸纸样设计方法的研究状况

世界上第一个文胸于1887年在英国诞生，此时国际上对文胸纸样的研究已经取得了较大的发展。1968年MALLIA首次提出在上衣原型的基础上制取文胸纸样的方法，这是最初的文胸纸样设计方法，从此文胸纸样设计技术就开始了快速发展。M.C.M Wrigh 提出了在人体测量的基础上如何运用图表形式计算文胸尺寸的方法，为文胸纸样设计提供了号型基础。安·哈格编著了《内衣、泳装、沙滩装及休闲服纸样设计》，在书中详细介绍了内衣、泳装等的纸样绘制方法。

相对于国外，我国内衣业起步晚，在20世纪90年代才进入发展阶段，在文胸纸样研究这一领域较为薄弱，在全国范围内还没有统一的标准。但国内内衣专业人士已经意识到——文胸纸样技术制约了内衣企业的发展，都纷纷开始了对文胸纸样方面的研究。

国内外学者已就罩杯纸样设计进行研究并且提出了一些基本的设计方法与思路，为文胸纸样的设计奠定了一定的基础。常用的方法有：立体裁剪法、原型法、已有板型修改法、数据公式法。

二、各种绘制罩杯纸样的方法

（一）立体裁剪法

立体裁剪法是指直接在标准人台上，通过立体裁剪操作获得"基础板"，然后将基础板平放

在水平面上，手工修正纸样或者通过数字化仪板输入到服装工艺设计系统中修正获得的纸样，接着根据实际采用的面料弹性大小对获取的纸样进行进一步的调整从而获得标准的罩杯纸样。

通过立体裁剪获取罩杯纸样的方法，对于初学者来说，是一种比较直观的方法，有利于初学者更好地了解人体结构与内衣结构设计的相互关系。用立体裁剪的方法进行罩杯纸样的绘制，避免了从立体到平面，再从平面到立体过程中的误差，能够较好地避免平面裁剪中容易造成的扣胸、空杯，以及肩带与罩杯的位置不准确，造成肩带滑落等等问题。但是立体裁剪由于需要先用坯布在人台上进行立体裁剪后，再平铺在水平面上用纸张或者数字化仪板进行纸样的套取及调整绘制，所以设计成本要比平面裁剪高，过程也相对复杂，而且立体裁剪法对操作者的审美能力、操作方法及技巧有很高的专业技术要求。

从品牌开发设计角度分析，一些国外的公司采用立体裁剪法较多，因为这样能充分考虑到人体结构的因素，制作出更加合体的文胸。以生产加工为主的国内企业则较少使用此种方法，但在绘制部分褶皱设计的有棉罩杯纸样时候，面料若使用蕾丝或色丁布，会较多地使用立体裁剪的方法，即在一个成型模杯或拼接好的棉杯上立体裁剪出其罩杯表布的纸样。罩杯立体裁剪做法及步骤如下。

① 首先，准备立体裁剪时所使用到的珠针、黏合线、无弹性面料（一般用定型纱）、褪色笔等，如图3-1所示。用黏合线将想要的文胸外形轮廓标好，如图3-2所示。

② 将准备好的无弹性面料裁成一块能够覆盖整个乳房且有余量的正方形，并在上面绘制一个靠一边的十字平面坐标轴线，注意绘制的坐标轴线要与所用的立体裁剪面料经向一致或者垂直，从而保证裁片的稳定性。

③ 以用黏合线标示的胸点为纵轴心，胸围线为水平轴线，将无弹性面料上绘制的十字平面坐标轴的水平线与胸围线吻合，并用珠针将立体裁剪面料固定在人台上。

④ 以T字分割罩杯为例进行说明。将乳房上部分的罩杯部分面料抚平，多余的面料往左、右方向推，形成左右省量；罩杯下半部分多余的量值集中在需要设计分割的部位。注意手部的用力及分配推到各个方向的量值，否则面料会扭曲不平服，立体裁剪的纸样也会不符合产品要求，如图3-3所示。

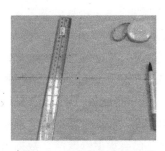 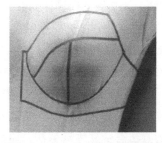 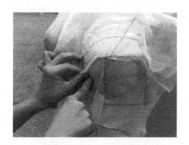

图3-1 准备绘制所需工具　　图3-2 在人台上标出罩杯轮廓　　图3-3 固定设计省量

⑤ 用褪色笔沿所需的设计轮廓线描绘出罩杯各个裁片的外形线及省道线，如图3-4所示。

⑥ 将固定用的珠针拔下，把立体裁剪后的方块布平铺在裁剪台上，可以看到立体裁剪出来的罩杯的雏形板型，如图3-5所示。

⑦ 将立体裁剪得到的罩杯表布铺平，将罩杯雏形纸样通过数字化仪板输入服装纸样工艺设计系统，如图3-6所示，在CAD系统中用"智能笔"工具调整曲线圆顺度，测量省道两侧的弧线

数据是否一致，用"接角圆顺"工具调整缝合后曲线圆顺度，用"拼合检查"工具检查罩杯跟围数据是否符合钢圈形状数据要求。

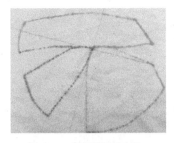
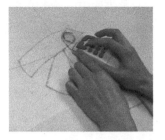

图3-4　绘制各部位轮廓线　　　图3-5　罩杯雏形纸样　　　图3-6　用数字化仪板输入系统

针对有模杯，只是在外层增加装饰蕾丝设计的罩杯，操作方式和以上立体裁剪一样，只是将蕾丝覆盖在模杯上，注意抹平表布收褶裥时，平伏就好，不要太紧，否则缝合蕾丝和模杯的时候会出现翻翘现象，如图3-7所示。

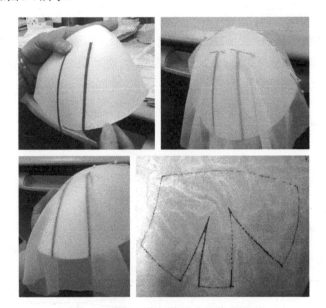

图3-7　模杯上蕾丝裁片立体裁剪操作

鸡心片、下扒、侧拉片等裁片的操作手法与罩杯纸样的立体裁剪套取方法基本一致，从雏形纸样调整得到标准纸样后，根据实际面料的纱向弹性要求进行纸样调整。

（二）原型法

内衣的基本纸样可用外衣的基本纸样变化而来，这种方法需要在了解人体的尺寸及规格的前提下，以有放松量的合体基本原型为基础，将放松量减掉，进行转移省位和结构变化来吻合人体与款式需求，从而完成罩杯的初样。通过原型得到的罩杯初样是没有将面料的弹性考虑进去的，在调整修正初样后，测试所需材料的弹性率，用CAD系统中"缩水操作"工具减去弹性容量。最后在净样的基础上，根据各种不同的缝制要求，画出裁片的缝边并依次绘制出文胸的各个裁片，形成完整的文胸纸样。

在服装工艺设计系统中应用原型进行文胸纸样设计时,系统可以按以下几个步骤进行文胸纸样设计,罩杯的纸样设计主要根据所使用的钢圈完成。

① 原型库中,调选所需原型。

② 根据相应钢圈确定罩杯的纸样。

③ 完成中心片取样。

④ 肩带及后片制图取样。

⑤ 缩水处理操作,加放缝边及文字标注。

目前国际上较为通用的有美式女装基本原型、英式女装基本原型、日本的文化原型、第三代女装标准基本样等。下面以我国刘瑞璞老师设计的第三代女装标准基本样原型为例说明制作罩杯的基本原型。

以绘制34B规格的文胸为例,说明在服装工艺设计系统中的设计过程。设计所需尺寸如下:下胸围75cm、胸围88cm、背长38cm、胸点到胸下缘7.4cm、胸点到胸上缘7.4cm、胸点至中心位8.1cm、胸点至胸外缘8.5cm、钢圈通过胸点的间距12.3cm。

(1)提取原型并调整到净胸围

从原型库中提取胸围88cm、背长38cm的第三代女装标准基本样女装上衣原型(或者根据尺寸按照第三代女装标准基本样原型制板方法自行绘制),将原型前片和后片的袖窿深线,按照净胸围的一半尺寸重叠,如图3-8所示。

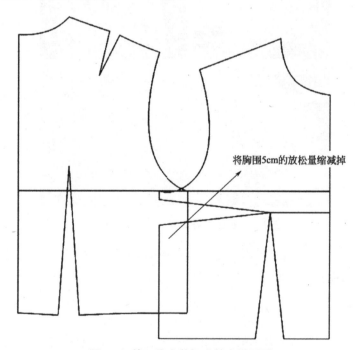

图3-8 第三代女装标准基本样原型

(2)绘制罩杯的雏形纸样

以BP点为参考点分别向上、向下、向前中、向侧缝绘制长度为7.4cm(a)、7.4cm(b)、8.1cm(c)、8.5cm(d)的直线。直角连接各点,并用"圆角处理"工具圆顺弧线,完成罩杯雏形纸样,如图3-9所示。

（3）以半罩杯款式为例制板

从附件库中调出34B钢圈，测量心位点和侧位点直线距离为12.3cm，省量收取值大约为80°。设计上下杯结构的半罩杯，则以BP点为中心，以线段c为辅助线向下作角度为45°的收省线；以线段d为辅助线向上作角度为15°的收省线，向下作角度为20°的收省线，如图3-10所示。

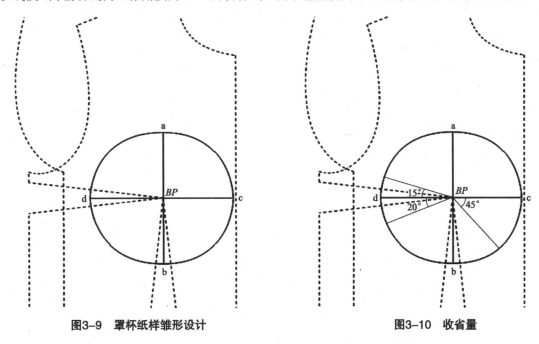

图3-9　罩杯纸样雏形设计　　　　　　　图3-10　收省量

（4）绘制罩杯纸样

如图3-11所示，按箭头所指示的顺序，从罩杯雏形纸样上提取罩杯设计线；删除多余辅助线；调整圆顺收省线，并根据半罩杯形状绘制罩杯上沿；删除多余线，即可得到罩杯的纸样。

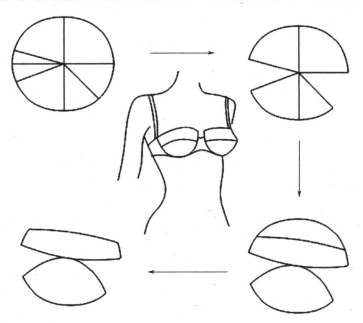

图3-11　罩杯纸样

（三）已有板型修改法及直接拷板法

1. 已有板型修改法

利用已有的板型进行修改是一种比较方便快捷的制板方法，很多内衣企业从创业以来累积了很多客户板型数据，面对相同的客户或者特性相仿的客户，在接收新的订单款式时，无须重新绘制纸样，可以从多年以来累积的庞大的板型数据库中调出相近的参考款，根据新的款式图或规格在原有板型上修改，节省了很多时间，工作效率也有很大的提升。但由于新款采用的面料、蕾丝等有差异，即使规格尺寸一样，也会出现成品不贴体美观的现象。因此，要经过"试穿——再修改——再试穿——再修改……"的制作循环过程，直到客户确认。图3-12中的a图是参考旧款绘制出新款纸样制作出来的样品穿在人模身上的图片，b图是根据试穿效果对纸样进行修改前后的板型对照图。

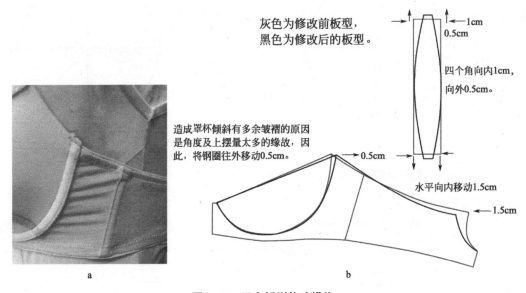

图3-12　已有板型修改操作

2. 直接拷板法

所谓直接拷板法，即将客户的样品拆成一片片小裁片，将之铺平，用读图仪直接读进电脑里，将线条进行微调调顺。有时客户的样品的板型也会存在不合理的地方，直接复制其板型，制作出来的样品也并非很合体。所以还是有"试穿——再修改——再试穿——再修改……"的制作循环过程，直到试穿合体，客户确认。如图3-13所示，左图中的灰色圆圈标示的罩杯表布余量多，使得穿着起来出现皱褶而不平顺，这样的外观，客户是不会接受的，因而就要再次修改。出现上图试穿问题的原因有两个：一是罩杯斜下片表布量多，纸样上应相应减少；二是可能所取布纹纱向问题。因此，以第一个假设对纸样进行了相应的修整，如图3-13中间图所示修改板型操作；而后出样制作，试穿效果如图3-13右图所示，罩杯表面得到了改善，变得平顺美观。

已有板型修改法及直接拷板法，都是最为方便快捷得取板型的方法。避免了重新开始绘制纸样的过程。不过在进行调用旧款板型时，需要观察旧款板型是否适合新款造型要求，分析新款的材质与旧款材质的差异性及解决的方案等问题。简单的直接拷贝或修改旧款从而得到的新款纸样,会出现图3-13中的问题,也就不会提高制板效率。

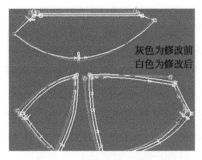

图3-13　直接拷板法修改操作

在一个"老内衣企业",因其创业发展至今,累积建立了一个庞大的板型库,所以在针对同一客户群体的订单时,为了方便快捷、提高效率,一般都参照类似款式的旧款来绘制新款的纸样,即调用类似款式的旧款纸样进行一定的调整修改,绘制出新款式的纸样。

(四)数据公式法

数据公式法就是罩杯的纸样根据具体数据进行设计。图3-14中的左图、中图是女性胸部的侧视图和俯视图,其中的c是BP点到乳跟围线的弧线距离,即下乳杯长;b是BP点到侧位的曲线距离,g是BP点到心位的曲线距离,$b+g$是罩杯的杯阔。使用长度为20.2cm的普通型钢圈,绘制34B的罩杯纸样。图3-14右图中的小圆半径是c的长度,大圆半径是$b+g$的长度,罩杯纸样的绘制的各个部位数据如图3-14所示。

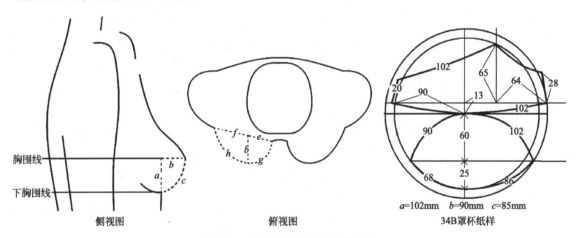

图3-14　数据公式法罩杯纸样设计

数据公式法容易操作,但如果没有对罩杯造型设计有很好的理解,同一体型的客户不同款式造型需求也都无法从纸样结构上诠释好。

从四种常用的罩杯纸样绘制方法可以看出,它们各有各的实用性和可操作性。文胸不仅仅具备基础的呵护功能,还有着修饰人体,并通过特殊的结构设计与材料的运用而达到抬高、集中胸部,弥补体形缺陷,塑造更加完美身材的作用,因此,从造型角度分析结构才是根本。

第三节　从文胸造型角度分析罩杯结构设计

使女性胸部更有形、更丰满的文胸都是居中型的内衣，从现有的研究状态及研究成果来看，设计具有集中胸部功能的文胸主要可以通过三个方式实现：一是从设计文胸的款式内在结构分析；二是应用特殊性能的内衣材料；三是通过内衣制作工艺。本书主要讨论的是第一种方式，通过改变BP点到心位和侧位的数据分配，使文胸的款式结构得以重新设计，从而达到集中胸部的功能效果，设计简单易操作，但在绘制过程中需要注意造型线的形状和胸部造型的关系。

在绘制各部位结构的过程中，始终以胸部造型的要求为宗旨，分析罩杯各主要部位数据，并绘制钢圈形状及钢圈。其中基础数据来源于徐朝晖的《数据分析在文胸生产上的运用》一文中的统计分析公式，借鉴了几个主要部位数据公式，在绘制罩杯的过程中，造型数据根据文胸造型的要求调整弧线外形，并测量相应的造型数据，同时注意各主要基础数据不能改变。

一、根据文胸造型要求绘制钢圈形状

造型数据是服装设计过程中，为了达到某种造型效果而对服装原有的尺寸数据做的一个调整，从而得到一组新的尺寸数据。造型数据也可以称为服装的非控制部位的服装规格数据，在服装的号型标准中，只对构成服装的主要部位数据进行控制，非控制部分的服装规格，可根据服装的款式需要自行设计，文胸也不例外。

合适的罩杯才能够完美塑造胸部形态，显现出女性特有的人体曲线。也就是说，钢圈型文胸能将女性的乳房上提、撑起、变大、显露及端庄地遮盖起来，合理的钢圈位置对塑造胸部造型非常重要。在罩杯纸样绘制过程中，造型要求提升或同时还要求居中，则意味着BP点移动的数据不同，在设计乳房根围造型设计线的效果也不同，钢圈形状也不同。依赖钢圈形状而绘制的罩杯在穿着后才能达到要求的胸型效果。

1. 数据分析思路

绘制钢圈形状所需主要数据是乳房根围间隔、BP点的投影点到乳房根围的直线距离和乳房根围；绘制罩杯所需主要数据是下乳杯长、BP点到乳房心位的弧线距离和BP点到乳房侧位的弧线距离。如图3-15所示，虚线a部分是BP点的投影点到乳房根围的直线距离；虚线b部分是胸高差；虚线c部分是下乳杯长；虚线d部分是乳房根围；虚线e部分是BP点的投影点到乳房心位的直线距离；虚线f部分是BP点的投影点到乳房侧位的直线距离；虚线g部分是BP点到乳房心位的弧线距离；虚线h部分是BP点到乳房侧位的弧线距离。

根据造型效果，可调整BP点的纸样结构位置，即以乳房根围间隔数据的中点为理论意义上的BP点，向中间偏移0～1cm。如果要求强居中效果，BP点的投影点到乳房侧位的直线距离=乳房根围间隔/2+1；BP点的投影点到乳房心位的直线距离=乳房根围间隔/2-1。如果只要求提起抬高效果，BP点的投影点到乳房侧位的直线距离=乳房根围间隔/2；BP点的投影点到乳房心位的直线距离=乳房根围间隔/2。BP点的投影点到乳房根围的直线距离、BP点到乳房心位的弧线距离和BP点到乳房侧位的弧线距离在乳房根围和下乳杯长的数据控制下，根据造型要求测量得取。

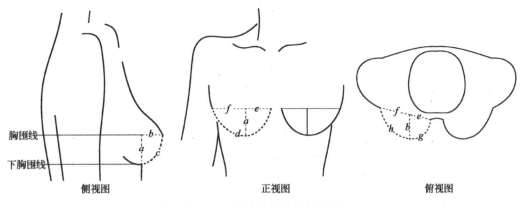

图3-15 乳房各部位数据图示

2. 不同造型要求的乳房根围设计线

以适用范围最广的 A 体型 A 罩杯 75 下胸围数据分析说明不同造型的钢圈形状绘制过程。胸围 85cm、下胸围 75cm、胸围差 10cm、乳房根围间隔 14.1cm、下乳杯长 7.4cm、乳房根围 19cm、胸高差 4.7cm。从 BP 点的投影点向右绘制水平线,数据是 BP 点的投影点到乳房心位的直线距离,得到心位点;再向左绘制水平线,数据是 BP 点的投影点到乳房侧位的直线距离,得到侧位点;以心位点和侧位点为参考点,向下绘制弧线,弧线是造型要求的效果,弧线的数据是乳房根围的数据 19cm;过 BP 投影点向弧线做条垂线,如图 3-16 所示。

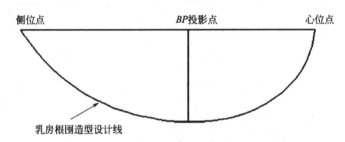

图3-16 乳房根围形状绘制

(1) 第一种胸型效果

造型要求强居中。穿着文胸后乳房向中间集中的效果,乳房根围靠近心位的弧线要饱满圆顺,侧位弧线平缓。BP 点向心位移动 1cm,BP 点的投影点到乳房侧位的直线距离=乳房根围间隔/2+1=8.1cm,BP 点的投影点到乳房心位的直线距离=乳房根围间隔/2-1=6.1cm。向下绘制一条靠近心位点较饱满圆顺的弧线,弧线是造型要求的居中效果。BP 投影点到乳房根围的直线距离是 4.97cm,如图 3-17 中的 a 图所示。

(2) 第二种胸型效果

固定提高胸部。乳房只是保持提高不下垂,BP 点不移动,BP 点的投影点到乳房侧位的直线距离=乳房根围间隔/2=7.05cm,BP 点的投影点到乳房心位的直线距离=乳房根围间隔/2=7.05cm。乳房根围造型设计线要求圆顺饱满即可,数据为 19cm。BP 投影点到乳房根围的直线距离是 5.27cm,如图 3-17 中的 b 图所示。

(3) 第三种胸型效果

提高并有居中效果。乳房提高并稍有居中,BP 点向心位移动 0.5cm,BP 点的投影点到乳房侧位的直线距离=乳房根围间隔/2+0.5=7.55cm，BP点的投影点到乳房心位的直线距离=乳房根围间隔/2-0.5=6.55cm。乳房根围造型设计线要求靠近心位点部分饱满圆顺，长度仍然保持19cm。BP点的投影点到乳房根围的直线距离是5.19cm，如图3-17中的c图所示。

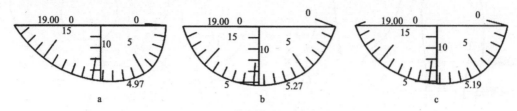

图3-17　不同造型要求下的乳房根围效果

3. 不同造型要求的钢圈形状

根据乳房根围设计线绘制钢圈形状，还需对钢圈侧位点进行提高调整。以普通钢圈为例，普通钢圈的侧位点和心位点的高度差在2.5～3.5cm之间，根据胸围变动，把2.5～3.5等差分配在各胸围段之间，具体数据见表2-4。以75下胸围为例的侧位点升高分配值为3cm。在侧位调整弧线延长取水平值3cm，如图3-18所示的钢圈形状效果图，a图为第一种胸型造型要求下的钢圈形状，b图为第二种胸型造型要求下的钢圈形状，c图为第三种胸型造型要求下的钢圈形状。

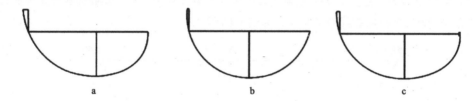

图3-18　不同造型要求下的钢圈形状

二、不同文胸造型效果的罩杯数据

在进行罩杯纸样设计时要有所针对，符合塑造不同乳型曲线的体态要求。罩杯作为文胸的主体部分，其结构设计在文胸制作过程中起着非常重要的作用，将直接影响着文胸的整体效果和穿着的舒适性。罩杯的造型效果可以从结构设计中体现出来，同部位不同数据对造型有直接影响。

1. 数据分析思路

绘制罩杯所需主要数据是下乳杯长、胸高差、BP点到乳房心位的弧线距离和BP点到乳房侧位的弧线距离。其中，下乳杯长、胸高差是可以通过统计数据求得；BP点到乳房心位的弧线距离和BP点到乳房侧位的弧线距离需要根据造型要求实测求得。

在乳房根围形状绘制的基础上，以BP点为中心点，胸高差为半径作辅助圆。根据造型要求从侧位点、辅助圆顶点（BP点）、心位点连接弧线。调整好曲线后，测量侧位点到BP点的弧线长和心位点到BP点的弧线长。

2. 造型数据测量

（1）第一种胸型造型要求强居中

乳房向中间集中，弧线是造型要求的居中效果，BP点到心位的弧线要饱满圆顺，BP点到侧位弧线平缓。BP点到乳房侧位的弧线距离=9.5cm，BP点到乳房心位的弧线距离=8.09cm，如图

3-19中的a图所示。

（2）第二种胸型只是提高胸部

乳房只是保持提高不下垂，BP点到乳房侧位的弧线距离到侧位和心位的弧线圆顺。BP点到乳房侧位的弧线距离=8.73cm，BP点到乳房心位的弧线距离=8.76cm，如图3-19中的b图所示。

（3）第三种胸型要求提高并有居中效果

BP点到心位的弧线要圆顺，BP点到侧位弧线平缓。BP点到乳房侧位的弧线距离=9.1cm，BP点到乳房心位的弧线距离=8.43cm，如图3-19中的c图所示。

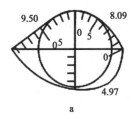 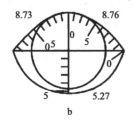 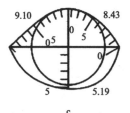

图3-19　不同胸型的罩杯数据

3. 不同胸型的罩杯纸样分析

不同胸型效果在罩杯结构分割上，应该采取不同的分割方法，以加强居中或提高的效果和作用。下面以罩杯上下分割为例说明同一种体型数据情况下，对比说明造型效果要求不同，则各造型数据不同，进而钢圈形状不同，最后罩杯纸样也不同。因此，在进行罩杯纸样设计的同时，始终以造型的要求为指导思想。

图3-20中a图是第一种胸型，造型要求强居中。罩杯下部位的比例约占4∶6，将BP点到根围的直线距离按4∶6分割，绘制下罩杯的纸样，其目的是增加提升力度。罩杯上部位裁片宽度超过3cm，选择蕾丝面料的应用范围广。

图3-20中b图是第二种胸型，只是提高胸部。乳房保持提高不下垂，BP点没有移动，罩杯下部位的比例约占5∶5，且罩杯分割弧线对称圆顺，罩杯上部位裁片宽度较窄。

图3-20中c图是第三种胸型，要求提高并有居中效果。BP点向心位移动了0.5cm，罩杯下部位中间分割线弧线靠近心位弧段饱满圆顺，罩杯上部位对接缝合曲线也增加了弧度，图3-20中右图的罩杯下部位的比例约占5∶5。

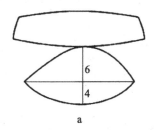 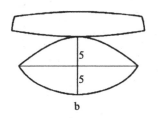 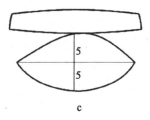

图3-20　不同胸型的罩杯纸样

文胸的款式造型功能不同，主要部位的数据和文胸的外部造型效果都会有所不同。抬高型文胸一般不具有集中胸部的功能，因此采用前后杯宽相等的数据，文胸造型的外部弧线、弧度也相似。抬高并适当居中型的文胸具有集中胸部的功能，前杯宽的距离会小于后杯宽的距离，BP点到心位的距离小于BP点到侧位的距离，BP点到心位的距离弧度线较饱满，BP点到侧位的距离弧度线较平缓。强居中型文胸因为其具有较强的集中胸部的功能，因此，BP点到心位距离的弧度线会更加的饱满，强居中型文胸款式造型文胸的造型效果更加明显。

三、罩杯纸样绘制过程

1. 绘制罩杯纸样需要注意两个问题

（1）分割量值的分配

基础罩杯原型的上下分割纸样，一般下罩杯纸样的黄金分割是6∶4（上6下4）。但是，大号型下罩杯纸样分割量与小号型的分割量要有所不同，如AA、A、B的下罩杯纸样在绘制时一般是按照下乳杯长为6∶4分割可得到的较好提拉效果，而C、D罩杯的乳房容量大，需要确保下罩杯纸样有足够的提升力，可以5∶5或4∶6分割，只有下罩杯纸样容量大，才可以承托起来。另外，也可避免上罩杯纸样宽度太大，造成上杯边长度数据不够，出现上杯边缘扣胸的现象。

（2）对接缝合处的要求

分割线上两边的缝合长度要相等，差值要控制在0.05cm范围内，因为内衣罩杯裁片面积不大，工艺要求较高，差值会造成面料缝合过程中拉扯，出现褶皱现象。内衣贴体舒适的性能要求很高，省的弧线形状会影响角度的形状，在靠近BP点处，省的弧度要大，与省的垂直中心线要相切，而省弧线也要跟下杯边线垂直。两边的弧线形状要尽量保持一致，这样才能避免出现鼓包、尖角和曲线连接不圆顺的状况。

2. 绘制罩杯的各部位数据

表3-1～表3-5中，小杯型（AA杯、A杯、B杯）以居中托胸造型设计分析各部位数据，即BP点向心位方向移动1～0.75cm；大杯型（C杯、D杯）以提升保型造型要求分析各部位数据，即BP点向心位方向移动0.5～0cm。

表3-1　AA罩杯数据表　　　　　　　　　　单位：cm

罩杯	AA	AA	AA	AA	AA	AA
胸围差	7.5	7.5	7.5	7.5	7.5	7.5
胸围	72.5	77.5	82.5	87.5	92.5	97.5
下胸围	65	70	75	80	85	90
下乳杯长	6.0	6.3	6.6	6.9	7.2	7.5
乳房根围	15.0	16.3	17.6	18.8	20.1	21.4
乳房根围间隔	11.9	12.8	13.7	14.5	15.4	16.3
胸高差	4.18	4.1	4.0	3.9	3.9	3.8
BP点到乳房根围的直线距离	3.6	4.0	4.4	4.8	5.2	5.6
BP点到乳房侧位直线距离（乳房根围间隔/2+1）	7.0	7.4	7.8	8.3	8.7	9.1
BP点到乳房心位直线距离（乳房根围间隔/2-1）	5.0	5.4	5.8	6.3	6.7	7.1
BP点到乳房侧位曲线距离	8.38	8.7	9.0	9.3	9.7	10.0
BP点到乳房心位曲线距离	6.85	7.1	7.4	7.6	7.9	8.1

表3-2 A罩杯数据表　　　　　　　　　　　　　　　　　　　　单位：cm

罩杯	A	A	A	A	A	A	A
胸围差	10	10	10	10	10	10	10
胸围	70	75	80	85	90	95	100
下胸围	60	65	70	75	80	85	90
下乳杯长	6.4	6.7	7.1	7.4	7.7	8.0	8.3
乳房根围	15.2	16.4	17.5	18.7	20.0	21.0	22.5
乳房根围间隔	11.6	12.4	13.3	14.1	15.0	15.9	16.7
胸高差	4.2	4.1	4.0	4.0	3.9	3.8	3.7
BP点到乳房根围的直线距离	3.9	4.3	4.6	4.9	5.3	5.6	6.0
BP点到乳房侧位直线距离（乳房根围间隔/2+1）	6.8	7.2	7.6	8.1	8.5	8.9	9.4
BP点到乳房心位直线距离（乳房根围间隔/2-1）	4.8	5.2	5.6	6.1	6.5	6.9	7.4
BP点到乳房侧位曲线距离	8.2	8.5	8.7	9.2	9.5	9.8	10.2
BP点到乳房心位曲线距离	6.8	7.0	7.2	7.5	7.7	8.0	8.4

表3-3 B罩杯数据表　　　　　　　　　　　　　　　　　　　　单位：cm

罩杯	B	B	B	B	B	B
胸围差	12.5	12.5	12.5	12.5	12.5	12.5
胸围	77.5	77.5	82.5	87.5	92.5	97.5
下胸围	60	65	70	75	80	85
下乳杯长	7.2	7.5	7.8	8.1	8.5	8.8
乳房根围间隔	12.0	12.9	13.8	14.6	15.5	16.3
乳房根围	16.7	18.0	19.2	20.5	21.8	23.1
胸高差	4.3	4.2	4.1	4.0	4.0	3.9
乳头间距	16.9	16.9	17.6	18.4	19.1	19.9
BP点到乳房根围的直线距离	4.8	5.2	5.6	6.0	6.4	6.8
BP点到乳房侧位直线距离（乳房根围间隔/2+0.75）	6.8	7.2	7.6	8.1	8.5	8.9
BP点到乳房心位直线距离（乳房根围间隔/2-0.75）	5.3	5.7	6.1	6.6	7.0	7.4
BP点到乳房心位曲线距离	7.4	7.7	8.0	8.3	8.6	8.9
BP点到乳房侧位曲线距离	7.95	8.3	8.7	9.0	9.4	9.7

表3-4 C罩杯数据表　　　　　　　　　　　　　　　　　　　　单位：cm

罩杯	C	C	C	C	C	C
胸围差	15	15	15	15	15	15
胸围	75	80	85	90	95	100
下胸围	60	65	70	75	80	85
下乳杯长	8.0	8.3	8.6	8.9	9.2	9.5
乳房根围	18.1	19.4	20.7	22.0	23.3	24.6
乳房根围间隔	12.5	13.4	14.2	15.1	15.9	16.8
胸高差	4.62	4.5	4.5	4.4	4.3	4.2
BP点到乳房根围的直线距离	5.3	5.7	6.1	6.5	6.9	7.3
BP点到乳房侧位直线距离（乳房根围间隔/2+0.5）	6.8	7.2	7.6	8.0	8.5	8.9
BP点到乳房心位直线距离（乳房根围间隔/2-0.5）	5.8	6.2	6.6	7.0	7.5	7.9
BP点到乳房心位曲线距离	8.1	8.4	8.7	9.0	9.3	9.6
BP点到乳房侧位曲线距离	8.35	8.7	9.1	9.4	9.8	10.1

表3-5 D罩杯数据表　　　　　　　　　　　　　　　　　　　单位：cm

罩杯	D	D	D	D	D
胸围差	17.5	17.5	17.5	17.5	17.5
胸围	77.5	82.5	87.5	92.5	97.5
下胸围	60	65	70	75	80
下乳杯长	8.8	9.1	9.4	9.7	10.0
乳房根围	19.6	20.9	22.2	23.5	24.8
乳房根围间隔	13.0	13.8	14.7	15.6	16.4
胸高差	4.93	4.9	4.8	4.7	4.6
BP点到乳房根围的直线距离	6.0	6.4	6.8	7.2	7.6
BP点到乳房侧位直线距离（乳房根围间隔/2+0.5）	7.0	6.9	7.8	8.3	8.7
BP点到乳房心位直线距离（乳房根围间隔/2-0.5）	6.0	6.9	6.8	7.3	7.7
BP点到乳房心位曲线距离	8.59	8.9	9.2	9.4	9.7
BP点到乳房侧位曲线距离	7.78	8.1	8.5	8.8	9.1

3. 水平罩杯分割纸样绘制

水平罩杯结构分类有上下分割、左右分割、单褶、T字分割和多片分割等，以上下分割的罩杯纸样结构为基础进行其他结构分割变化设计。在半罩杯的纸样结构图上，可分别绘制3/4罩杯和全罩杯的纸样裁片。参考表3-4中的数据，以75A罩杯为例，说明设计居中聚拢型罩杯纸样绘制的具体操作技巧。钢圈形状及数据是约束罩杯纸样设计的基础，具体绘制参考第二章中的内容。

（1）上下分割

上下分割杯型的上杯纸样是罩杯纸样的重要组成部分，上杯的上边缘线称为上杯边，上杯的下边缘线称为杯骨。它们的线条弧度直接关系到胸罩的合体程度，如杯边有弧度并有弹性就不容易压紧乳房因而穿着舒适，杯边是直线就会太紧、无弹性，穿着后压胸且罩杯空，乳点顶不到杯顶，所以上杯的设计形态是胸罩造型设计的重点。下杯纸样是罩杯纸样的下半部分，具有托高乳房的作用，使胸部造型挺拔。一片式的下杯纸样比较扁平且三维效果不大，包容量有限，造型相对较弱。

利用CAD软件绘制步骤如下：

① 用"智能笔"工具，向左绘制BP点投影点至侧位点的曲线距离9.2cm直线，然后向右绘制BP点投影点至心位点的曲线距离7.5cm，向下绘制下乳杯长7.4cm的直线，并做平行线绘制成矩形，如图3-21a所示。

② 用"圆角处理"工具，将BP点左右两个矩形的边角圆顺。

③ 用"半径圆"工具，以BP点为圆点，分别以9.2cm和7.5cm做圆；用"智能笔"工具，从BP点向上做直线交于两个同心圆；用"点打断"工具，将同心圆分别从交点处剪开。完成罩杯雏形，如图3-21b所示实线。

④ 用"移动"工具，将实线图形移出，如图3-21c所示各标注点。用"智能笔"工具，在OA线上，以6：4分别绘制水平线与弧线交与D、E点；连接OD和OE，绘制DOE弧线，以DO线平缓，OE饱满为好；用"要素合并"工具，连接DA和AE两段线，形成一条完整的DAE弧线，如图3-21c所示。

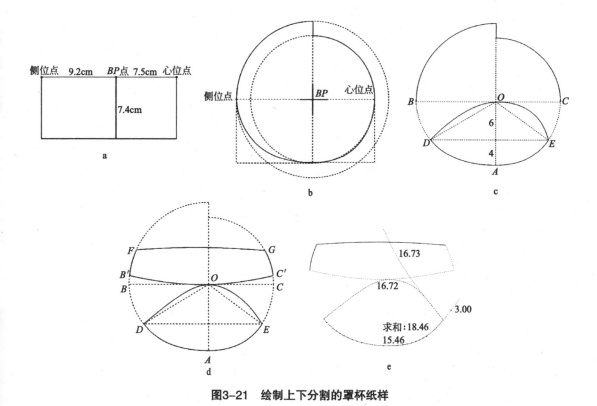

图3-21　绘制上下分割的罩杯纸样

⑤用"拼合检查"工具，检查DAE弧线和钢圈形状数据的差值为6.57cm。增加容位量0.43cm，则数据调整为7cm，上杯两侧高为3.5cm。

⑥BC是直线，DOE是弧线，直线与弧线缝合工艺难度大，且缝合后造型效果不好，因此，在B和C点处，沿弧线提升1cm形成BOC弧线，并用"拼合检查"测量BOC和DOE弧线数据差值，以BOC弧线长度数据为基础，调整DOE弧线形状，直到两个弧线数据差值为0。

⑦用"智能笔"工具，在上杯两侧弧线上，从B′和C′点处向上分别取3.5cm，得F、G两点连接FG两点，并调整为外弧线，如果上杯为蕾丝设计，则为直线即可，如图3-21d所示实线。

⑧用"接角圆顺"工具，调整上下杯需要缝合的边线，如图3-21e所示。同时，还需要对杯骨弧线的差值进行核查，确保差值为0，即完成上下杯分割的罩杯纸样。

（2）左右分割

左右杯型的分割线是纵向的，左右杯型上杯边与上下杯型上杯边作用力相同，其松紧直接关系到罩杯的合体程度。杯骨线条设计要突出胸高点位置，否则影响文胸的穿着效果。右杯是罩杯靠侧比的部分，上边缘尺寸应控制适当，不宜过长也不宜过短，它将直接影响到肩带太开或太拢。罩杯中骨线条同样重要，弧线弯度太大，穿着后空杯且上杯边压胸；弧线太小，杯边缘不适体有反翘现象，所以罩杯中骨线条设计是极其重要的。

以上下分割的罩杯纸样进行转省操作，完成左右分割的罩杯纸样。

利用CAD软件绘制步骤如下。

①用"点打断"工具，将DAE弧线从A点处剪断。用"智能笔"工具，连接OD、OE、OB′、OC′，同时删除上下杯的杯骨弧线。以分割线向心位倾斜的造型线，画两条辅助线，注意线的绘制方向，如图3-22a所示。

②用"点打断"工具，将DAE弧线从A点处剪断，将FHG弧线从H点处剪断。用"转省"工具，将裁片从HA线分开。用"智能笔"工具，连接HOA和H′OA′形成杯骨弧线，如图3-22b所示。

③用"要素合并"工具连接罩杯两侧拼合后弧线AF和A′G，并调整圆顺，如图3-22c所示。

④用"接角圆顺"工具，调整左右杯需要缝合的边线，如图3-22d所示。同时，还需要对杯骨弧线的差值进行核查，确保差值为0，即完成左右杯分割的罩杯纸样。

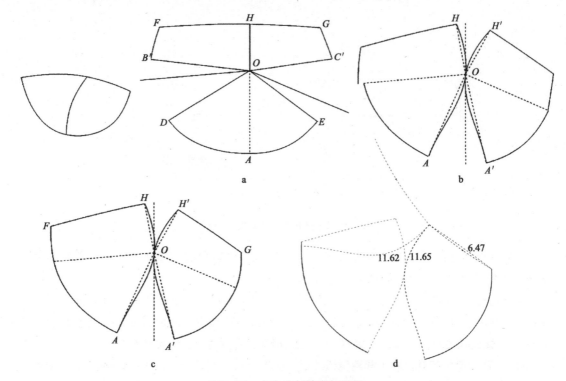

图3-22 左右分割的罩杯纸样

（3）单褶

单褶杯型的罩杯表面上没有分割线，以设计省道的收省量来达到符合女性乳房曲线体态的立体结构，使文胸穿着舒适合体。为了更好地控制罩杯区域的形状，一般单褶都是由BP点往罩杯下沿中间部位形成。然而，这样的结构设计使其罩杯造型相对较扁平，罩杯容量有限，包容性不大，因此，适合胸部较小的女性穿着。

以上下分割的罩杯纸样进行转省操作，完成单褶的罩杯纸样。具体操作如下。

①用"点打断"工具将DAE弧线从A点处剪断。用"智能笔"工具，连接OD、OE、OB′、OC′，同时删除上下杯的杯骨弧线。以收省位置在下杯向侧位倾斜，如图3-23a所示。

②用"点打断"工具将DAE弧线从A点处剪断。用"转省"工具，将下杯裁片从OA线分开，如图3-23b所示。

③用"智能笔"工具，绘制杯骨弧线，注意弧线靠近下边缘处接近垂直。用"要素合并"工具连接罩杯两侧拼合后弧线AF和A′G，并调整圆顺，如图3-23c所示。

④ 用"接角圆顺"工具，调整左右杯需要缝合的边线，如图3-23d所示。同时，还需要对杯骨弧线的差值进行核查，确保差值为0，即完成单褶的罩杯纸样。

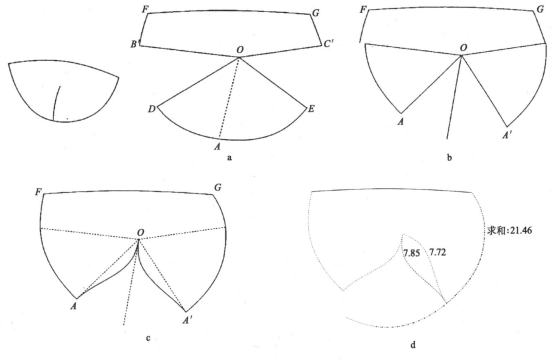

图3-23 单褶的罩杯纸样

（4）T字分割

T字杯型直接由上下杯型演变而成，因而其上杯裁片与上下杯型的上杯裁片相同，它的线条直接关系到胸罩的合体程度。T字杯型的下半部分是两片分割的下杯裁片，包容量大且下杯造型圆顺，通常上端破开点正对乳尖位置，使得穿着合体。

以上下分割的罩杯纸样进行转省操作，完成T字分割的罩杯纸样如图3-24a所示。具体操作如下。

① 用"点打断"工具将DAE弧线从A点处剪断。用"智能笔"工具，连接OD、OE，同时删除下杯的杯骨弧线。OA为分割线，画两条辅助线，如图3-24b所示。

② 用"点打断"工具将DAE弧线从A点处剪断。用"转省"工具，将裁片从OA线分开。用"智能笔"工具，绘制分割后裁片的杯骨弧线，如图3-24c所示。

③ 用"接角圆顺"工具，调整左右杯需要缝合的边线，如图3-24d所示。同时，还需要对所有杯骨弧线的差值进行核查，确保差值为0，即完成T字分割的罩杯纸样。

（5）多片分割

罩杯采用多片设计裁剪，功能性与装饰性并重，不但将乳房完整包容住，并使回流的脂肪有足够的容纳空间，有效地引导脂肪生长方向，将流失、移位、下垂的脂肪归位、受力、固定，给乳房适当的承托。同时，有力的侧推功能，使胸房集中，乳沟突显，从而达到丰胸的效果，塑造性感迷人的曲线。但多片分割造成罩杯裁片增多，缝制工艺难度增加，因此，小号型文胸的罩杯较少采用多片分割。

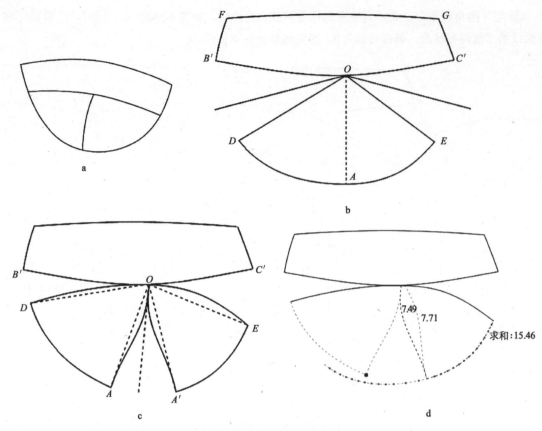

图3-24 T字分割的罩杯纸样

以上下分割的罩杯纸样进行转省操作,完成多片分割的罩杯纸样。具体操作如下。

① 用"点打断"工具将DAE弧线从A点处剪断。用"智能笔"工具,连接OD、OE、OB'、OC',同时删除上下杯的杯骨弧线。以分割线为三个不同倾斜的造型线,画两条辅助线,注意线的绘制方向,如图3-25a所示。

② 用"点打断"工具将DAE弧线从A点处剪断,将FHG弧线从H点处剪断。用"转省"工具,在"等分数"栏里输入2,则将裁片从HA线分开的同时,也省量分配2个部位,如图3-25b所示。

③ 用"智能笔"工具在分割省处连接,形成JK、J'K'、LM、L'M'四条弧线,需要注意的是JK、J'K'弧线在辅助线处重合,LM、L'M'弧线也在辅助线处重合。用"要素合并"工具连接罩杯两侧拼合后弧线FK和GM',并调整圆顺,如图3-25c所示。

④ 用"接角圆顺"工具,调整左右杯需要缝合的边线。用"智能笔"工具对杯骨弧线的差值进行调整,确保差值为0,如图3-25d所示。即完成多片杯分割的罩杯纸样。

4. 按罩杯面积分类的水平罩杯纸样绘制

(1) 3/4罩杯

3/4罩杯是利用斜向的裁剪及钢圈的侧压力,使乳房上托,侧收集中性好,其造型优美、式样多变,特别是前中心的低胸设计,能展现女性的玲珑曲线。这种式样的内衣实用、舒适,并且能够很好地修饰形态,市场上文胸多数为此类罩杯。

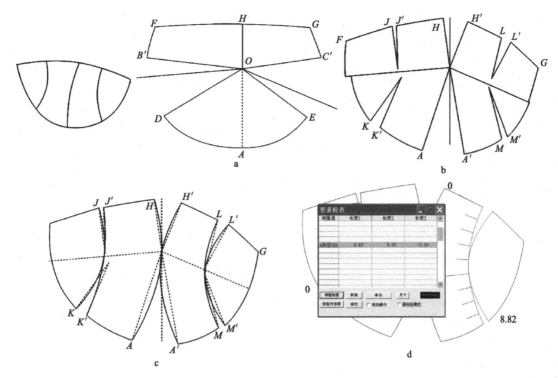

图3-25 多片分割的罩杯纸样

以上下分割的半罩杯纸样进行3/4罩杯的纸样绘制操作,具体操作如下。

已经完成的上下分割的半罩杯纸样结构图,如图3-26a所示。用"智能笔"工具,连接OF。用"角度线"工具,在OF线的1/3处,做一个垂直辅助线,长度适当即可。用"量规"工具,以F点为起点,半径为6cm,相交到垂直辅助线上,形成H点,做1cm水平线,完成肩带缝合部位。用"智能笔"工具,连接H'G,并调整FH和H'G形成有弹性的弧线,如图3-26b所示。完成的3/4罩杯基础纸样,需要对FH和H' G弧线的着装后效果进行观察,反复修改,才能真正完成。

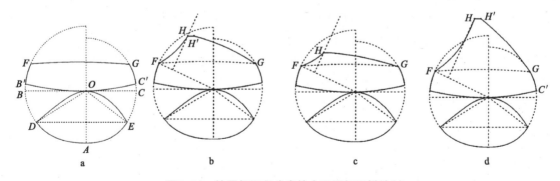

图3-26 按罩杯面积分类的水平罩杯纸样绘制

(2) 5/8罩杯

介于1/2和3/4杯之间,适合胸部小巧玲珑的女孩,会更显丰满。由于前幅收止的位置正好在乳房最丰满的地方,因此会令胸部显得特别丰满。5/8罩杯纸样和3/4罩杯的不同点是在肩夹部位。用"量规"工具，以 F 点为起点，半径为4，相交到垂直辅助线上，如图3-26c所示。肩夹弧线和上杯沿弧线的都需要进行着装后效果观察，反复修改。

（3）全罩杯

全罩杯的罩杯一般较深、较大，可以将全部的乳房包容于罩杯内，全罩杯纸样和3/4罩杯的不同点是在肩夹部位。用"量规"工具，以 F 点为起点，半径为10cm，相交到垂直辅助线上，如图3-26d所示。也需要对 FH 和 HG 弧线的着装后效果进行观察，反复修改，才能真正完成全罩杯基础纸样。

（4）三角杯

遮盖面积为三角形的杯型，它覆盖面较小，性感迷人，美观性较好，适合胸部丰满、胸型美观的年轻女性穿着，如图3-27a所示。三角杯所用钢圈与以上四种杯型不同，以75A托胸钢圈为例进行纸样结构设计，如图3-27b所示。罩杯与肩带缝合部位按照全罩杯的肩夹和肩带缝合部位数据设计，用"智能笔"工具，了解 HD 和 $H'E$，并调整为外弧线，如图3-27c所示。用"拼合检查"工具，测量 DE 弧线与托胸钢圈的差值为2.08cm，将这个数据作为收褶设计，用"工艺线"工具，在三角杯底部增加波浪工艺线，如图3-27d所示。

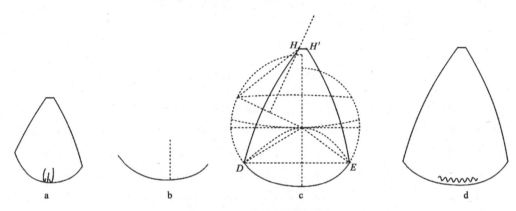

图3-27 三角罩杯纸样设计

5. 斜形罩杯纸样绘制

绘制斜形分割纸样的操作方法与水平杯的各种分割罩杯纸样一样，只是基础罩杯纸样不同。下面只是对从水平杯到斜杯的设计过程进行说明，分割操作参考水平罩杯纸样绘制步骤。

水平罩杯和斜形罩杯的主要区别在于罩杯中的胸围线是水平还是倾斜，将半罩杯结构线以 BP 点旋转，保证罩杯跟围数据不变的基础上，在侧位处增加肩夹弧线，因此，斜形罩杯纸样无半罩杯结构。具体操作如下。

在上下罩杯结构图上，选择"旋转"工具，除了 $B'F$ 弧线不转动，其他上下罩杯结构线都以 O 点为旋转点，将 D 点和 B' 点重合。用"智能笔"工具，连接 OF。用"角度线"工具，在 OF 线的1/3处，做一个垂直辅助线，长度适当即可。用"量规"工具，以 F 点为起点，半径为6cm，相交到垂直辅助线上，形成 H 点，做1cm水平线，完成肩带缝合部位。用"智能笔"工具，连接 $H'G$，并调整 FH 和 $H'G$ 形成有弹性的弧线。用"要素合并"工具连接 FDE 弧线，并调整圆顺。用"拼合检查"工具，测量 FDE 弧线与 GC' 弧线的长度合并值与钢圈形状数据的差值，是否在工艺缝制范围内，如图3-28所示。

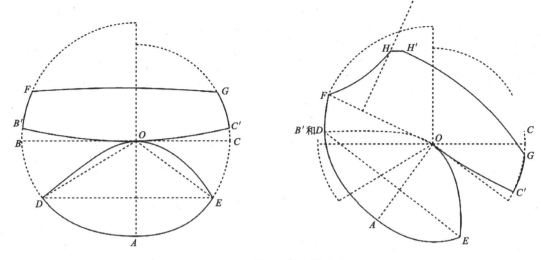

图3-28　斜形罩杯纸样设计

第四节　罩杯省量分割设计

女性乳房形态决定了合身胸罩必须具有立体的结构，立体罩杯通过纸样分割使其在合理化与人性化的探求上更完整、更具有表现力。既能根据人体胸部曲线，将裁片的结构进行分割缝合，具有功能性等特点，又能改变人体的一般形态，塑造出新的、带有强烈个性的款式造型，起到装饰美化的作用。

在普通人群中，由于种族、文化、营养结构等因素，女性乳房的形态、大小、位置均存在一定差异。然而，女性对胸罩功能的要求是基本相同的，即希望胸罩有托高和收拢乳房的作用，以达到矫正乳房曲线形态的效果。因此，胸罩的造型设计需要针对不同乳型及体型比例特征作不同的结构分割，通过对罩杯纸样进行改良，改变切割线条位置及尺寸，以达到人们共同追求的美胸效果。

在服装结构设计中，存在着各种分割效果和内在结构设计，通过分割，可以使服装获得更多变、更完美的利用空间，因为分割本身具有认识新空间和运用新空间的价值，恰当的分割可以更好地结合与重组。纸样分割在罩杯造型设计中起着极其重要的作用，它既能构成多种形态，又能使罩杯适应乳房曲线；它既具有造型特点，又具有功能的特点，它对罩杯造型和合体度起着主导作用。而罩杯纸样分割的量来源于罩杯的省量，以下从省道设计效果分析省量的设计部位对造型的作用，说明如何应用省量，合理设计分割线的位置。

一、省道形式的设计

从理论上讲，平面纸样收省后都可以得到立体效果，但罩杯在不同部位收省，所形成的罩杯外观造型是不同的，且对乳房产生的作用力也不一样。以单褶罩杯的收省效果设计为例，说明对罩杯不同部位收省所产生的造型效果以及功能作用，如图3-29所示单褶罩杯效果图。

1. 省位在罩杯上缘

如图3-29a所示，省位在罩杯上缘，缝合后下杯边弧线幅度会由于上缘省的牵扯力发生变化，罩杯向上的承托力减少，钢圈托不住胸杯底，并且罩杯相对较扁平，包容量不大。胸部丰满的人穿着后，罩杯因托不住胸部而出现压胸现象，且由于包容量有限，胸部会感受到四周的压力，让人感觉非常不舒服。

从设计角度来看，这样的缝褶造型是可行的，在许多服装中，它提供了功能与美感相结合的造型效果，使服装更加合体。然而，乳房是女性身体上唯一没有骨骼支撑的器官，在重力的作用下，自然状态较其基本结构会有所变化，其受力点在胸高点下半部分。而罩杯省位在上缘时，缝合后上杯边的立体结构较强，而下杯边较扁平，结构上把受力重点颠倒了。同时，罩杯上缘的省缝量大小也会牵动上缘弧线的变化，影响了罩杯的合体性。因此，在胸罩的实际生产中，这种分割效果是不可取的。

从结构角度来看，把缝褶转移到罩杯上缘，罩杯弧线变化大，很可能会改变对胸部的塑型。

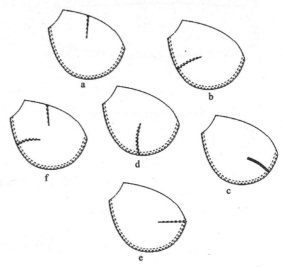

图3-29 罩杯不同省位图示

由于罩杯的原型纸样是以上衣原型为基础并通过钢圈大小而确定的，尽管在缝褶转移后罩杯的立体效果没有变，但是下杯边以钢圈为基础设计的弧线已经改变，从而罩杯的分割效果也改变了，这样会严重影响到罩杯的制作生产。

2. 省位在罩杯下缘

如图3-29b所示，省位在罩杯下缘外侧，缝合后罩杯下缘侧边弧线受到省缝位的牵扯力形成一个斜向的推力以及承托力，且扩大了外侧的包容量，使回流的脂肪有足够的存放空间，并通过受力作用将胸部往前中推拢。胸部外溢的人穿着后乳房向内推拢，提高隆起，使之造型圆满。与之对比，图3-29c省位在罩杯下缘内侧，着重是加强胸部内侧的抬高力。省道缝合后下缘外侧弧线受到省缝的拉伸力形成向上的承托力，而内侧由于省缝的牵扯力加强了对胸部内侧的抬高力。胸部娇小的人穿着后能让胸部提高隆起，使其鼓胀，从而使得造型丰满。而由于乳房的受力重点在胸高点下半部分，省位在罩杯下缘缝合后形成的受力作用能对乳房起到支撑承托的力学作用，并很好地固定乳房。

省位在罩杯下缘是许多设计师进行罩杯结构设计时常用的手法之一，如图3-29d所示，现今胸罩的外观设计千变万化，常常通过利用各种不同印花或是蕾丝面料来增强胸罩的外观效果。从设计角度来看，省位在罩杯下缘不同位置，是为了方便一些印花图案或蕾丝面料作为面布遮盖省道位置，从而营造罩杯的平滑效果美。

3. 省位在罩杯心位

如图3-29e所示，省位在罩杯心位，接近罩杯上缘，缝合后罩杯上杯边会受到缝省的拉伸力贴合胸部，而罩杯下缘也受到缝省的拉伸形成向上的支持力。然而，罩杯向上的承托力有限，罩杯相对较扁平，包容量不大。丰满的人不宜选择此种分割效果，由于罩杯上缘弧度变化，穿着后会出现压胸现象，而且罩杯下缘对乳房的承托力较弱。

罩杯省位缝合后罩杯弧线会因省缝的牵扯力向内靠拢的弧度，视觉上看，胸部是比较丰满而集中的。然而，在文胸的实际生产中这种位置选择是很少用到的，由于省位刚好在罩杯心位，也就是边角位，缝合后会出现一条缝褶线，穿着后会因为人体的活动使得面料缝褶线与皮肤发生摩擦，从而对身体产生不舒适感。并且放在边角位的省缝会加大车缝的难度，在纸样制作的过程中也会出现许多问题，同时完成后的缝省位置布料层也会比较厚。

4. 罩杯省分解

如图3-29f所示，将罩杯原型省分解成两个不同位置的省，较大程度上增加了罩杯容量，使其更加具有包容性；其次，罩杯上缘省与外侧缝省对乳房起到了承托、推拢的作用，从而使胸罩更好地贴合胸部，适合各种体形的人。穿着后罩杯合体性较高，能很好地固定乳房。

二、分割线形式的设计

在文胸的各种设计中，多是应用省的变化规律对罩杯进行一系列的结构转化，从而得出罩杯的立体造型。然而，单个集中的省由于省缝量大，往往会形成省尖点突起；多个省则由于各部位省缝量小，使省尖处造型较为匀称而平缓。从设计角度看，多个省能使罩杯款式变得丰富，并通过分解省转换为分割线，对胸部不同位置点产生受力作用，使罩杯能更好地贴合胸部，提高了文胸的合体性，工艺效果也好。从结构角度看，分解省能增加了罩杯容量，且强化罩杯的立体效果，使其更加具有包容性。

文胸分割线的设计从作用上可分为造型分割和功能分割。

1. 造型分割线

造型分割线是指为了罩杯造型的需要，附加在罩杯上起装饰作用的分割线。通过这些分割线的横、弧、曲、斜与力度的起、伏、转、折的变化，形成立体、有韵律的罩杯造型。由于乳房的特殊立体结构，罩杯多采用曲线形的分割，外形轮廓线以曲线为主，显示出乳房外观的曲线美。

罩杯的各种不同分割形式会产生不同的视觉效果。可根据所设计的罩杯风格，适当加入各种分割设计，以强化罩杯的整体效果。对一些特殊体形，适当运用分割的视错效应，可以修正乳房，从而产生美感。如对胸部娇小的人，可以轻微提高罩杯的分割弧线，以推托胸点上移，和胸部的外形轮廓线产生对比，看上去使胸部更丰满圆润一些。

在实际应用中，分割的造型性与功能性是常常结合在一起的。特别是对一些造型性比较强的分割线，都隐含着某种特定功能。如图3-30所示，其罩杯分割线造型优美，事实上是为了加强提胸、推胸的效果。另外常见的各种分割线，都是将某些省量转移到其中从而达到推胸、提胸并更具有包容性的结果。当然，省量罩杯的设计则纯粹是功能性的设计，主要是使平面的布料呈现立体形态，以贴合胸部，达到合体舒适的效果。为了使文胸看上去有更好的视觉效果，人们通过转移省量，在达到功能性要求的同时，进行了分割线的美化设计，充分结合两者的优点，优化了分割的效果。

2. 功能分割线

功能分割线是指为使罩杯适合乳房曲线和活动的特点，在结构上具有一定作用的线，如竖直分割线、水平分割线、斜向分割线等，这些分割线具有突出胸部，抬高乳房，不同角度推拢乳房等功能。罩杯上各种形态的功能分割线，根据其效果可分为曲线分割和自由分割，目的是为了重

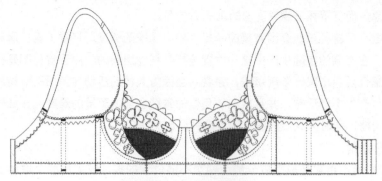

图3-30 造型分割图示

塑胸部曲线。通过分割罩杯，将一些部位的差量，如省缝量，转移到分割线中，这样就可以比较准确地反映胸部的形态特征，达到美观或塑形的设计效果。

（1）曲线分割

人体是三维的，在此基础上要围绕胸部包装出最佳的着装效果，曲线的功劳是不可忽略的。罩杯曲线分割主要以弧线分割为主，弧线分割的表现力极强，通过结合省道并依据胸部形态适当地改变切割线弧度而塑造出乳房立体饱满的造型，它把独具韵味的文胸表现得淋漓尽致。

弧线分割又包括横向的、纵向的和斜向的分割。横向分割，要以胸高点为确定位置，依据合体、运动和形式美的综合造型原则进行设计。纵向分割，一般都有其固定的位置结构，即以胸高点为基准，同时，要注意保持其位置的相对平衡，省处理和造型在分割中达到结构的统一。而斜向分割，关键在于倾斜度的把握，斜度不同则外观效果不同。

如图3-31中的分割线是常见的一种斜向分割形式的功能分割线，它从斜边开始，通过乳高点直至鸡心位展开。使用斜向分割的罩杯，其线条贴身，下杯通过侧边推拢乳房，形成自两边向中间的推挤力，使乳房朝中间集中，呈现乳沟。

图3-31 曲线分割效果

（2）自由分割

自由分割是依据罩杯造型设计具体内容的需要，按照美学的法则在罩杯上进行任意的分割，如采用弧线、各种曲线作为分割线，在不影响罩杯立体效果的前提下求变化。自由分割也可以称为不规则分割，它可以是水平与纵向、斜向与纵向、水平与斜向以及直线与曲线交叉结合的分割设计，也可以是排列组合。从设计角度来讲，这样的分割是最有创造力的，可以创作出功能与美感相结合的罩杯造型。

从结构角度来讲，自由分割使罩杯更具有功能特点，通过多片分割，不但提高了乳房的包容性，给乳房适当的承托，同时，有力的侧推功能，使胸形集中，乳沟突显，从而达到丰胸的效果，塑造完美的曲线。

自由分割不受垂直、水平、斜线交错等分割类型的约束，所以能更自由地分割。其在平稳中求变化，能使人感到新奇、刺激，使文胸款式呈现丰富多彩的造型。如图3-32所示，在横向分割的基础上将罩杯杯骨前后侧分别拼合在一起，然后按一定尺寸进行纵向分割，这是横向分割与纵向分割交叉结合的自由分割。穿着后罩杯的功能特点突显，有较强的承托力，包容性好，使胸部罩杯紧贴胸部，很好地固定乳房。

图3-32　自由分割效果

纸样是构成服装最终造型和结构的基础，是完成服装造型的平面展开，是把平面的面料变成立体的、符合人体机能、合体的服装。这个转变过程的关键在于如何把余缺部分处理得恰到好处。为此，可得到两个从平面变成立体的构成原则：一是余量处理的最小单位是凸点处理；二是平面越接近立体造型，其分解单位越多其单位面积越小。人体是由许多不规则的曲面构成，省的形成就是基于人体结构的落差，平面的服装面料要能较合体地覆盖人体，必须在相应的部位设置省。分割线是省的一种表现形式，为了造型的线条柔和，分割线造型需遵循以下原则。

① 分割线设计要以结构的基本功能为前提，就是使服装穿着舒适、方便，造型美观。

② 竖线分割是使分割线与人体凹凸点不发生明显偏差的基础上，尽量保持平衡。致使余缺处理和造型在分割线中达到结构的统一。

③ 横向分割，特别是在胸部的分割线，要以凸点为确定位置。在其他部位可以依据合体、运动和形式美的综合造型原则去设计。

④ 针对罩杯分割，还需要考虑加工工艺的要求，不可以有太多的分割线。

三、胸凸全省的省量分布

胸凸全省包括胸凸省和腰省，通过75B人模胸凸全省的分配来分析罩杯纸样分割和省量分配的关系。胸凸省是由乳房自身高度带来的余量，收取这个省量可以造成胸部的隆起，体现胸部的高度；腰省是胸腰围差引起的余量。由此可以看出胸凸全省是胸部余量处理的极限。贴体设计就是胸凸全省全部用尽，即腰围收到最小，胸围做到最丰满的程度，但在实际应用中胸凸全省不光只是在目前所处腰省位置，根据款式的需要，将其分解或转移处理，在领圈、肩、袖窿、左腰、右腰、乳间、胸肋7个位置设置胸凸省线。但在针对罩杯设计时把它们分成胸腰省（左右腰省的合并）、侧缝省（胸肋省）、袖窿省、肩中省（领圈省和肩省的合并）和心位省（乳间省）5种。省量的大小可以用直接测量法，也可以用立体裁剪余量收拢的方法获得。具体做法是将一块无弹性的薄布披在75B标准人模胸部上，在布料表面确定乳点位置，在收省过程中尽可能不改动乳点位置（由于乳房不是规则的椎体，收省后尖点不可能还在原来的位置），在胸凸全省的收省位置进行收省，标记布料重叠位置，量取收省的角度。如图3-33所示，其中a图收省位置为胸腰省；

b图收省位置为肩中省；c图收省位置为袖窿省；d图收省位置为侧位省；e图收省位置为心位省；f图收省位置为心位省和侧位省。由此得到表3-6每种收省的省量数据。

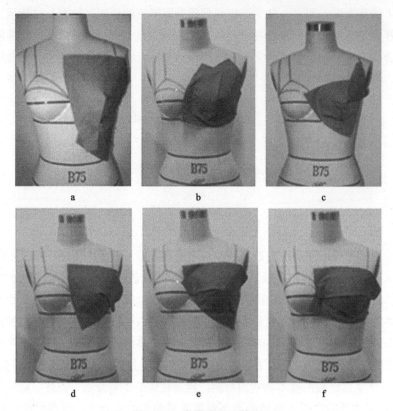

图3-33 省量分配立体图

表3-6 每种收省的省量数据

收省位置省的个数	收省角度					
	肩省	袖窿省	胸腰省	心位省	侧位省	省量和
1	74.83°	0°	0°	0°	0°	74.83°
1	0°	69.8°	0°	0°	0°	69.8°
1	0°	0°	67.82°	0°	0°	67.82°
1	0°	0°	0°	71.89°	0°	71.89°
1	0°	0°	0°	0°	69.80°	69.80°
2	0°	0°	0°	35.17°	32.71°	67.88°
2	12.81°	0°	62.5°	0°	0°	73.51°
3	0°	23.96°	25.49°	34.9°	0°	84.35°
4	19.25°	21.28°	20.86°	12.57°	0°	73.96°
4	17.43°	18.73°	21.58°	18.73°	0°	76.47°

由以上数据得出胸凸全省的平均值是73.03°。

在75B标准人模上，当收省时，各个部位的收省量不同，说明胸部的形状不是均匀的。在横向上，心位省要比侧位省或袖窿省要大，说明胸部弧线在心位位置，侧边由陡逐渐平缓。在纵向上,肩中省要比胸腰省大,说明胸部弧线在胸线以上向胸线以下由陡逐渐平缓延伸。但这种胸部曲线是标准人模的胸部曲线,在现实中,很多人的胸部曲线并不像标准人模的胸部弧线的走势。一半左右的妇女出现胸部外扩,胸点下移的情况,她们的胸部曲线是不完美的。需要通过穿着内衣进行修饰才能达到曲线美的效果。

在收省的过程中,当收省时,省位在肩中线上的省尖点偏离乳点位置比其他部位的省尖点要大,且省尖点位置耸立不贴合胸部,说明它是不太合体的。在保持总的省量不变的情况下,若把省分成几个转移到其他的部位,包裹的效果是比较合体的。所以收的省越多,做出来的立体造型就越贴合胸部的形状。但要考虑省位设置的位置图案或颜色在收省后或缝合结构线后,是否影响了视觉美,因此在设置省或结构线时首先要考虑罩杯结构线的位置和形状。

在人体乳房形态的分析中,了解到影响乳房在人体比例的最重要的两个因素是乳点高度和乳点间距。大多数人通过文胸的推聚、托起等作用来修饰胸部,而罩杯的结构设计就决定了文胸的这些功能,即罩杯上省量的分配是罩杯的造型设计和功能设计需要考虑的重要因素之一。有学者研究过胸省的分配,用薄布分别披在静动态75B标准人体胸部石膏和穿着三个样衣的胸部石膏上,通过收省的方法包裹胸部石膏,并画出乳房轮廓线,按着轮廓线剪下展开,以四种不同方向的展开方式(X轴、Y轴、XY轴、45°和135°对角线为基本轴的展开方式)得到各种方向上乳房各部位的展开图,如图3-34所示,其中a图是以X轴为基准轴;b图是以Y轴为基准轴;c图是以XY轴为基准轴;d图是以对角线为基准轴。

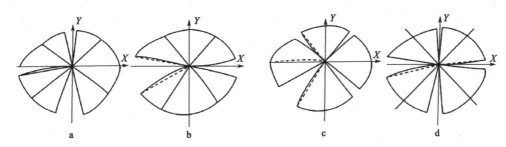

图3-34 省量分布的比较分析图

通过测量不同方向上的收省角度,进行各个角度的省量分布的比较分析,从而得出省量的分布规律。具体做法是将乳点与各个端点连线,形成乳房外轮廓线在各个方向上的收省角。分别测量图3-35中各种展开方式的各个收省角度,将各个方向的收省角进行比较,得出省量的分布规律,分析得出结论。

① 以Y轴为展开方式的省量最为集中,以X轴合并次之,而以XY轴合并或以对角线合并后,省量最为分散。因此乳点沿胸围线或垂直于胸围线分布省道较合理。

② 穿着文胸前后在$-Y$轴处收省角约为$+Y$轴处收省角的2倍,证明罩杯在胸围线上半部省量应小于下半部省量。

③ 穿着文胸前后在$-X$轴处收省角约为$+X$轴处收省角的两倍,证明罩杯在前中心省量应小于体侧省量。

④ 以对角线为基准轴合并后,$-X$处的收省角最大;以XY为基准轴合并后,225°斜向的收省角最大,证明省量主要应分配在体侧和侧下方。

⑤ 以对角线为基准轴合并,对比文胸穿着前后变化,发现$+X$处角度增大4.5°,$-X$轴处角

度减小7.4°。可能是由于胸部脂肪向前中心转移，造成乳沟，而体侧的乳房曲度变小。

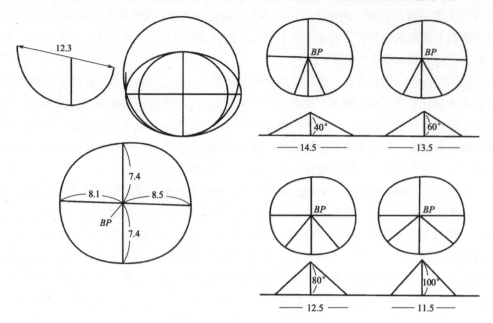

图3-35 胸省大小的变化

四、罩杯各部位上缝省的作用

罩杯上的省位设置有两大重要作用。第一个作用是省量的设置使罩杯变得立体美观。当把女性的乳房理解为圆锥体时，根据75B的尺寸画出罩杯的椭圆形：从胸点到下缘半径是7.4cm；从胸点到上缘半径是7.4cm；从胸点到前中心线半径是8.1cm；从胸点到胸外缘半径是8.5cm。如图3-34所示，我们可以看出胸省的角度越小，圆锥体越扁平，宽度越宽；胸省的角度越大，圆锥体越高耸，宽度越窄。依据75B的尺寸画出罩杯的普通钢圈的宽度为12.3cm，我们选定罩杯的省量为80°较为合适。第二个作用是增加罩杯某些部位对乳房的支撑力，起到提高、推聚胸部的作用。省量除了以省道的方式设置，还可以用分割线的方式设置。由于乳房受重力作用，穿戴文胸时，罩杯内部承托胸部，所以在设计罩杯时必须考虑它的承托力。承托力的实现除了面料的应用以及文胸其他结构的作用外，省位牵扯力的作用对罩杯的承托力影响非常大，针对这一方面分别对各式罩杯各个位置上省的作用进行分析。

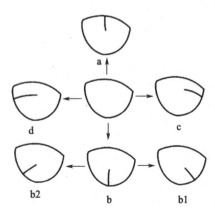

图3-36 一片式罩杯省的分布

1. 一片式罩杯上各部位省的作用

一片式罩杯除了是压模一片式罩杯外，就是以单褶的形式设计的罩杯。这里分别在罩杯的上缘、下缘、心位、侧位四个位置设省，如图3-36所示。它们的作用参考前面的"以省道形式的设计"中对单褶省的论述。

2. 两片式罩杯上各部位省的作用

两片式罩杯常常以上下杯型和左右杯型出现，而罩杯的分割通常有横开、斜开和竖开三种，如图3-37所示。

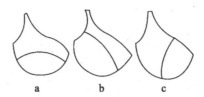

图3-37 两片式罩杯省的分布

（1）罩杯横开省

如图3-37中的a图所示罩杯上下水平分割，省道弧线经过BP点呈水平状，缝合省位后上杯边受到缝省的向下拉伸扩张，能更好贴合胸部，下杯两端受到缝省的拉伸形成向上的支持力。杯骨弧线圆顺，但罩杯下杯相对扁平且三维立体效果不大，包容量有限，造型相对较弱。这种分割着重抬高乳房，适合胸部稍有点下垂和胸部较小的人穿戴。

（2）罩杯斜开省

如图3-37中的b图所示罩杯上下斜向分割，罩杯横线分割自前中过BP点向外斜向向上，杯型注重下杯造型结构，缝合缝省后，上杯边受缝省斜向拉伸扩张，能更好地贴合胸部，下杯两端受到缝省斜向上的拉伸形成向上和向内集中推拢力，使两边向中间的推挤力，使乳房朝中间集中，呈现乳沟。

（3）罩杯竖开省

如图3-37中的c图所示罩杯左右分割，省道弧线的设计会直接影响文胸的造型。缝合省位后左右杯都受到缝省的拉伸，使左右杯有向上的支持力和向内集中的拉伸力，这样的罩杯将乳房四周的肌肉向中部集中，乳房被托起的效果明显，突出乳房曲线。

3. 多片式罩杯上各部位省的作用

多片分割能使罩杯更好地贴合胸部，提高罩杯的合体性、舒适性，工艺制作方便。常见的多片分割有横T字、竖T字分割，除了常用的T字形分割还有造型线分割，如图3-38所示。

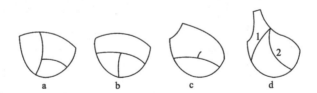

图3-38 多片式罩杯省的分布

（1）横T字省

如图3-38中的a图所示将罩杯自前中破开经过BP点分割，缝合后不但能得到符合胸部的立体结构，而且分割处能形成自两边向内集中的拉伸力，罩杯上杯边由于向下的拉伸力有所扩张能更好地贴合并固定乳房，而下杯边也由于向上的拉伸形成更好的承托力。同时，罩杯侧片分割，缝合后使回流的脂肪有足够的存放空间，并与上片和下片形成较大的牵扯力将胸部往中间推拢，呈现乳沟，丰满性感。可在其中加入一层薄型或中型的衬里，使侧片变得硬挺。然而，虽然多片分割能够使得罩杯造型较为均匀平缓且包容量大，但分割线太多也会影响服装的外观，胸部娇小的女性不适宜选择此种款式。

（2）正T字形省

如图3-38中的b图所示斜向分割线过BP点分割罩杯，缝合后罩杯增加了容量，更具有包容性，省尖处造型较为均匀、平缓。罩杯下杯分割线拼合后会产生牵扯力，从而使下杯形成向上的支持力。同时，斜下片由于破开处的拉伸力形成自罩杯两侧向内的侧压力，推拢乳房向内集中，露出乳沟，使乳房丰满圆润。而罩杯上杯边由于向下的拉伸力有所扩张能更好地贴合乳房，下杯也由于向上的拉伸更加强了其承托力，抬高乳房。

（3）倒竖T字形

如图3-38中的c图所示水平方向过距离BP点向下1.5cm左右的位置分割罩杯，并从BP点向分割线做省线，BP点可稍上移0.5cm，这样破开的上省道大概2cm。将BP点稍微上移在视觉上有抬高胸部的作用，但移动的量值不可过大。缝合省缝份后，罩杯增加了容量，省尖造型较为均匀、平缓。罩杯的横向破开，对下杯形成了向上的拉力，配合上杯的缝省对上杯两端产生拉伸扩展，使罩杯更好的贴合胸部。这种罩杯分割有很好的承托、抬胸的作用。

（4）造型线分割

如图3-38中的d图所示，在罩杯上边缘的左侧设计一道分割弧线1，过同一点向下杯边设计一道分割弧线2，把罩杯分割成侧片、上片和下片。缝合省道后，罩杯容量增加，更具有包容性。省道1的缝合对下杯形成向上的拉力和斜向的推聚力，省道2增加了下侧部的容量，使回流的脂肪有更多的存放空间，两道省的缝合都对上边缘拉伸扩展，使上边缘更好的贴合胸部，下杯也由于向上的拉伸更加强了其承托力。这种罩杯分割适合胸部丰满的人穿。多片式分割除了三片，还有四片分割。四片的文胸包容性和造型会更好，但出于生产成本及工艺的考虑，一般很少采用四片分割。多片式罩杯分割一般应用在大罩杯的设计上，适合胸部丰满的人穿着。

五、罩杯的分割与省量分配关系

在文胸设计中，款式造型的立体感依靠分割罩杯的结构线来完成。通过收省或分割来达到立体的造型。结合人体胸部形态和罩杯省量分布的探讨，得到罩杯的两种基本收省方式。一是在胸围线处作水平分割，省量分别放置在前中心和肋侧；一是过乳点作垂直分割，分别在胸围线上方和下方形成一个省。在这两种基本收省方式的基础上，根据造型、功能形式美等的设计要求来分割罩杯，得到罩杯的分割原则和省量分配的原则如下。

1. 罩杯分割原则

① 文胸罩杯分割线设计要以罩杯结构的基本功能为前提，使文胸穿着舒适、修体、造型美观。

② 文胸罩杯的分割线在与标准胸部曲线不发生明显偏差的基础上，尽量保持平衡，使得缝省后造型在分割线中达到结构的统一。

③ 文胸罩杯分割线一般经过乳点或靠近乳点分割。若是有几条分割线的，至少有一条分割线与乳点相交，其他的分割线则根据造型和功能要求来进行设计。

2. 省量分配原则

① 文胸罩杯在肋侧的省量应大于靠近前中心一侧的省量。

② 文胸罩杯在胸围线下半部的省量应大于胸围线上半部的省量。

③ 文胸省量应主要分配在肋侧或人体侧下方。

第五节　不同造型的罩杯制作工艺

各种杯型的缝制工艺根据设计的款式和选择面料不同而不同，下面以常用杯型即全罩杯、3/4罩杯、半罩杯、三角杯为例介绍其制作工艺。

一、全罩杯

1. 款式图特点及工艺分析

图3-39的文胸罩杯为半透明半夹棉，钢圈拉带与罩杯缝合；由于罩杯里布为透明网纱，在与杯棉缝合时应注意止口处对齐，不能拉扯里布，同时在夹弯处面布要比杯棉多出0.7cm，以便于夹弯绱松紧带时包住散口。

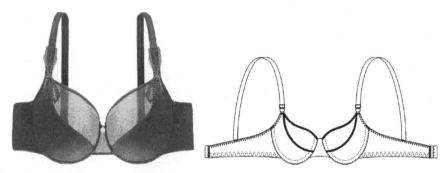

图3-39　全罩杯成品图与款式图

2. 裁片组成及说明（表3-7）

表3-7　全罩杯裁片组成及说明

裁片组成	裁片说明	缝制设备
杯棉A×2　里布×2　杯棉B×2　面布×2	里布×2 面布×2 杯棉A×2 杯棉B×2	绷缝机 平缝机 曲折缝缝纫机

3. 缝制工序（表3-8）

表3-8　全罩杯缝制工序

工序的构成及工序图	车种	缝型示图	规格
（1）四点线迹缝合缝合左右杯棉	曲折缝缝纫机		缝边：0.5cm

109

续表

工序的构成及工序图	车种	缝型示图	规格
（2）单针缝合蕾丝省量	平缝机		缝边：0.5cm
（3）两针三线夹缝包边条于上杯边	绷缝机	面 底	缝边：0.4cm
（4）单针平缝缝合面布、杯棉与里布	平缝机		缝边：0.5cm

二、3/4罩杯

1. 款式图特点及工艺分析

图3-40的文胸罩杯蕾丝有省折线，钢圈拉带与衣身缝合；缝合省折线时缝份需对齐，缝合后缝份倒向一边，注意不能有尖角；同时在夹弯处蕾丝和面布要比杯棉多出0.7cm，以便于夹弯绱松紧带时包住散口。

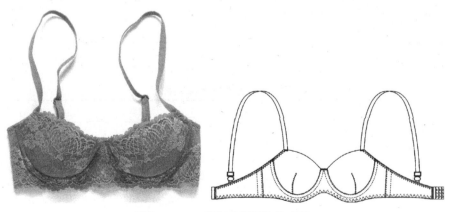

图3-40　3/4罩杯成品图与款式图

2. 裁片组成及说明（表3-9）

表3-9　3/4罩杯的裁片组成及说明

裁片组成	裁片说明	缝制设备
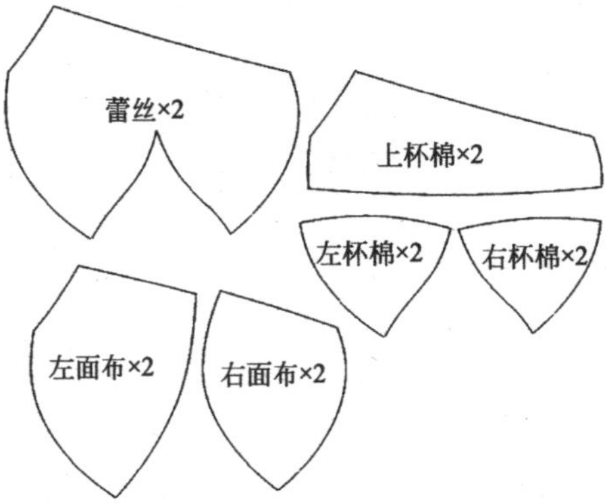	蕾丝×2 左面布×2 右面布×2 上杯棉×2 左杯棉×2 右杯棉×2	平缝机 曲折缝缝纫机 包缝机

3. 缝制工序（表3-10）

表3-10　3/4罩杯的缝制工序

工序的构成及工序图	车种	缝型示图	规格
（1）四点线迹缝合左右杯棉后再与上杯棉缝合 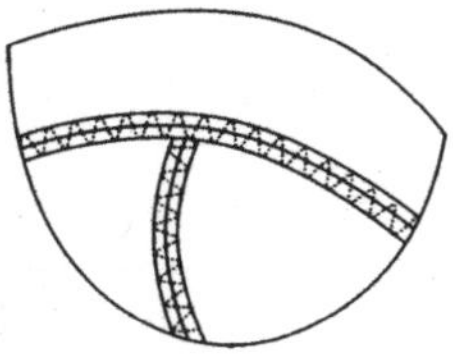	曲折缝缝纫机	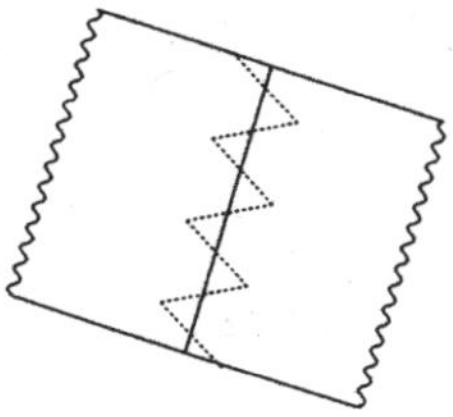	缝边：0.5cm
（2）单针平缝缝合左右面布 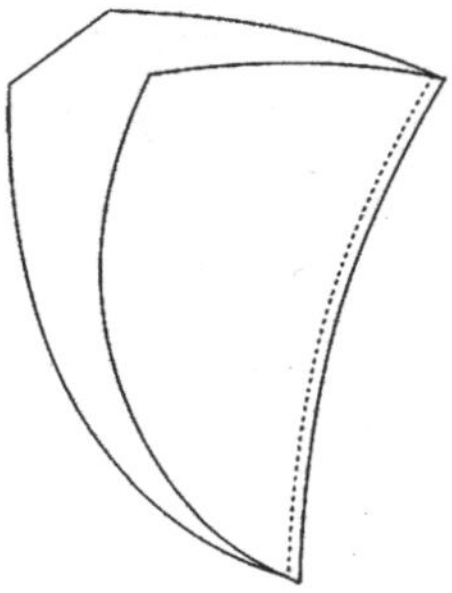	平缝机		缝边：0.5cm
（3）单针平缝缝合面布与杯棉 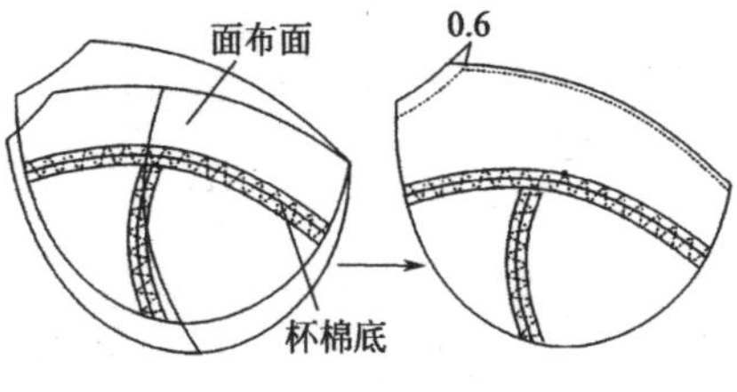	平缝机		缝边：0.5cm

续表

工序的构成及工序图	车种	缝型示图	规格
(4) 三线包缝上杯边	包缝机		缝边：0.5cm
(5) 单针平缝蕾丝褶位	平缝机		缝边：0.5cm
(6) 单针平缝缝合蕾丝与罩杯	平缝机		缝边：0.5cm

三、半罩杯

1. 款式图特点及工艺分析

图3-41的文胸罩杯为T字分割，表面有蕾丝，钢圈拉带与衣身缝合；罩杯表布与杯棉上杯边缝合时需面对面对齐，翻折后，将罩杯表布与杯棉在距止口0.5cm处车缝固定。注意罩杯表面要平服。

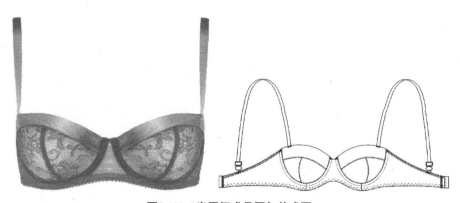

图3-41 半罩杯成品图与款式图

2. 裁片组成及说明（表3-11）

表3-11 半罩杯的裁片组成及说明

裁片组成	裁片说明	缝制设备
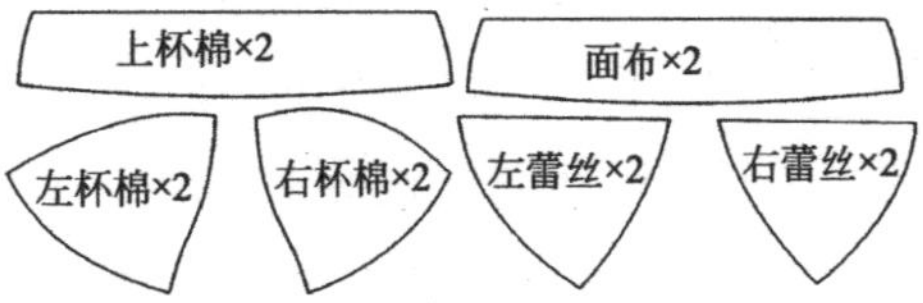 上杯棉×2 面布×2 左杯棉×2 右杯棉×2 左蕾丝×2 右蕾丝×2	左蕾丝×2 右蕾丝×2 面布×2 上杯棉×2 左杯棉×2 右杯棉×2	平缝机 曲折缝缝纫机 包缝机

3. 制作工序（表3-12）

表3-12 半罩杯的缝制工序

工序的构成及工序图	车种	缝型示图	规格
（1）四点线迹缝合左右杯棉后再与上杯棉缝合 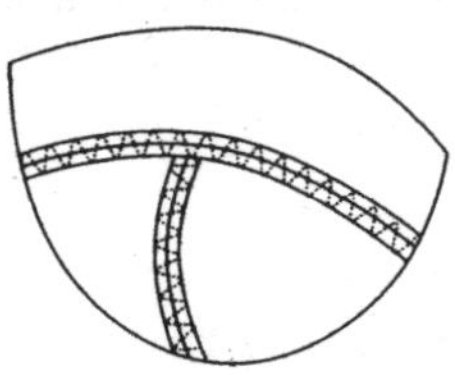	曲折缝缝纫机	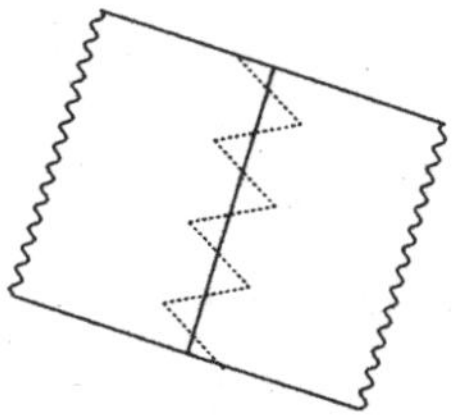	缝边：0.5cm
（2）单针平缝缝合左右蕾丝并在表面压边线固定 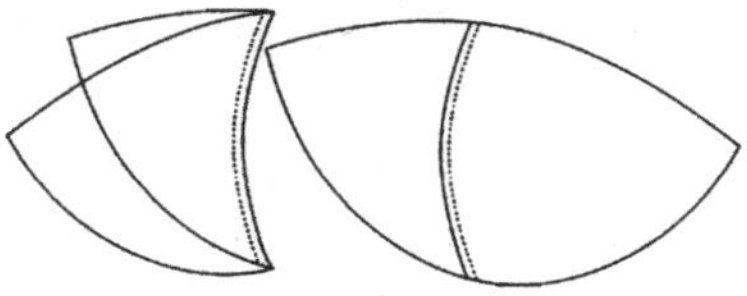	平缝机		缝边：0.5cm
（3）单针平缝蕾丝与面布 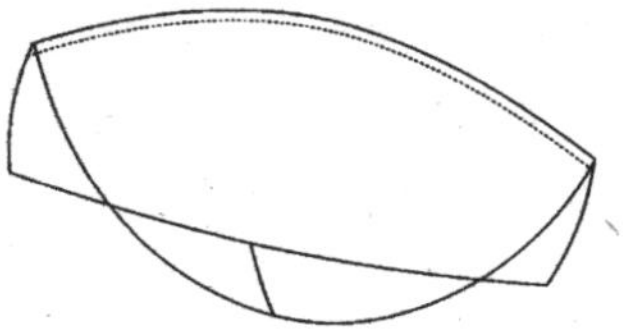	平缝机		缝边：0.5cm
（4）单针平缝表布与杯棉上杯边（杯棉底，面布底） 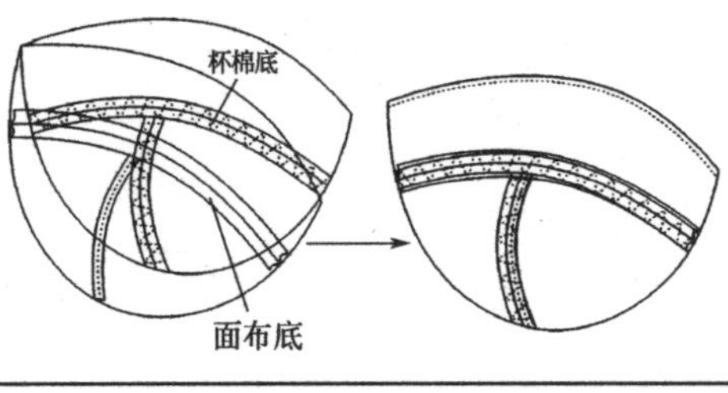	平缝机		缝边：0.5cm

工序的构成及工序图	车种	缝型示图	规格
（5）三线包缝上杯边后翻折	包缝机		缝边：0.5cm
（6）单针平缝表布与杯棉下杯边	平缝机		缝边：0.5cm

四、三角罩杯

1. 款式图特点及工艺分析

图3-42的文胸罩杯为左右分割，由单层蕾丝制作而成，杯边缝有包边条防止散边。注意在缝合蕾丝时应注意花型图案的完整。

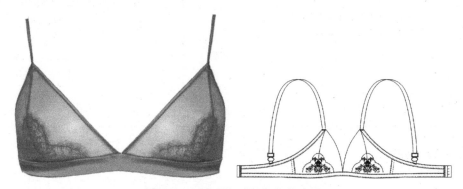

图3-42　三角罩杯成品图与款式图

2. 裁片组成及说明（表3-13）

表3-13　三角罩杯的裁片组成及说明

裁片组成	裁片说明	缝制设备
里布×2　左蕾丝×2　右蕾丝×2	左蕾丝×2 右蕾丝×2 里布×2	平缝机 双针车

3. 制作工序（表3-14）

表3-14　三角罩杯的制作工序

工序的构成及工序图	车种	缝型示图	规格
（1）单针平缝缝合左右蕾丝 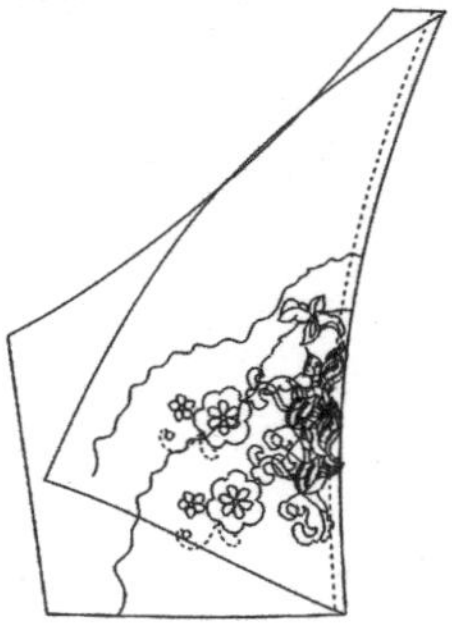	平缝机		缝边：0.5cm
（2）双针劈缝蕾丝缝骨处 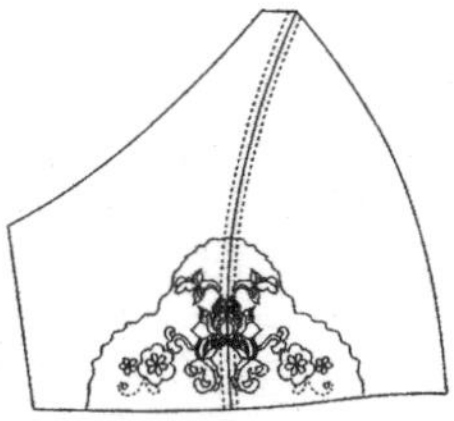	双针机		缝边：0.3cm
（3）单针平缝缝合蕾丝与里布 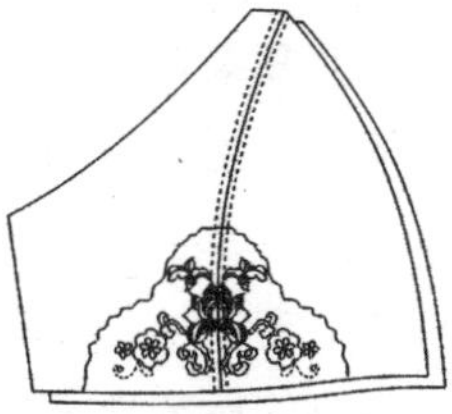	平缝机		缝边：0.2cm
（4）两针三线夹缝包边条于杯边 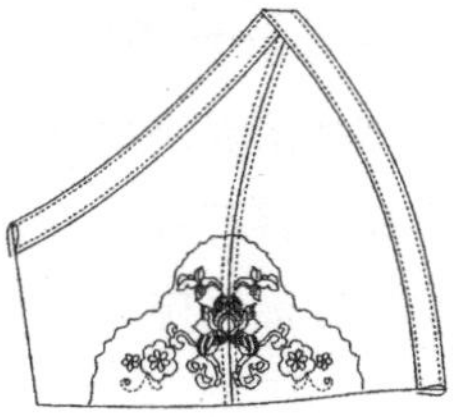	绷缝机	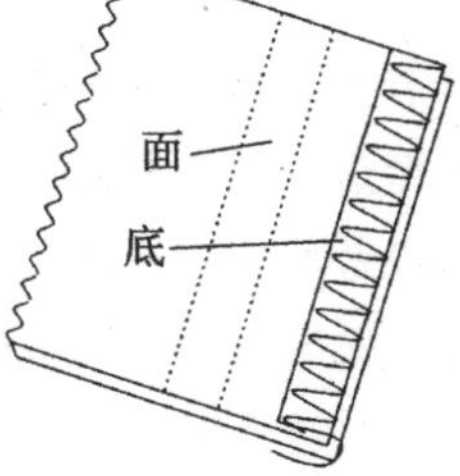 面 底	缝边：0.6cm

第四章

品牌文胸产品运营流程
PINPAI WENXIONG CHANPIN YUNYING LIUCHENG

文胸成衣设计

　　文胸成衣设计包含款式系列设计、客户号型设计、纸样设计、放码设计、排料设计、工艺设计。款式设计在工业生产流程中处于最前端，是工业生产过程中最先要考虑的。款式图系列设计是设计师根据市场品牌运作情况，结合流行趋势将脑中的构思用画稿表达出来，勾画的过程中需要考虑内衣材料的选择及缝制工艺的实施，是一项不断创新的挑战性工作。设计者通过款式图和细节工艺表述向纸样师传达款式效果的结构组成和工艺处理中相应的注意点，款式图也在生产管理及缝制加工过程中起到图示提醒说明的作用。内衣缝制工序繁多，工艺复杂，运用的特种机台也比较多，因此设计师需要对内衣各种设备的缝制工艺效果熟悉，才能更好绘制出适合工业化生产需求的内衣款式图。

　　客户号型设计是根据市场目标客户需求及结合造型要求进行设计的数据表，是工业化生产的基础和保证。号型表中主要部位体型数据可按照国家规定或企业自身定制的标准设定，款式造型部位数据需要根据款式效果进行设计。

　　纸样设计包括净样板设计、毛样板设计、工艺纸样设计等。净样板设计就是指根据款式图，按照客户基本母板号型进行结构分析绘制的纸样。在净样板基础上，增加了缝制量及弹性面料缩率后形成毛样板，可以裁剪并制作试穿样。试穿样品通过审核后，再根据客户号型表，进行放码规则设计，完成多号型板放码操作。审核后的多号型板根据加工数量进行优化排料，达到最优用布率，然后裁剪出裁片，进行生产加工缝制。

　　在纸样设计的过程中，工艺师在了解各类内衣特种设备的特点、性能，结合线迹特点和面料特性做出最佳工艺设计方案，即该款式使用何种缝制设备、选用什么样的线迹类型、规格、底面线如何搭配、细节部位缝制工艺要求、缝制流程如何安排等等，工艺设计的合理性直接影响着内衣生产的速度与质量。

第一节 本章要点及关键词

一、本章要点

  内衣具有实用和装饰的双重功能，款式图在企业生产的过程中，不受人体动态的影响，不必描画面料肌理，只是用简洁、清晰的线条表明结构关系即可，因此，在企业中广泛运用于设计、订货与生产管理过程中。作为纸样设计师应具备快速、准确、完美地绘制款式图的能力，在绘制过程中，还需要考虑加工工艺的可实现性。本章从款式系列设计角度讲述文胸的系列设计，并同时运用计算机系统存储功能，建立效果图库，帮助设计师更快完成效果图的绘制设计。

  在第三章中详细介绍了罩杯的绘制过程，本章对文胸的其他部位结构设计进行分析，同时，结合蕾丝面料在款式中的应用对板型结构的影响和操作技巧进行说明。最后，完成的裁片需进行成衣设计，包括放码和排料操作。

  内衣纸样模块化设计实际上就是以内衣纸样为基础进行参数化设计，分析包括罩杯、鸡心、后比、肩带等部位各点、线的关系，找出它们相互制约的条件，将固定尺寸的纸样转化为参数化纸样，当赋予一组不同数据时，可以得出相关的内衣纸样，对模块化进行分析与建立。

二、本章关键专业术语

（1）刀口

在指定要素上做对位剪口，有普通刀口、要素刀口和指定刀口三种设置。

（2）修改及删除刀口

修改已做好的刀口的数据，或删除刀口。

（3）打孔

在裁片上生成指定半径的孔标记。

（4）贴边

在裁片上生成等距的贴边形状。

（5）缝边刷新

当裁片上的净线被调整后，将缝边自动更新。

（6）修改缝边宽度

调整裁片局部缝边的宽度。

（7）删除缝边

将裁片上的缝边删除。

（8）缝边角处理

将缝边中的指定边变成指定角的形式。有延长角、反转角、切角、折叠角、直角、延长反转角等功能。

（9）专用缝边角处理

将缝边上的指定边，变成专业指定角的形式。

（10）提取裁片

在纸样的结构图上，选择一个封闭的区域，使之生成一个新的裁片。

（11）裁片合并

将两个裁片合并成一个裁片。

（12）裁片属性定义

代表裁片属性的特殊文字，如样板号、裁片名、基础号型等等，以备这些信息可以在除绘制纸样以外的其他模块起到作用。

（13）缩水操作

给指定的要素或裁片加入横向及纵向的缩水量。

（14）要素局部缩水

对线条镜像局部缩水。

（15）裁片动态局部缩水

对裁片局部进行横向或纵向缩水。

（16）比例变换

将裁片按比例进行整体放大或缩小。

（17）变形缝合

通过对曲线要素的拼合，使之形成省量转移。

（18）任意文字

在裁片上的任意位置，标注说明的文字。

（19）安全检测

可检测出系统自动判断出的所有问题。如是否有重线；是否有不合理的无效刀口；是否有重合的放码点；是否有不连接的缝边；同一个裁片在放码后的面积是否正常增大或减小等等。

（20）设置布料名称

自定义在裁片上显示的布料名称。

（21）号型名称设置

自定义在裁片上显示的号型名称。

（22）附件登录

将服装上常用的部件，登录到附件库中。如领子、袖子、罩杯基础纸样、各款式图等。

（23）附件调出

将已保存的附件按指定大小、指定模式调出。

（24）纱向水平补正、纱向垂直补正

可以水平或垂直补正所有的裁片纱向。

（25）款式图

服装款式图是用线条表达服装效果设计细节，有正背面效果展示，用以纸样绘制的辅助图。

（26）系列

所谓系列就是表达一类产品中具有相同或相似的元素，并以一定的次序和关联性构成各自完整又相互联系的作品。

（27）系列设计

强调主题下个体的关联性，然而每个单品又具有完整而鲜明的个性特征。

（28）元素

元素的基础概念来源于化学，是指用一般的化学方法不能使之分解，并且能构成一切物质的基本质子。用于服装款式系列设计，是指构成服装款式图的各个部位线图，每个部位的线图表示款式基本信息和造型要求。

（29）图案

上世纪从日本词汇中借用过来的，其主要含义是"形制、纹饰、色彩的设计方案"。从广义上说，图案是指为达到一定目的而规划的设计方案和图样。图案是指某种有装饰意味的、有一定结构布局的图形纹样。

（30）服饰图案

服饰图案指服装及其配件上具有一定图形结构规律，经过抽象、变化等方法而规则化、定型化的装饰图形和纹样。

（31）排料

排料就是在给定的布料宽度与长度上根据规则摆放所有要裁剪的裁片，且达到用料率最高的效果。裁片摆放时，需根据裁片的纱线或布料的种类，对裁片的摆放加上某些限制，如裁片是否允许翻转、旋转、分割、重叠等。

（32）分床方案

将几套衣服排在一块面料，或几片衣片排放在一块面料上，以达到最高用布率为目的的排料图设计。

（33）自动分床

在纸样设计时，设定每个衣片的面辅料属性，比如面料、里料或衬料等，在排料系统中，衣片会依据已设定的属性，自动进入相应面辅料排料界面。

（34）人机交互式

指按照人机交互的方式，由操作者操作各种不同款式及不同号型的裁片。人机交互式排料是依赖于鼠标和工具将所选纸样放置到唛架上。这种排唛方式仍然受限于资料中的参数设置。

（35）全自动排料

全自动排料是指系统按预先设置的数学计算方法和事先确定的裁片配置方式，让裁片自动寻找合适的位置，靠拢到已排裁片或布料的边缘。

（36）半自动排料

将一些不可旋转、切割的衣片按照指定的方向自动排放，这样加快了排放速度。将某些可切割的、可旋转的衣片用交互式排料方式进行切割或旋转后排放。

（37）用布率

已排放在操作区域内衣片的总面积与面料幅宽和所用布长度乘积的比值。

（38）合掌

对应于管状形式的面料，纸样可按唛架上的上边缘或下边缘折叠。合掌唛架至少要2层，布料全部面朝下或朝上展开。可按上下方向折叠的纸样旁边将有字母U。在衣片资料设定中，将纸样设定为折叠。

（39）实用线料

指唛架上实际排料所用布料的截至线。

（40）定义条格

定义唛架上的条纹、格纹或印花等重复图案。要求图案在纸样上指定的位置时，可选用定义条格命令，它将确保纸样在图案完整的情况下被正确切割。

（41）对花对格排料

在对花对格排版方式之下，屏幕裁床上按格的长宽显示出暗格或暗条。每个需对格排放的衣片在裁床上进行排放和调动时，电脑将自动地将其调整到最近的对格位置上，保证不会产生花纹图案对错的情况。

（42）蕾丝面料

分为有弹蕾丝面料和无弹蕾丝面料，也称为花边面料。有弹性蕾丝面料的成分为氨纶10%、锦纶90%，无弹性蕾丝面料的成分为100%锦纶或者全棉。

第二节　文胸款式图系列设计

款式图无色彩、面料肌理等描绘，看起来相对简单，但画好款式图并不是一件容易的事情。首先，要注意与体形相关的部位结构线要有比例感；其次，把握好内衣轮廓与人体结构的关系；最后，款式图用线表达款式外观、结构关系的同时，要熟悉缝制工艺，能用线清晰表达出工艺特征。

一、文胸款式图分析

服装款式图用线条表达服装设计的细节，从正面和背面的图形说明结构关系，可让纸样设计师了解款式效果的设计风格，更好地完成纸样绘制。文胸的外观效果构成可分为罩杯、后拉片、肩带、鸡心等部件。按照罩杯的内部分割线不同分为单褶罩杯文胸、上下分割罩杯文胸、左右分割罩杯文胸、T字分割罩杯文胸和多片分割罩杯文胸。按照后比外形分为一字比文胸和U字比文胸。按照肩带外形可分为无带式文胸、侧带式文胸（分为垂直式、外斜式和内斜式）和环带式文胸。按照鸡心外形可分为高鸡心文胸、普通鸡心文胸、低鸡心文胸、连鸡心文胸等。按照扣合位置的不同可分为后背钩扣合式文胸和前扣式文胸。

1. 文胸最常见的缝迹线条表现

款式图借助于线条的形式来表达设计的结构创作效果，具有形象、生动、清晰和一目了然的优点，在说明结构分割的同时，也需要将缝制工艺的线迹表现出来，特别是要求对造型和结构部位的工艺详细、准确描述，为后续纸样和工艺人员的制作给予更明确的帮助，见表4-1。

2. 文胸款式系列设计方法

款式系列设计首先分析品牌流行款，确定典型款式，通过拆解元素找出不变元素和可变元素，然后以某个特定元素为切入点展开主题设计。在设计的过程中要在充分考虑面料、色彩和流行趋势的概念化后，综合文胸设计和造型特征，以造型焦点的设计控制系列的主题风格，通过综合元素的系列设计，最终使基本款的价值得到最大化的体现。系列设计方法就是在主体结构相对稳定的状态下开展局部系列设计，这需要有厚实的纸样设计知识。

表4-1 文胸最常见的几种缝型

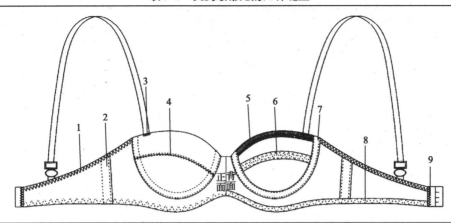

序号	缝型	用于部位	缝型示意图
1	单针人字搭缝橡筋	常用于文胸夹弯、下扒绷橡筋带	
2	双针劈缝绷捆条	用于文胸侧缝,捆条为中空状态,便于插入鱼骨	
3	套结线迹	用于固定肩带、钢圈两端	
4	单针平缝	用于文胸分割罩杯缝合、罩杯与下扒裁片缝合、侧缝缝合以及两层裁片缝合边固定等	

续表

序号	缝型	用于部位	缝型示意图
5	三线包缝	用于垫棉或QQ棉（聚酯纤维弹力棉）文胸的上杯边锁边	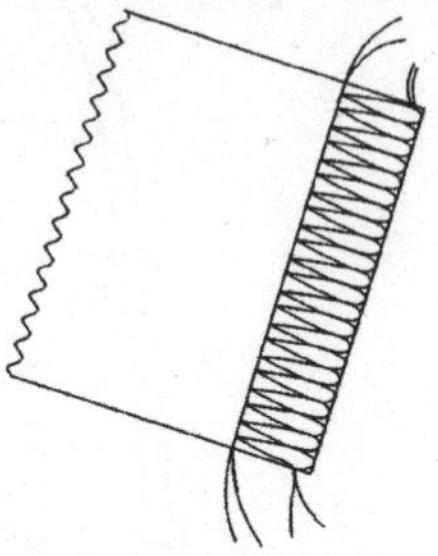
6	三针人字线迹拼缝杯棉	用于垫棉或QQ棉（聚酯纤维弹力棉）文胸罩杯分割的杯棉缝合	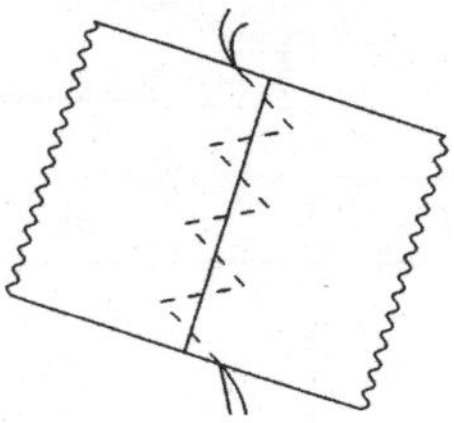
7	双针卷边缝绱捆条	用于罩杯底部，捆条为中空状态，便于插入钢圈	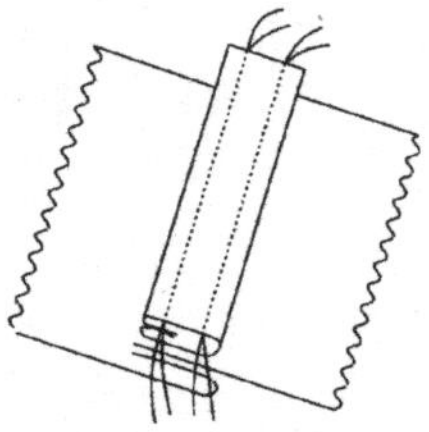
8	三针人字线迹搭缝橡筋	常用于文胸下扒绱橡筋带	
9	单针人字夹缝钩扣	用于固定文胸后片和钩扣	

（1）确定文胸基础款式

在进行文胸款式系列设计前，根据客户体型，确定文胸的基础款式。对其廓形、局部元素以及穿用规则进行详尽的分析。将不变因素和可变因素进行分类，不变因素是指款式的主题结构即廓形相对不变，可变因素是指局部细节元素。文胸款式图的廓形一旦被确定了也就意味着系列设计的主体结构和总体风格被限定。主体结构通过其不变性的特点为款式设计搭建了一个稳定的平台，使得可变元素可以通过增减、转换、分离、重组等手法，在统一风格中又有丰富的变化，这样以群体的完整统一与局部的有序变化形成了一对相互联系又相互制约的关系。

构成文胸的可变元素有鸡心、下扒、侧拉片、肩带、罩杯结构分割线等。以市场上最常见的3/4罩杯、无下扒、左右分割文胸为基本款进行说明,如图4-1所示。

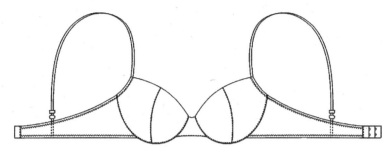

图4-1　文胸主体结构款

（2）设计变化

将基本款的构成元素按照其重要性依次展开进行有针对性的主题设计,使得设计形态呈现连续性款式变化。在这个过程中,可变元素被拆解得越细、越多,解读得就越深入,设计过程就会越得心应手,设计空间也就越大。局部可变元素通过大小、长短、方向、对比以及正反等形式上的差异,可以使得个体既相互联系又互不雷同,形成鲜明的个性。

以构成元素"罩杯结构分割线"为例,示例文胸设计的可变元素如图4-2所示部分变化设计图。

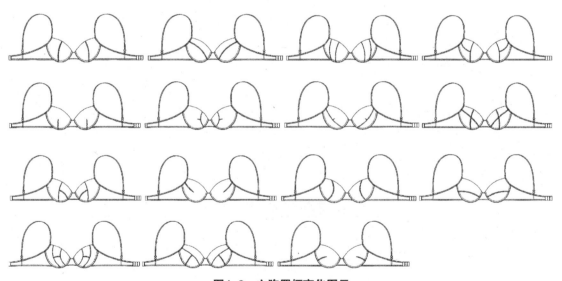

图4-2　文胸罩杯变化图示

（3）系列设计

逐个对可变因素进行系列设计,其形式较为单一,但这是系列设计的必经阶段,之后再进行综合要素设计阶段,使得系列设计呈现加速变化,款式数量成倍增长,也为最终的成衣产品开发提供足够的选择空间和中选率。综合元素系列设计分为三类:横向拓展——主体稳定两个以上元素组合的系列设计,通过遵循造型焦点的设计原则可以形成主要局部元素的二次设计;纵向拓展——局部元素相同不同品种元素组合的系列设计,寻找局部元素相同的不同品种进行元素的组合设计;综合横向、纵向元素组合系列设计。

综合元素系列设计汇总,并不是将所有的元素都齐头并进地发生变化,而是要选择其中某两个或几个具有发展前途的主要元素作为"设计着眼点",然后有重点、有层次地推进,否则将会使得整个设计如一盘散沙,失去表达的重点继而失去系列设计的个性风格。款式系列设计造型焦点要求不能出现两种廓形以上的主体结构,其次局部可变元素要培养可拓展和相对成熟的造型焦点。当主体廓形确定后,其相应的工艺流程也会随之被确定。即使局部元素发生变化,也只是增加了工艺操作的数量,本质上并没有改变工序的稳定性。

文胸的款式设计外观上以蕾丝应用设计为重点,因此,在进行综合元素系列设计中,将蕾丝与分割结构、阶处部位的变化结合,能出现更多款式风格,如图4-3所示。

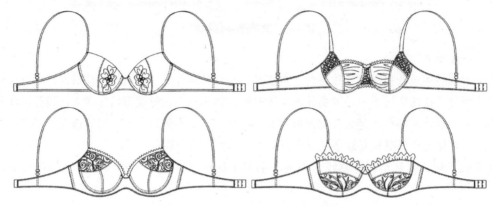

图4-3　文胸综合元素系列设计图示

二、建立文胸款式图库

文胸的结构特征明确,配合计算机系统的存储功能,应用快速组装款式图设计,可以达到缩短设计周期,确保品牌造型风格的目的。部件组装需要对文胸款式图的构成进行分析,如表4-2所示。文胸结构款式图构成总表只是从结构效果图的方面考虑,并不考虑其面料和色彩,同时也不涉及文胸辅料的组装,如钢圈、肩带、夹棉、衬垫、捆条、橡皮筋、定形纱、软纱、钩扣、饰花、蕾丝等。

表4-2　文胸结构款式图构成总表

水平和斜型					
罩杯结构/罩杯分割		肩带	鸡心片	后拉片及下扒	
半罩杯		T字分割 多片分割 单褶 上下分割 左右分割	垂直状	普通	有下扒直比
全罩杯			外斜状	高鸡心	有下扒"U"字比
3/4罩杯					
5/8罩杯			内斜状	低鸡心	无下扒直比
托胸罩杯					
特殊罩杯	全罩杯软围		交叉式	连鸡心	无下扒"U"字比
	三角形软围				
	一字形状软围		特殊型	特殊型	特殊型

建立文胸各部件款式图库，必须先建立各文胸造型的钢圈库，然后以钢圈为基准完成各个小部件的绘制，在保持钢圈不变的基准上改变部件的外观形态进行设计。改变部件的外观效果，通过采用对部件外轮廓的修饰、边缘的处理、改变部分外廓型线以及内部分割线变化等方法来进行设计，从而建立与钢圈一致的文胸各部件款式图。

款式部件图库与纸样结构部件图库应该相互对应，分类标准应一致，在计算机参数化纸样设计功能的支持下，可以完成纸样的自动设计。服装纸样自动设计亦即自动打板，是应用人工智能的推理技术，首先从大量的服装款式中总结出其结构变化的基本规律，再将服装结构设计规则及尺寸之间的各种关联关系按某种形式表示为专家知识和推理机制，建立知识数据库。服装款式不同，其纸样生成过程也不同，这是它的特性；而对于某一类的服装来讲，又有它们的共性，因此同一类服装可以根据服装的共性和特性建立纸样库。将样板师的经验总结为推理机制和计算方法，并作为规则存放在数据库中，操作者仅仅做一些直观的简单描述，并选择确定服装的款式与结构，然后计算机将根据用户所选的结构特征查找数据库，使用规则和数据进行一系列的推断，最终生成合理的服装纸样。这样不仅极大地提高了服装纸样设计的效率，同时也大大地降低了操作技术的难度。服装纸样自动设计，减少了对纸样设计师的依赖性，提高了纸样设计质量的稳定性，文胸纸样的内在结构程式化较强，表面蕾丝变化丰富，但也适合款式与纸样的自动拼装设计。当然，纸样自动生成后，做一些修改也是必要的。需要修改的内容应当包括：参数的赋值、参数关系的修改、方法的变更及结构点位置的移动与曲线的调整等。

（一）建立文胸各部件款式图库

建立款式图库，首先要对文胸的分类设定标准。文胸分类的标准很多，以客户、品牌进行分类，或以罩杯结构分类，或以最主要的造型效果、风格进行分类。分类的目的就是为了纸样资源再次使用的时候查询方便，各个部件进行组装款式图设计的时候操作灵活，能快速组合成为所需设计效果。如图4-4所示。

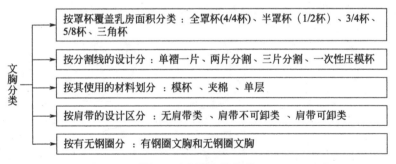

图4-4　文胸分类方式

为了便于组装和查询，文胸结构效果图以工艺图的形式存储。在工艺图库中，文胸工艺图库中存放所有结构效果图，也是以水平和斜型分类存储，目的是配合纸样绘制。在工艺图库中分别设置水平和斜型的部件分类库，便于后期进行组装设计。文件名的设计上，以罩杯的变化为主，基本图形就是普通文胸。有下扒变化的、有鸡心变化的、有肩带变化的分别以文件名字说明。

1. 罩杯款式图库

不同体型、不同号型的女性对罩杯的选择也不同，同类体型对款式要求不同，也会在同样号型的基础上，选择不同造型设计的文胸。因此，按照体型、罩杯外形、罩杯造型、罩杯结构分割进行罩杯的构成，此构成总表也适用于罩杯纸样设计。

根据造型分类，先进行钢圈造型的绘制，以此为基础再根据构成总表进行分类设计，并用系统的'附件登录'功能存入系统。这种设计使罩杯在保证钢圈形状不变的状态下，以改变罩杯分割线的位置及形态达到改变罩杯外观效果的作用，同时，以钢圈为主进行各部件设计的款式图与以钢圈形状基础上完成的罩杯结构设计相互对应。罩杯款式与纸样库构成总表见表4-3。

表4-3 罩杯款式与纸样库构成总表

总外形分类	造型分类		结构分类	体型
水平	普通 高胸 低胸 连鸡心	3/4罩杯	T字分割 多片分割 一片分割 上下分割 左右分割	A体型 B体型 C体型 D体型
		5/8罩杯		
		全罩杯		
		半罩杯		
	软围	全罩杯		
		三角形状		
		一字形状		
	托胸	三角杯		
斜型	普通 高胸 低胸 连鸡心	3/4罩杯		

在绘制分割线效果设计的时候，必须注意胸点的位置。胸点并非人体的胸点，而是人体穿着文胸所要达到的标准胸点位置，使形体曲线达到完美的状态。绘制不同效果罩杯的分割线均经过、接近胸点或以胸点为端点。四分之三罩杯的分割线分类，如图4-5所示。

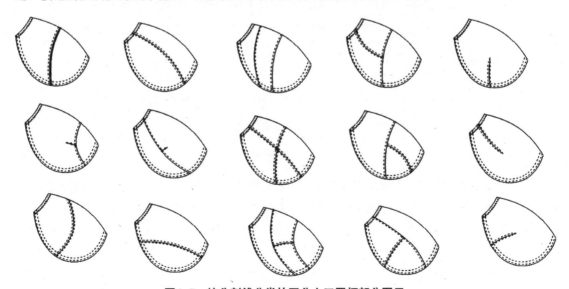

图4-5 按分割线分类的四分之三罩杯部分图示

2. 后拉片款式图库

以钢圈为基础，建立文胸后拉片的款式图库。后拉片按照文胸后中的形态来分，主要可以分为一字比和U字比。对后拉片进行分割，并根据不同部位使用合适的材料，可使穿着更为贴体。侧拉片款式图如图4-6所示。如将后拉比一分为二，包裹人体后背的为一段，可使用弹力网布，保证尺寸需求；另一段为靠前中部分（也称为侧片），可用无弹性定形纱和蕾丝面料。分割后在外观上就与一片式后拉片有不同的效果，依此类推，还可以进行更多不同的分割，结构效果也会随之变化。在进行装饰性强的文胸设计时，后拉片也可以用简单的细带代替，细带的位置应以钢圈形状为基准，不影响后续的组装应用。

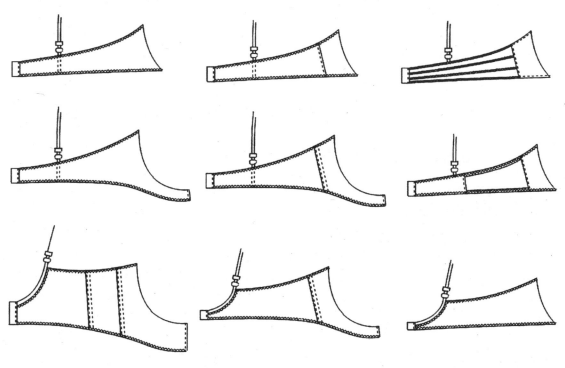

图4-6　侧拉片款式图部分图示

3. 鸡心款式图库

建立文胸鸡心的效果图库可以有别于罩杯、后拉片效果图库的建立方法。因为鸡心的作用是连接并固定两个罩杯，所以在表现效果上可以比其他部件变化更多样，只要满足其功能性即可，但也必须考虑鸡心的高度对文胸的稳定性和合体舒适性的影响，当鸡心高度相对较高时，文胸的稳定性就比较好，同时乳房也得到一个稳定性较好的空间，反之则比较差。

根据鸡心的图形可以建立U字型鸡心、蝴蝶型鸡心、双圆环鸡心、花型鸡心等，这些图形的设计不仅达到鸡心的连接固定作用，还起到极强的装饰作用。常见的有对称性的图形，均能设计在文胸的鸡心位置上，以使文胸的风格更广泛。鸡心片款式图如图4-7所示。一般鸡心顶端宽度不计钢圈通常控制在0.5～1cm。所以在设计图形作为鸡心时，会考虑所选图形的比例大小及设计构想的符合程度。鸡心顶端的水平线超过了胸围线，大多属于高鸡心文胸；低于胸围线则为低鸡心文胸。当鸡心是一小段梯形时为连鸡心文胸；当鸡心以绑带形式或者是一些扣饰出现的时候，文胸可以称为前扣式文胸。

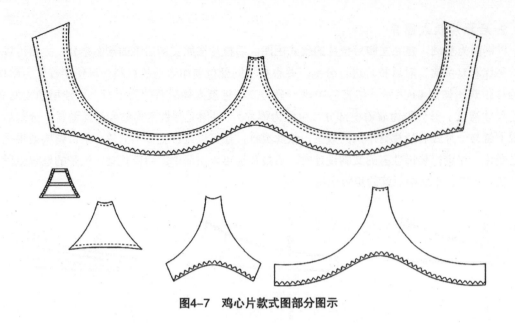

图4-7 鸡心片款式图部分图示

（二）建立内衣图案库

1. 图案的现状与作用

（1）服饰图案的发展现状

随着信息传播影像图形技术的发展，图案被更广泛地使用，承载起越来越多的文化内涵，在服装设计中的应用也达到了前所未有的程度。在国外，服装设计师与面料图案设计师的合作非常密切，很多服装设计师不仅设计服装，还设计面料图案。服装图案早就不再局限于印花图案和绣补图案，除了传统图案外，许多新的图像素材在经过剪辑、拼接后，形成了全新的服饰图案的形式。

图案的应变性和极强的表现性是当今服饰图案的重要特征。服饰图案能及时、鲜明地反映人们的时尚风貌、审美情趣、心理诉求。对于服装产品来讲，服饰图案会在很大程度上影响消费者对该产品的接受程度，也会对服装的生产、销售、品牌形象等产生影响。

（2）图案的审美与作用

服装图案具有从视觉上或视觉心理上满足人们想美化自己、追求变化的需求，使服装和着装者显得"更好看"。服饰图案的这种美化作用因其侧重点的不同而呈现出多种形式和效果。具备以下功用。

① 装饰。服饰图案的一般作用就是对服装进行修饰点缀，使原本单调的服装在视觉上产生层次、格局和色彩的变化，这个作用在女性内衣上表现得尤为明显。

② 弥补。弥补、矫正其实也是一种美化，它是针对不完美、不平衡而言的。服饰图案具有从视觉上矫正、遮盖人体某些不足的作用。它可以通过自身的组织结构、装饰部位或色彩对比造成一种"视幻"或"视差"的效果，以调节穿着者形体的某些缺陷或服装本身的不平衡，使人着装后更有魅力。

③ 强调。如果说"修饰、弥补"以追求服装整体和谐之美的话，那么强调则是着意营造一种局部对比之美。服饰图案可以起到加强与突出服饰局部效果的作用，形成视觉张力。

2. 内衣图案的分类

服装图案的分类还没有一个明确、统一的规定。在内衣图案的应用中，按素材分为花卉图案、动物图案、人物图案、抽象图案、卡通图案、传统纹样等。

（1）花卉图案

以花卉作为图案纹样使用始于中世纪，其思想基础是崇尚自然，认为神的荣耀体现在自然中。十七八世纪的欧洲艺术受到东方文化的影响，引发了人们追求花卉的热情，因此产生了大量优秀的花卉图案纹样。在服饰中，花卉图案应用在女装内衣上的效果是其他任何图案都无法比拟的。从表现形式上看，花形可以处理的非常具象，保持诸如牡丹、玫瑰、菊花、百合等花卉原型的形态特征。花卉图案可以处理的非常抽象，很多花卉图案并不表现任何具体的花卉品种，但又美观具有观察性，确能被人们接受。花卉常常是纯粹的装饰而无任何内在意义，但有时又具有一定的指征内涵，或许因对象的不同而引起不同的诠释。可以看到，现今在胸衣上广泛被应用的蕾丝绝大部分都是花卉图案。花卉图案的文胸，如图4-8所示。

（2）动物图案

人类在服饰上使用动物图案的历史悠久。早在原始社会，动物形象就已经被广泛应用于装饰图案之中。西魏、北魏及唐代敦煌壁画中展示了大量的动物图案。与花卉图案相比，动物的形态和属性在人们的意识中是现实而具体的，并且往往带有个性和感情色彩。比如看到豹纹就会联想到狂野与性感。另外，在传统、民族、民间的服饰中，动物图案往往都以添加或综合变形的形式出现，常有繁复、华丽、夸张甚至怪异之感，多被赋予祈福辟邪的意义。动物图案的文胸，如图4-9所示。

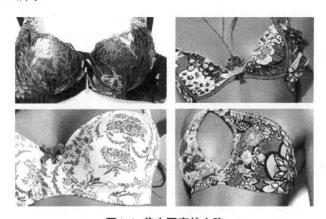

图4-8 花卉图案的文胸　　　　　　　　　图4-9 动物图案的文胸

（3）人物图案

人物图案基本上可以分为两大类：一类是以各种变形手法塑造的人物形象；一类是照片效果的各种电影剧照、明星肖像和绘画人物等。人物服装的式样、纹样、佩饰和皱褶、发式造型，特别是一些民族服装、戏剧服及脸谱等本身就是极好的装饰因素，处理得当，会使图案形象更加丰满、有特色和情趣，具有装饰性和感染力。

（4）抽象图案

抽象图案是相对于具象图案而言的，内衣中主要是几何抽象图案及文字图案较多。

几何抽象图案是以几何形如方形、圆形、三角形、菱形、多边形等为基本形式，通过理想的

主观思维对自然形态加以创造而绘制出一种新式图案。几何形服饰图案一般的表现形式就是利用面料原有的几何图案转化为服饰图案，常见的面料有格子布、条纹布或几何形花布等。抽象图案的文胸，如图4-10所示。

在当今人们的穿着中，文字图案的使用是很普遍的，具有鲜明的文化指征性。文字具有较强的适应性，很容易与其他装饰形象结合（如花卉、动物、人物、建筑等）。文字可以结合服装的不同特点灵活地进行改造应用。现今服装上的文字装饰多追求自由、奔放、随意甚至笨拙、怪异的风格，追求古旧、童稚、异域的情调，呈现淳朴、自然、个性化的倾向。

（5）卡通图案

卡通作为一种艺术形式最早起源于欧洲，在17世纪的荷兰，画家的笔下首次出现了含卡通夸张意味的素描图。一般的卡通包括漫画、动画、动漫三个方面。随着现代卡通艺术的蓬勃发展，尤其是迪士尼公司等创作出一大批全球闻名并深受欢迎的卡通人物：米奇老鼠、米妮、唐老鸭、史努比、咖啡猫、泰迪熊、白雪

图4-10 抽象图案的文胸

公主等，卡通图案在服饰上的应用越来越受消费者喜爱。相对来说卡通图案在内衣上的应用时间比较短，但是随着近年全球动漫产业的迅猛发展，卡通图案在内衣上出现的频率越来越高。

（6）传统纹样

传统图案主要是指具有一定鲜明的地域特点和浓厚民族特色的图形，我国传统图案有着悠久的历史。无论在运用图案语言方面还是在表达情意、寓意方面，它们或含蓄练达，或奔放强烈，或单纯凝重，无一不是人类自身生命力的转移。除了具有装饰功能外，还满足了人们的精神需要，大多数图案主题内容具有健康向上、吉祥美好的寓意。传统图案的文胸，如图4-11所示。

3. 图案在文胸上的应用

任何款式或结构的内衣在使用图案时都要注意三点：完整性、方向性及对称性。一件完整的文胸是对称的，所以，从视觉审美的角度来看，文胸的图案基本遵循对称性原则。不规则图案不需考虑对称，这是打破平衡的美的表现。图案在文胸上的装饰

图4-11 传统纹样图案的文胸

变化最多的是在罩杯上，其次是后拉片、下扒、鸡心和肩带。图案在文胸的各个部位使用都很灵活，可以一整件都用图案装饰，也可进行部分装饰，如只对罩杯或后拉片进行图案应用设计。近几年流行的模杯款，文胸表面的面料是通过黏合工艺完成，主要通过图案面料的丰富多彩满足不同年龄段的需求。

蕾丝是在文胸上使用最多得的面料之一，而蕾丝上的图案以花卉居多，单独的或组合的、完整的或不规则的花朵和枝叶，通过蕾丝的独特结构，表现出女性的风情万种。不同的图案塑造出不一样的内衣风情，或高贵华丽，或甜美温馨，或田园清纯，或性感妖艳等等。根据罩杯分割线来决定花卉图案的选择及分布可以有5种形式。

（1）上下分割

上下分割罩杯图案的分布一般有两种，一是分布在上半杯或下半杯，一是上下半杯都有分布。上下分割罩杯结构的图案一般以结构线划分，往往强调上半杯的图案，常常是上半杯的图案繁复华丽，而下半杯则相对简单。如果上半杯的面积较小，则适宜选择小型的花形，下半杯不用或选用相对简单稀疏的花形，这样上下的区分效果就很突出了。另外模杯结构的罩杯，也常常利用蕾丝图案得到上下分割杯型的效果。如果罩杯分割后上半杯的结构形状更接近斜体长方形且裁片宽度较小，则可选用传统的二方循环纹样，使得图案更加贴合于结构，达到图案与结构的和谐。花卉、动物或传统图案在使用时要非常注意其完整性，根据分割后上下半杯的结构形状的宽度数据选择蕾丝，如图4-12所示。

图4-12　上下分割图案应用

（2）左右分割

考虑到审美视觉的统一性，图案在左右半杯结构上的划分没有上下半杯明显，一般以结构线区分。分割后左右半杯的结构形状大小相当，以分割线为中线集中，图案视觉效果强。以花卉图案为例，左右半杯结构的罩杯适合使用较大的、独立的完整花形，分别设置在结构线的两边，要大小相当，方向相互呼应。因为左右半杯结构的不同，靠侧边使用较长的花形图案，在视觉上显得更加饱满，如图4-13所示。

图4-13　左右分割图案应用

（3）T型分割

T型杯分水平T型和斜向T型两种。两条结构线将罩杯分成三个部分：罩杯上沿、罩杯下沿左杯、罩杯下沿右杯。分割令罩杯更合体，罩杯上沿的图案重点在于强调装饰。一般的做法是罩杯上沿采用小而密集的连续纹样，罩杯下沿左右杯各采用单独图案对比呼应。T字结构使得裁片小，因此动物、人物、文字图案比较不适合用在T型杯上，如图4-14所示。

（4）单褶设计

单褶的罩杯以收褶设计，可尽量保证花型的完整性，罩杯底部的收省又可以将蕾丝贴服于乳房或垫棉上，因此，更适合大型的花型应用。单褶的收褶设计，可以出现更多的外观效果，如图4-15所示。

图4-14　T字分割图案应用

图4-15 单褶图案应用

(5) 模杯文胸

蕾丝图案面料只是服帖在模杯表面，不需考虑杯形的分割结构，主要从审美的角度出发，保证花形完整，着重运用不同的图案得到各种风格的内衣造型。花卉图案、动物图案、人物图案、抽象图案、卡通图案、传统纹样等都可以灵活应用，如图4-16所示。

图4-16 模杯图案应用

第三节 文胸成衣纸样绘制

文胸成衣纸样绘制包括罩杯的纸样结构设计，还有鸡心、侧拉片、下扒和肩带纸样结构设计。本节讲述除罩杯以外其他结构的纸样绘制。

一、文胸成衣各部位造型分析

1. 鸡心造型分析

从鸡心的款式上研究文胸的造型数据，也就是从鸡心片的宽度和高度数据上分析文胸的结构数据。鸡心片的宽度数据影响到文胸款式的集中程度，它控制着对乳房向中间归拢的力度。当减少鸡心片的宽度数据时，文胸罩杯对乳房的作用力会增大，促使胸部向中间归拢。在文胸款式设计时，为了使乳房归拢，一般情况下都会使鸡心片宽度数据小于人体的实际尺寸数据，但如果所设计的鸡心片宽度数据过小，文胸不仅不能达到集中乳房的效果，反而会使文胸不贴体、出现文胸罩杯空、松的现象。鸡心片宽度因居中造型要求及心位高低不同，对鸡心片的宽度也就有一定的控制范围，一般为 $1\sim2cm$。鸡心片的长度数据主要是指鸡心片上下边缘线的数据，由心位高低和下扒宽窄决定，鸡心上边缘的位置与心位高低有关，鸡心下边缘的位置与有无下扒有关。文胸的分类以心位点与胸围线的位置关系为基准，在文胸的结构设计中，鸡心的高低位置则是以心位点在胸围线上下来体现。当心位点在胸围线上，被称为高鸡心文胸；低于胸围线时，为低鸡心文胸和连鸡心文胸，位于胸围线附近时，则为普通鸡心文胸，如图4-17所示；在文胸款式设计中，心位点的位置没有绝对的控制，根据造型要求设定位置。

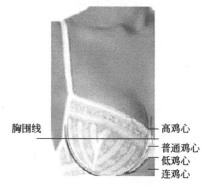

图4-17　心位高低图示

鸡心片造型数据分析还体现在与鸡心相对应的文胸钢圈，不同款式的鸡心造型文胸对应着不同款式的文胸钢圈，各款式钢圈也有其各自的特点和功能效果。具体钢圈外形见第二章。

2. 下扒造型分析

文胸按下扒的位置可分为有下扒文胸和无下扒文胸。下扒文胸是罩杯和钢圈下方包裹胸部下围的部分，它可以使文胸更有承托力，罩杯加大的文胸，下扒逐渐加宽。无下扒文胸是侧拉片直接与罩杯侧位处缝合，可以使文胸更突出，多用于小罩杯文胸。文胸下扒款式图，如图4-18所示。

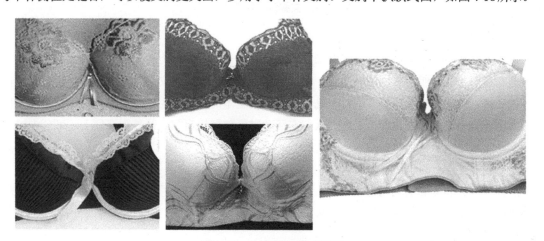

图4-18　文胸下扒款式图示

下扒的宽度数据是一个造型设计量，可以根据款式设计的要求进行调整，没有绝对的限制，当造型需要时，下扒的宽度可以为零，为无下扒文胸。无下扒的文胸对乳房的固形性和支撑力都不如有下扒的文胸力度大，但有时因为外衣穿着的需要或款式造型上的要求，设计无下扒的文胸结构。下扒的宽度虽说是可以任意设置的，但因为受工艺缝制条件的限制，文胸下扒最小宽度应不小于底围松紧带宽度的一半，通常下扒宽度的最小控制量在1.5cm左右。在这个基础上可以根据不同的款式要求对下扒的宽度进行调整。当文胸下扒的宽度逐渐增加，达到腹部或腹部下面时，该款式文胸就被称为胸衣或骨衣。这类款式文胸除了对乳房有一定的作用力外，还可以起到束缚女性腰部或腹部多余脂肪的作用，添加分割线或鱼骨，在调整胸型的同时也达到塑身的效果。

3. 侧拉片造型分析

侧拉片位于罩杯两侧，从罩杯的外侧一直延伸到后背的中心位置。侧拉片依据结构分割又可分为无分割侧拉片（一片式设计）和有分割侧拉片（侧比、后比）。侧比是文胸罩杯连接两侧的部位，起定型固定侧乳的作用，内层缝制定型纱。分割处的侧缝增加胶骨定型，有效助推两侧脂肪，保持侧片拉伸不变形。后比也称为后拉片，以拉架弹性面料为主，也选用因款式设计与文胸罩杯的装饰面料保持一致的面料，利用其高弹力将文胸有力地束紧在人体上。根据侧比宽度来区分，侧拉片分为超宽型侧拉片、宽型侧拉片、普通型侧拉片和窄型侧拉片。超宽型侧拉片的侧比宽度在10cm以上，一般运用在调整形文胸上，宽型侧拉片为8～10cm，普通型侧拉片一般为6～8cm，而窄型的侧拉片宽度小于5cm。

根据后片造型来分，侧拉片分为"一"字型与"U"字型，还有背心式的，如图4-19所示。

图4-19　文胸侧拉片款式图示

4. 肩带造型分析

肩带是连接罩杯与侧翼的部分，有长度和宽窄的变化，可以分为固定式及摘卸式两种。在材质上有花边肩带、透明肩带、橡筋肩带、网纱肩带等区别。肩带在文胸造型设计中主要起到拉伸罩杯及支撑受力的作用，穿着文胸时使乳房立挺是最基本的功能。为了把乳房抬高，肩带要使用编织紧密并有一定弹性的丝带，以便使人们在活动时更加轻松自如。从外观造型上，可分为以下几类，如图4-20所示。

（1）双肩垂直型的肩带

肩带与罩杯和侧翼的夹角约为90°，具有抬高胸部，防止乳房下垂的功能，文胸固定性强，穿戴也最为方便，日常穿着较普遍，非常受消费者欢迎（图4-20a）。

（2）背部收拢式肩带

在背部将两根肩带根部并拢，背部形成V型造型，这种造型能有效得防止肩带滑落，稳固性比较强（图4-20b）。

（3）U型式肩带

因为后比是U型的，肩带配合造型，适合大罩杯文胸。因为，肩带提升的力度，会造成后拉片向上变形，U型设计可分散拉力，文胸后片在后背紧贴效果好。这种也称外斜型肩带，与侧翼的夹角大于90°（图4-20c）。

（4）交叉式肩带

属于内斜型肩带，它的特点是在背部交叉，可自由摘下，其功能是使文胸固定更好，避免肩带滑落的麻烦。这种款式适合爱活动的年轻女孩，稳定性较好（图4-20d）。

（5）套颈式肩带

也属于内斜型肩带，肩带与罩杯相连，不可摘下，套颈穿着，可有效防止肩带滑落，能很好地抬高、聚拢胸部。这种肩带的文胸适合乳房偏小的女士穿用，因为肩带着力点在颈部，丰满女士穿此款不利胸部造型，此款肩带可搭配露肩、露背式服装（图4-20e）。

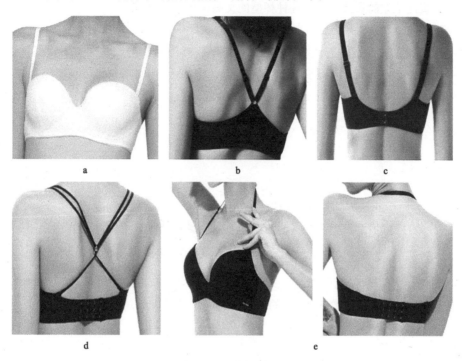

图4-20　文胸肩带款式图示

图4-20是针对常规人体形态所设计的肩带款式，而对于特殊体型，文胸的肩带款式要求会有所不同：如体态较胖的形体，为了能起到更好抬高和固定胸部的效果，加大侧翼数据的同时，需要增加肩带的宽度数据，以确保肩带有足够的拉力和支撑力去抬高和固定胸部，有时甚至要借鉴到袖窿的部分数据，以求塑造更好的胸部形态，如图4-21所示。

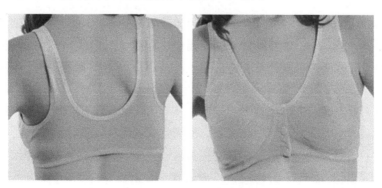

图4-21　特殊肩带款式图示

二、常规文胸造型的纸样绘制

参考表3-4中的数据，以75下胸围为例，说明不同体型的不同造型文胸纸样绘制操作技巧。钢圈形状及数据是绘制罩杯纸样设计的基础，也是绘制其他部位的依据，具体绘制参考第二章的内容。

（一）有下扒、直比造型

有下扒、直比造型的设计，用于各种杯型的文胸设计。

1. 普通钢圈

如图4-22所示款式图，以75B数据进行纸样绘制，75下胸围的成品文胸下围度数据是60cm左右，鸡心上宽1cm，鸡心片高可根据造型要求设计。绘制一半文胸纸样即可，因此，下围度数据为60/2=30cm。在软件CAD系统中，操作步骤如下。

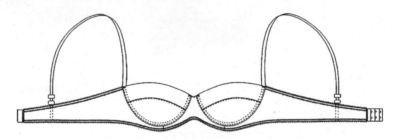

图4-22　普通钢圈有下扒直比造型款式图

① 绘制下围。用"智能笔"工具，从心位点A向右绘制0.5cm水平线，再向下做垂线，与B点的水平线相交，形成D点；修正DB线的长度为30cm，形成E点，如图4-23所示。

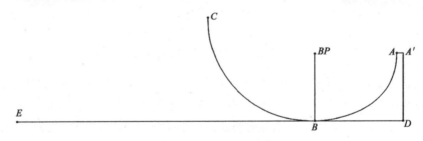

图4-23　绘制下围辅助线

② 绘制文胸下边缘。用"智能笔"工具，从E点向下做垂线1cm，完成EE'辅助线；从C点向下做垂线至DE线，完成CF辅助线；以钢圈形状为参考向下做1.5cm平行辅助弧线HH'。连接E'点、F点，沿着参考弧线至前中线D点向上1cm处D'点，调整$E'F$处的弧线，形成如图4-24所示效果。

③ 绘制后拉片上边缘。用"角度线"工具，从E'点做胸围下边缘线的垂线，长度3.2cm，形成G点。用"智能笔"工具连接G点和C点，并调整成弧线，如图4-25所示。

④ 完成鸡心片设计。用"移动"工具，将基础纸样提取出来；用"智能笔"工具，在钢圈形状底部靠近中心线部位绘制鸡心片分割线，注意绘制分割辅助线时候，要垂直于钢圈形状弧线和下围弧线；用"纸形剪开"工具，在基础纸样中分割出鸡心片；用"水平垂直镜像"工具，以

中心线为对称轴形成完整鸡心片；用"智能笔"工具，调整鸡心片上边缘线和下边缘线弧线形状，如图4-26所示。

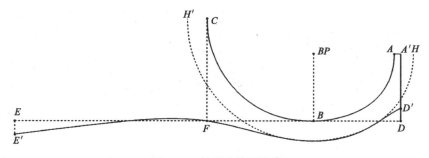

图4-24　绘制文胸下边缘

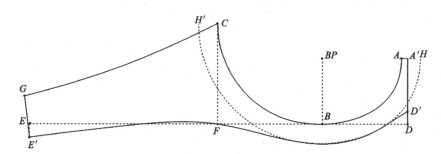

图4-25　绘制后拉片上边缘

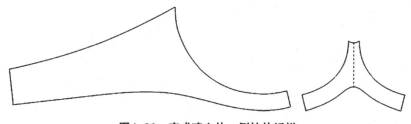

图4-26　完成鸡心片、侧拉片纸样

2. 低鸡心钢圈、鸡心蕾丝效果设计

低鸡心钢圈与普通钢圈只是在心位点和侧位点上的数据有所不同，选择的钢圈形状是低鸡心钢圈形状即可。绘制有下扒、直比造型的文胸操作方法是一样的，参考普通钢圈的操作步骤绘制即可。鸡心片选用蕾丝面料，因为蕾丝面料的边缘是直线，所以需要将鸡心片的下边缘改为直线，用"智能笔"工具连接 $D'H'$ 即可，如果直线 $D'H'$ 距离钢圈形状弧线的直线距离太小，不满足蕾丝面料的应用，可适当调整鸡心片的高度，即降低 D' 点，拉长 $A'D'$ 数据值，如图4-27所示。

3. 普通钢圈、斜杯、下围蕾丝效果设计

斜杯造型纸样设计过程参考第三章第三节内容。整个下围选用蕾丝面料的纸样设计，应用到蕾丝的纸样边缘设计应为直线才可满足裁剪蕾丝面料保证花型完整。款式如图4-28所示。在软件CAD系统中的操作步骤如下。

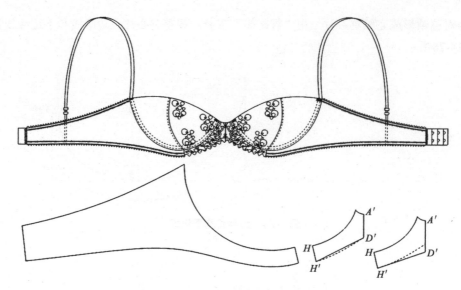

图4-27 低鸡心片蕾丝面料纸样设计

图4-28 下围蕾丝效果设计款式图

（1）绘制切割辅助线

用"平移"工具提取基础纸样；用"智能笔"工具，过E'点做下围后比处的切线，并在下围弧线转折位置画切割辅助线，如图4-29所示的HH'、FF'、BB'三条辅助切割线；用"点打断"工具，分别在H、H'、B、B'、F和F'处剪断。

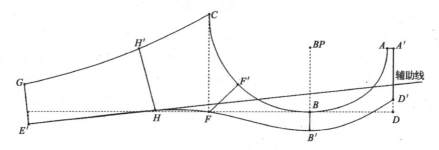

图4-29 绘制切割辅助线

（2）旋转移动各切割部位

用"旋转"工具，以H为旋转点，将侧片、下扒及鸡心片旋转至F点靠近切线辅助线为止；然后，再以移动后的F点为旋转点，将下扒、鸡心片旋转至B'点靠近切线辅助线为止；最后，再以移动后的B'点为旋转点，将鸡心片旋转至下缘边线靠近切线辅助线即可，如图4-30所示。

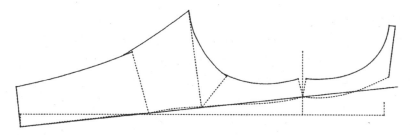

图4-30 下围旋转后图示

(3) 完成下扒蕾丝纸样设计

用"智能笔"工具,将鸡心片中线延长至切线辅助线;从C点至A点,沿着原钢圈形状弧线走势重新绘制钢圈形状弧线,并用"拼合检查"工具,核查该弧线与罩杯缝合部位的数据差值,确保在工艺缝合要求范围内,如图4-31所示。

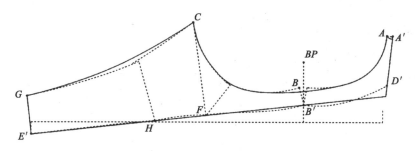

图4-31 蕾丝纸样设计完成图

(二)无下扒、直比造型

无下扒、直比造型多用于小杯型的文胸设计,以普通钢圈、侧片蕾丝效果设计为例说明纸样绘制过程。如图4-32所示款式图,以75A数据进行纸样绘制,75下胸围的成品文胸下围度数据是60cm左右,鸡心上宽1cm,鸡心高2cm。如果罩杯偏大号型,选择侧拉片全部为蕾丝的设计,可将靠近罩杯部位切割形成后片与侧片分割设计,在侧片内层增加定型纱,降低蕾丝弹性大而造成文胸不贴体现象。

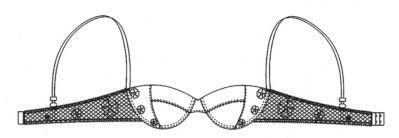

图4-32 普通钢圈无下扒、直比造型款式图

普通钢圈无下扒、直比造型文胸在软件CAD中的操作步骤如下。

(1) 绘制下围

用"智能笔"工具,从心位点A向右绘制0.5cm水平线,再向下做垂线,与B点的水平线相交,形成D点;修正DB线的长度为30cm,形成E点,可参考图4-23。

(2) 绘制侧拉片下边缘

用"智能笔"工具,从 E 点向下做垂线1cm,完成 EE' 辅助线;取 B 点向上的直线的10%和30%处做两条水平辅助线交于钢圈弧线上,形成 H、I 两点;从 E' 点至 HI 弧线之间都可以作为侧拉片下边缘的设计线,完成 $E'J$ 直线后,侧拉片选用蕾丝面料,因此,不用调整为弧线,如图4-33所示。

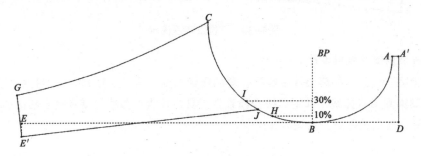

图4-33 绘制侧拉片下边缘

(3) 绘制鸡心片下缘线

无下扒文胸的鸡心片,可依据效果绘制鸡心片的高度,也可以从侧拉片处顺延做辅助线,如图4-34所示。

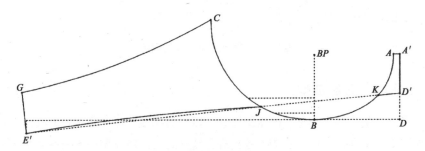

图4-34 绘制鸡心片下缘线

(4) 完成鸡心片设计

用"移动"工具,将基础纸样提取出来;用"水平垂直镜像"工具,以中心线为对称轴形成完整鸡心片;用"智能笔"工具,调整鸡心片上边缘线和下边缘线弧线形状,如图4-35所示。

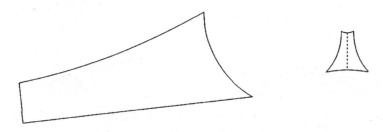

图4-35 完成鸡心片、侧拉片纸样

(三) 有下扒、U字比造型

有下扒、U字比造型多用于大杯型的文胸设计。以普通钢圈、下扒蕾丝效果设计说明其纸样设计过程,如图4-36所示款式图,以75C数据进行纸样绘制,75下胸围的成品文胸下围度数据是60cm左右,鸡心上宽2cm,鸡心片高可根据造型要求设计。绘制一半文胸纸样即可,因此,下围度数据为60/2=30cm。在软件CAD系统中,操作步骤如下。

图4-36 普通钢圈有下扒U字比造型款式图

(1)绘制下围、下缘线及后拉片上边缘

用"智能笔"工具,从心位点A向右绘制1cm水平线,再向下做垂线,与B点的水平线相交,形成D点;修正DB线的长度为30cm,形成E点。用"智能笔"工具,从E点向下做垂线1cm,完成EE′辅助线;从C点向下做垂线至DE线,完成CF辅助线;以钢圈形状为参考向下做2cm平行辅助弧线。连接E′点、F点,沿着参考弧线至前中线D点,调整E′F处的弧线。用"角度线"工具,从E′点做胸围下边缘线的垂线,长度为3.8cm,形成G点。用"智能笔"工具连接G点和C点,如图4-37所示。

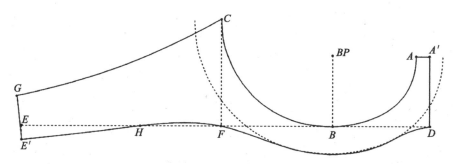

图4-37 绘制文胸侧拉片及下边缘

(2)绘制U字比后拉片

用"智能笔"工具,E′F弧线与下围辅助线的交点H点与GC弧线的三分之一处I点连接形成一个辅助线;用"点打断"工具,将GC弧线在I点处打断,将E′F弧线在H点处打断;用"旋转"工具,将多边形HIGE′,以H点旋转,将G点旋转至下围辅助线上即可;用"角度线"工具,在E′H线上做垂直辅助线并过I′点;用"量规"工具,以G点为起点,半径为GI直线的长度值,交垂直辅助线于K点;用"智能笔"工具连接K点和C点,并调整成弧线;用"要素合并"工具合并E′H弧线和HFD弧线,并调整圆顺合并后的弧线,如图4-38所示。

(3)蕾丝下扒设计

用"平移"工具,提取侧拉片、下扒、鸡心片的基础纸样;用"角度线"工具,沿CK线3cm处做垂线交于E′D弧线,形成LM辅助线;用"纸形剪开"工具,从LM处剪开基础纸样;从M点处做一条靠近MD弧线的切线,从交点N做垂线交于钢圈形状于O点,如图4-39所示。

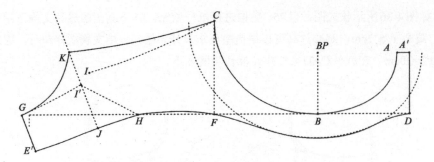

图4-38　绘制U字比后拉片上边缘

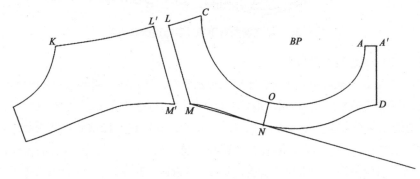

图4-39　绘制辅助线

用"点打断"工具，从N点和O点处剪开；用"旋转"工具，以O点为选择点，旋转多边形$OAA'DN$图形，使得DN弧线接近切线即可；用"智能笔"工具，延长$A'D$至切线；用"要素合并"工具合并钢圈形状弧线，并调整圆顺；心位A'下降0.3cm，调整圆顺。实线即是下扒蕾丝纸样设计，如图4-40所示。

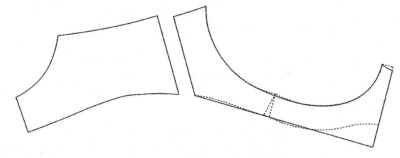

图4-40　完成蕾丝下扒纸样设计

三、文胸成衣纸样设计

（一）服装成衣纸样设计基础知识

1. 服装成衣纸样的作用

服装成衣纸样，是服装生产裁剪和缝制过程中的技术依据，是产品规格质量的直接衡量标准，起着标准模具和板型的作用。成衣纸样的质量优劣，会直接决定或影响裁片和成品的质量。

（1）造型严谨变化灵活

服装成衣纸样是建立在科学的计算和严谨的制图方法之上的，在纸样的制作过程中始终以服装的立体造型为目标，经过反复比较、修正，最后确定标准的成衣纸样。以成衣纸样为模板，应用推板技术推放出其他号型的衣片误差小、保型性高，由此制成的服装造型严谨。

（2）提高生产效率

服装的生产效率直接影响企业的生产成本及经济效益，服装成衣纸样作为工业生产的模板，应用于裁剪、缝制、后整理各个工序中，对于提高生产效率发挥着巨大的作用。服装成衣纸样已经成为衡量企业技术资产的一项主要依据。可以说没有服装成衣纸样，就没有今天的服装工业化大生产。因此，作为一名服装设计师，若想设计作品适应市场及生产的需要，熟练掌握服装成衣纸样的制作技术是非常必要的。

（3）提高面料利用率

利用服装成衣纸样进行排料，能够最大限度地节约用料，降低生产成本，提高生产效益。在排料过程中，将不同款式或不同规格号型的纸样，同样面料的套排在一起，使衣片能够最大限度地穿插，从而达到提高面料利用率的目的。

（4）提高产品质量

在现代服装工业化生产中，服装纸样几乎贯穿于每一个环节，从排料、裁剪、修正、缝制、定型、对位到后整理，始终起着规范和限定的作用。因此，从工业流水线上生产出的服装，标准统一、有质量保证。

2. 服装成衣纸样的设计

服装设计是包括造型设计、结构设计、工艺设计的系统工程。造型设计师是对某种服装立体形态的创意或策划设计，结构设计师是将造型设计师所创造的立体形态按照一定的结构形式分解成平面的图形，工艺设计师是将平面衣片按照一定的生产工艺加工成立体的服装，以检测造型设计师的设计效果。在这个系统工程当中，由立体形态分解产生平面图形，到对生成的平面图形加放缝份等后工艺处理，完成符合生产加工的纸样过程，即是服装成衣纸样的设计。服装成衣纸样设计是一项认真细致的技术工作，它能够体现企业的生产水平和产品档次。具体地说，服装成衣纸样设计是提供表现款式造型要求、满足面料要求、符合规格尺寸和适合工艺要求的一整套利于裁剪、缝制、后整理的纸样设计过程。

（1）表现款式要求

表现款式要求是指表现客户提供的样衣，或经过修改的样衣，或款式图的式样所要求的款式特点。

（2）满足面料要求

满足面料要求是指应对面料的性能，比如面料缩水率、面料的热缩率、面料的色牢度、面料的倒顺毛和面料的对格对条等。

（3）符合规格尺寸

符合规格尺寸是指根据服装号型系列而制定的尺寸或客户提供生产该款服装的尺寸，它包括关键部位的尺寸和小部件尺寸等。

（4）适合工艺要求

适合工艺要求是指缝制和后整理的加工技术要求，如在缝制过程中，缝口是采用双包边线迹还是采用锁边（包缝）线迹等不同的工艺。

另外，服装成衣纸样设计也为成衣加工企业生产的顺利进行提供了保障，是服装工业制定技术标准的依据，是裁剪、缝制和部分后整理的技术保证，是生产、质检等部门进行生产管理、质量控制的重要技术根据。

3. 文胸成衣纸样的种类

服装成衣纸样不仅要求号型齐全，而且要结合面料特性、裁剪、缝制、整烫等工艺要求，制作出适应生产每一环节的纸样，成衣纸样按其用途不同可分为裁剪纸样和工艺纸样两大类。

（1）文胸的裁剪纸样

裁剪纸样是主要用于批量裁剪中排料、划样等工序的纸样。裁剪纸样又分为面料纸样、里料纸样。

① 面料纸样。用于面料裁剪的纸样。一般是加有缝份的毛纸样。为了便于排料，最好在纸样的正反两面都做好完整的标识，如丝向、号型、名称、数量等。要求结构准确，纸样标示正确清晰。

② 里料纸样。用于定型纱、软纱等裁片的裁剪，里料纸样是根据造型及生产工艺要求制作的。

（2）文胸的工艺纸样

在成批生产的成衣工业中，为使每批产品保持各部位规格准确，对一些关键部位及主要部位的外观及规格尺寸进行衡量和控制的纸样称为工艺纸样。概括文胸蕾丝花型面料在不同部位的应用，工艺纸样基本分为3种。

① 修正纸样。用于裁片修正的模板，是为了避免裁剪过程中裁片变形而采用的一种补正措施。

② 净片纸样。主要用于花型部位的裁片画剪对比、修剪和规正。

③ 定位纸样。为了保证花型的对称性和一致性，在批量生产中常采用定位纸样。对于半成品的定位采用净样板。

（二）文胸成衣纸样操作

文胸的成衣纸样设计包含加放缝边、边角处理、文字标注、部位图示工艺等。在文字标注方面，除了标注客户名称、款式名称、款号、裁片名、基础号型等信息外，还需要说明同样外观效果的文胸，裁片形状一样，面料材质不同，缝制工艺也就不同。因此，每个裁片上必须明确标注面料、垫棉或内衬棉等文字，如图4-41所示裁片属性定义。部位工艺、缝型图示不显示在裁片上，因为文胸各个裁片较小，因此放在工艺单中进行说明。

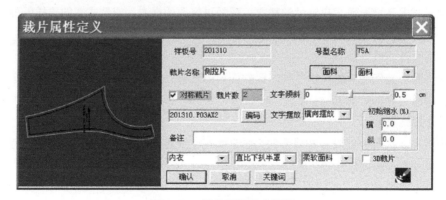

图4-41 裁片属性定义图示

文胸各个部位裁片，根据造型效果不同，加放缝边及边角处理都不同。有垫棉罩杯、单层蕾丝罩杯、模杯罩杯、内袋模杯等，在缝边的加放上都有所不同。文胸的内层是直接接触皮肤的，因此，需要将缝边隐藏在捆条、橡筋内。缝份量的大小也要结合捆条和橡筋的宽度考虑。另外，从工艺加工角度，尽量保持各个部位的缝边量一致性，便于生产工艺控制和管理。以下主要针对缝边和边角处理进行图示说明。

罩杯上分割线的缝边量根据面料或垫棉的选择不同而变化，面料上的缝边量以0.4cm为常用量，垫棉上的缝边量为0，对接拼缝，内有捆条；罩杯外缘边均为0.6cm；下扒与罩杯缝合部位也为0.6cm；侧拉片上下边缘与橡筋缝合，依据工艺辅助缝制设备而定其数据，但不可以超过橡筋宽度，略少于橡筋宽度即可。鸡心片上下缘与定型纱缝合，只需要0.4cm即可，与罩杯缝合部位需要0.6cm。以上加放缝边量是针对通过缝制工艺完成的文胸，不适合应用特殊工艺完成的文胸成衣裁片设计。

1. 单层蕾丝罩杯文胸

单层蕾丝的罩杯，多用于三角杯文胸设计。如果罩杯全部是蕾丝设计，通常选择单褶杯结构设计，单褶缝边量为0.4cm；或者为保持蕾丝花型完整性，蕾丝罩杯底部抽褶而不采用分割工艺。罩杯与下扒、侧拉片、鸡心片的缝合部位均为0.6cm。如图4-42所示的三角杯文胸设计，左右分割，中心片为蕾丝设计，侧片是色丁布和软纱双层设计。图4-43所示的蕾丝面料罩杯设计，单褶，侧拉片是色丁布，缝份倒向罩杯，依据钢圈捆条的宽度决定其缝份大小，如果捆条的宽度是1cm，侧拉片和罩杯的缝份是0.7cm；如果捆条的宽度是1.2cm，那么侧拉片和罩杯的缝份是1cm。

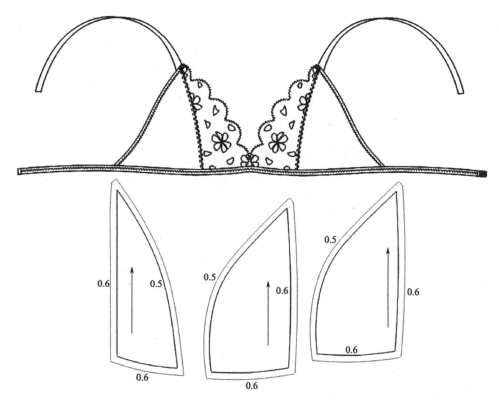

图4-42　三角杯文胸纸样缝边设计

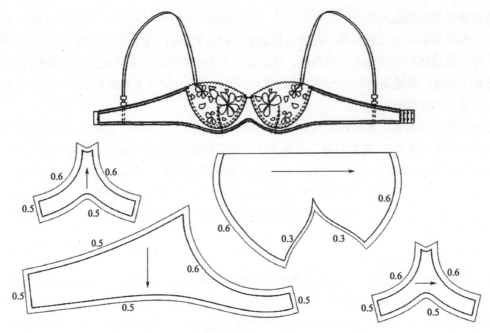

图4-43　蕾丝面料罩杯纸样各裁片缝边设计

2. 模杯文胸

模杯文胸的罩杯垫棉或表面面料通过热压成型，有垫棉和无垫棉的文胸在缝边加放操作的不同点在于罩杯上沿。单层面料罩杯，如果用锁密珠工艺处理，则上沿加放缝边是0.3cm；如果是包缝效果，则缝边量为0.5cm。有垫棉的罩杯，面料上沿加放缝边0.6cm，与垫棉缝合后反折，缝型图示如图4-44所示。

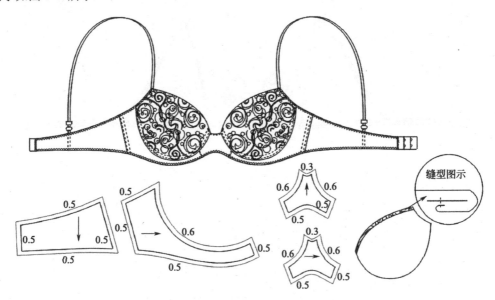

图4-44　模杯罩杯纸样各裁片缝边设计

3. 有垫棉罩杯文胸

表面是面料、中层是垫棉、内层是棉布的文胸款式，提升乳房的效果很好，更多适合冬季穿着。如图4-45所示,半罩杯纯色莫代尔面料,分割缝合处劈缝双针工艺;下扒是蕾丝面料设计;中层垫棉有一定厚度,因此采用对接拼缝,无需设置缝份量;内层假袋可放入水袋、按摩珠等内垫物,内层假袋是用捆条与垫棉一起拼缝,因此缝合处无需设置缝份量。

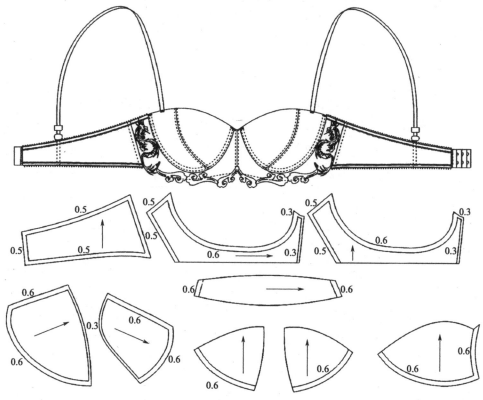

图4-45 有垫棉罩杯纸样各裁片缝边设计

四、文胸纸样结构库

服装纸样CAD是集服装纸样设计、计算机图形学、数据库、网络通讯等多学科于一体的综合性技术。充分利用计算机存储记忆功能,建立服装结构设计知识库,即存放启发式经验知识的库,包括书本知识和实践经验的板型。建立由各种款式类型、各种部位的典型样板数据库,并要按一定的逻辑规则和数据结构将其存放在计算机里,以便系统和用户随时调用和修改。对设计师来说容易操作的服装CAD系统,可缩短设计师的适应期,让设计师能够充分感受到计算机辅助设计系统的优势所在,同时,也能将企业资源合理应用及延续。

从文胸的基本结构考虑,进行文胸结构库款式分类。不同企业的产品不同,以板型资源能够规范有序的管理、方便查询、质量控制为主建立库文件。纸样板型库文档存储路径必须按照板型库分类标准的层次建立,不可随意更改变动。企业板型库分为基础纸样板型库和变化纸样板型库。由板型研究员负有责建立基础纸样板型库,主要保证企业的板型风格可以稳定、延续并深化和完善,并不能直接用于实际生产。由打板师负责建立变化纸样板型库,在基础纸样板型上变化纸样板型,创建各类变化纸样板型库,变化纸样板型可以直接用来大货生产,同时也是板师助理反复调用来改板和拼板的源文件。

（一）文胸纸样结构库建立思路

在板房管理平台的系统中，以母板建立不同客户的板型库。首先要对板型库按照文胸中主要部位罩杯的分割不同进行分类；其次，按照客户分类建立尺寸号型库；再次，建立基础模板库；最后，建立变化纸样板型库。

1. 款式库

以罩杯的分割为建库标准，进行款式库的建立，具体分类见表4-3。

2. 尺寸号型库

文胸造型效果要求不同，罩杯各个部位数据也不同。同体型不同年龄段的客户需求文胸的造型也不同。以成年女性为例，针对这个年龄段的客户需求罩杯居中提升为主，BP点向心位移动1cm，以此进行绘制并建立号型数据库，其他下围度数据以75cm为基础进行档差系数调整，见表4-4。

表4-4　75下胸围的罩杯各型号数据表　　　　　　　　　单位：cm

罩杯	AA	A	B	C	D
胸围	82.5	85	87.5	90	92.5
下胸围	75	75	75	75	75
身高	160	160	160	160	160
下乳杯长	6.6	7.4	8.1	8.9	9.7
乳房根围	17.6	19.0	20.5	22.0	23.5
胸高差	4.7	4.7	4.7	4.7	4.7
乳头间距	17.5	18.3	19.0	19.8	20.6
乳房根围间隔	13.7	14.1	14.6	15.1	15.6
BP点到乳房根围的直线距离	4.5	5.1	5.9	6.6	7.3
BP点到乳房侧位的直线距离	7.8	8.1	8.3	8.5	8.8
BP点到乳房心位的直线距离	5.8	6.1	6.3	6.5	6.8
BP点到乳房侧位的曲线距离	9.2	9.5	9.7	9.8	10.1
BP点到乳房心位的曲线距离	7.9	8.1	8.2	8.4	8.6
普通钢圈心侧位高度差	2.8	2.8	2.8	3	3
高胸型钢圈心侧位高度差	1.25	1.25	1.3	1.5	1.5
低胸型钢圈心侧位高度差	4.5	4.5	4.7	5	5
连鸡心型钢圈心侧位高度差	6	6	6	6	6
托胸型心侧位高度差	1	1	1	1	1

下乳杯长、乳房根围和乳房根围间隔这三个数据采用统计公式计算结果，其他数据均采用绘图后测量数据，以造型形状来决定数据，见表4-5。

3. 基础模板库

（1）钢圈及钢圈形状库

钢圈形状是以乳房根围数据为基础，在罩杯造型的要求下绘制完成的。钢圈是在钢圈形状基础上调整完成的，可单独调用，进行文胸的纸样绘制。在钢圈形状的基础上绘制鸡心片、下扒、侧拉片等，也是罩杯设计的一个数据依据。钢圈及钢圈形状库的设置见表4-6。

表4-5 主要部位档差系数   单位：cm

主要部位	统计公式	当胸下围一定时的档差系数	当罩杯一定时的档差系数
下乳杯长	−0.398283+0.061417×X1+0.314924×X2	0.8	0.3
乳房根围	−6.245713+0.257876x1+0.5948x2	1.5	1.3
胸高差	8.550891−0.051215x1	0	−0.26
乳房根围间隔	−0.653143+0.172132x1+0.188452x2	0.5	0.9
乳头间距	0.724918+0.191781x1+0.314244x2	0.8	1

表4-6 钢圈及钢圈形状库的设置

体型＼罩杯	AB	AA	A	B	C	D
Y			5	5	5	
A	6	6	7	6	6	5
B		8	7	7	6	6
C			8	8		

根据号型尺寸设计钢圈形状，并在以上普通钢圈基础上，调整完成高胸型钢圈、低鸡心型钢圈、连鸡心钢圈和托胸型钢圈。表4-6中数据，只是说明不同体型的不同罩杯基础板型数量。

（2）罩杯纸样库

在钢圈形状基础上完成的罩杯结构设计，尺寸以75下胸围为基础板，总外形分为水平型和斜型，在每一类中，又按照造型分类，分别建立：普通、高胸、低胸、连鸡心和托胸的3/4罩杯、5/8罩杯、全罩杯、半罩杯、软围和三角杯的罩杯基础板。其中，三角杯造型只用于托胸型钢圈形状。其他四种分别在四种钢圈形状中绘制相应罩杯原型板。如在普通、高胸、低胸和连鸡心的钢圈形状中分别设计相适应的全罩杯纸样。在每个原型板上，再根据结构关系，分别变换结构，绘制完成其他纸样裁片。

（3）下围纸样库

下围包括鸡心片、下扒及侧拉片，根据造型要求，再进行分割处理。以下胸围为75cm建立下围纸样基础版，分别以有下扒、无下扒、直比和U字比建立相应文件。每个体型罩杯建立4个不同下围纸样基础板，即有下扒直比、有下扒U字比、无下扒直、无下扒U字比。

4. 变化纸样板型库

由打板师负责建立的变化纸样板型库，是根据客户及产品情况，通过裁剪缝制试穿后，再次调整板型之后，存入的板型库。变化纸样板型库具有客户及板型信息，可以直接用来大货生产，也可以调用改板和拼板，达到快速完成纸样绘制的目的。

（二）文胸纸样模块化设计分析

模块化设计在服装纸样上的应用原理即是参数化设计，用一组参数约束纸样的一组结构尺寸序列，参数与纸样的控制尺寸存在某种对应关系。在参数设计过程中，从已有纸样文件型，利用纸样设计原理，找出约束关系，将固定尺寸的纸样自动转换成参数化纸样，参数改变，驱动纸样做相应的变化。内衣纸样模块化设计就是以内衣纸样为基础，分析包括罩杯、鸡心、后比、肩带等部位的关系，找出它们相互制约的条件，将固定尺寸的纸样转化为参数化纸样，当赋予一组不同数据时，可以得出相关的内衣纸样。内衣只需知道上胸围和胸围差（即下胸围），其他数据通过公式换算得出。罩杯是文胸纸样制作过程中最重要的一环，以罩杯为中心，分析不同人体胸型包括A、B、C、D、E等，下胸围不变，胸围变化。从而引起罩杯数据上的更改，相应的钢圈、罩杯省、下扒、肩带长度、肩带位置都要有规律的变化。找到各部位与罩杯之间的约束关系，建立纸样库，这样文胸各个部位的纸样可以根据不同体型组合成符合各种胸型需求的文胸。

1. 模块化的作用

在以上结构库文件建立的过程中，以75下胸围尺寸进行基础板的设计，其他号型板可通过放码得到。也可以应用模块化设计，建立文胸的钢圈形状、罩杯、下围基础板，以参数形式设置，让不同号型的基础板自动生成。

文胸的纸样结构复杂、专业性强，有其结构关系的一致性，也有款式变换的多元化，非常适合建立功能模块。文胸纸样设计模块的构想是建立在简化纸样绘制程序、使操作简单化的基础上进行的，分析并找到其内在的规则与关系，将其共性关系融入软件的模块设计当中。

2. 以罩杯为例说明建立纸样模块化的思路

罩杯是文胸的主要部位，是文胸设计的关键，其造型的变化也需要纸样跟着不断改进、变化。文胸罩杯从外观造型上分为全罩杯、3/4罩杯和半罩杯等，在此基础上再进行单褶一片、上下杯两片、左右杯两片、T字分割、三片和多片分割的结构变化，同时，文胸号型变化，各结构细节也需调整。罩杯是可以单独绘制设计，但又要考虑到和钢圈形状缝合后的数据一致性，罩杯是文胸设计中的难点和重点。

为方便纸样师进行罩杯的纸样设计，对每种罩杯类型的结构变化建立一个效果图和相对应的基本纸样模块，目的是帮助设计师，快速分析出造型和所需纸样结构的关系。然后，再建立单纯罩杯纸样功能集合模块，如图4-46所示。纸样师在进入设计界面后，在模式选择中提取设计包含的体型、罩杯造型、结构分割等要素，然后审核系统提供的基本尺寸是否符合客户要求，得到罩杯基本纸样后，按款式要求在罩杯基本纸样上进行再设计，便能得到新的纸样。

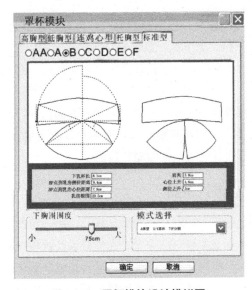

图4-46　罩杯模块设计模拟图

第四节　号型设置及放码

一、文胸号型配置设计

文胸的规格和外衣号型规格不同，在国际上有通用的标准。下胸围数据，是女性文胸的主要号型数据之一。文胸以下胸围为依据，号型表示方法是70AA、70A、75B、80B、80C等，前面的数字是"号"，为下胸围的数据，以5cm为档差值变化；后面的字母为"型"，是胸围和下胸围的差，以2.5cm为档差值变化，用AA、A、B、C、D、E等字母表示，其中AA为胸围与下胸围的差值是7.5cm左右；A为胸围与下胸围的差值是10cm左右；B为胸围与下胸围的差值是12.5cm左右，C为胸围与下胸围的差值是15cm左右，D为胸围与下胸围的差值是17.5cm左右。女性从14岁左右开始都可以穿戴文胸，只是不同时期对文胸产品的需求不同，生产企业针对不同的客户群可配置设计不同的号型系列，表4-7为同号不同型配置设计，表4-8为同型不同号配置设计。

表4-7　75下胸围文胸号型配置设计表　　　　　　　　　　　单位：cm

罩杯	AA	A	B	C	D	E
胸围	82.5（±2.5）	85（±2.5）	87.5（±2.5）	90（±2.5）	92.5（±2.5）	95（±2.5）

表4-8　A罩杯文胸号型表配置设计表　　　　　　　　　　　单位：cm

胸围	75	80	85	90	95	100
下胸围	65（±2.5）	70（±2.5）	75（±2.5）	80（±2.5）	85（±2.5）	90（±2.5）

二、文胸放码设计

以常见的3/4罩杯为例说明文胸的放码设计。

1. 款式分析

3/4罩杯文胸是主流文胸，小胸围的可选择内垫层的3/4罩杯，大胸围的可选择无垫层的3/4罩杯，适合的体型范围较广。如图4-47所示，该款罩杯为上下分割，无下扒，直侧比造型。

图4-47　3/4杯文胸款式图

2. 计算档差

由于款式、面料、功能的差异，同一号型的文胸因款式的不同，其主要部位的规格也会存在着一定的差异。因此，这里列出的尺寸，会随着款式、面料、功能的变化需要做出相应的调整。根据实际推放的号型，可分为同号不同型的数据及档差见表4-9；同型不同号的数据及档差见表4-10；同杯不同号的数据及档差见表4-11。

表4-9 75下胸围的同号不同型数据及档差表　　　　　　　　　单位：cm

规格号型	杯高	杯宽	下杯缘	鸡心高	侧比高	钢圈直径	上杯边	鸡心上宽	鸡心下宽	后拉片下围	后拉片上围	下围尺寸
A	12	19	20.2	3.2	7	11.8	14.2	1	4	18.5	16.5	60
B	13	20	21.5	3.5	7.5	12.3	15	1	4	18.3	16	60
C	14	21	22.8	3.8	8	12.8	15.8	1	4	17.8	15.5	60
档差	1	1	1.3	0.3	0.5	0.5	0.8	0	0	−0.5	−0.5	0

注：75下胸围的同号不同型是指下胸围是75cm且尺寸不变的文胸推放号型设置，钩扣、肩带均为均码。

表4-10 B罩杯同型不同号数据及档差表　　　　　　　　　单位：cm

部位号型	杯高	杯宽	上杯边	下杯缘	鸡心高	侧比高	鸡心上宽	鸡心下宽	后拉片上围	后拉片下围	下围尺寸
65B	11	18	13.4	18.9	2.9	6.5	1	4	13	15.3	52
70B	12	19	14.2	20.2	3.2	7	1	4	14.5	16.8	56
75B	13	20	15	21.5	3.5	7.5	1	4	16	18.3	60
80B	14	21	15.8	22.8	3.8	8	1	4	17.5	19.8	64
档差	1	1	0.8	1.3	0.3	0.5	0	0	1.5	1.5	4

注：B罩杯同型不同号是指胸围和下胸围的差值是10cm的文胸推放号型设计，钩扣、肩带均为均码。

表4-11 同杯不同号数据及档差表　　　　　　　　　单位：cm

部位号型	杯高	杯宽	上杯边	下杯缘	鸡心高	侧比高	鸡心上宽	鸡心下宽	后拉片上围	后拉片下围	下围尺寸
70C	13	20	15	21.5	3.5	8.1	1	15	14	19.5	56
75B	13	20	15	21.5	3.5	8.1	1	15	16	21.5	60
80A	13	20	15	21.5	3.5	8.1	1	15	18	23.5	64
档差	0	0	0	0	0	0	0	0	2	2	4

注：同杯不同号型是指罩杯的各个部位数据是相同不推放，只是考虑下胸围的推放号型设计，钩扣、肩带均为均码。

无论确定怎样的放码档差值，都要在保证功能性的前提下，有着一定的舒适度。因此，文胸成品针对目标客户的试穿效果是检验罩杯造型以及规格尺寸的唯一标准。

3. 确定不动点

在软件的纸样设计功能界面中，完成文胸纸样设计后，按照成衣纸样要求加放缝份，进入"推板"界面；选择"展开中心点"工具设置不动点，罩杯各片靠近，并以BP点为不动点；鸡心片以前中线与鸡心下缘交点为不动点；侧拉片以侧比高与侧拉片下围交点为不动点。

4. 输入放码规则

文胸裁片分为罩杯各个裁片、鸡心片和侧拉片等裁片。号型设置不同，推放的要求也不同，见表4-12～表4-14。

第四章　文胸成衣设计

表4-12　75下胸围的同号不同型　　　　　　　　　　　　　　　　单位：cm

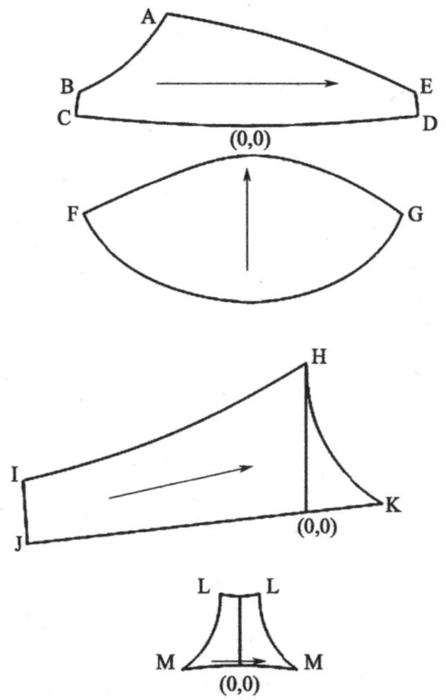

各放码点图示	放码点代码	各放码点（X，Y）数值
	A	X=-0.3　　Y=0.4
	B	X=-0.5　　Y=0.2
	C	X=-0.5　　Y=0
	D	X=0.5　　Y=0
	E	X=0.5　　Y=0.2
	F	X=-0.5　　Y=-0.3
	G	X=0.5　　Y=-0.3
	H	X=0　　Y=0.5
	I	X=-(-0.5)　　Y=0
	J	X=-(-0.5)　　Y=0
	K	X=0　　Y=0
	L	X=0　　Y=0.3
	M	X=0　　Y=0

表4-13　B罩杯同型不同号　　　　　　　　　　　　　　　　单位：cm

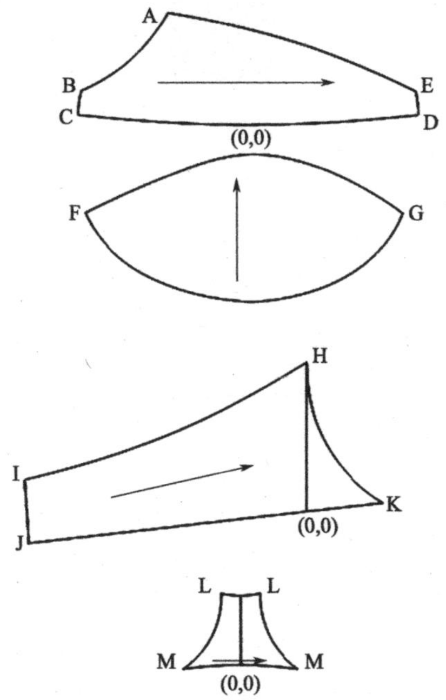

各放码点图示	放码点代码	各放码点（X，Y）数值
	A	X=-0.3　　Y=0.4
	B	X=-0.5　　Y=0.2
	C	X=-0.5　　Y=0
	D	X=0.5　　Y=0
	E	X=0.5　　Y=0.2
	F	X=-0.5　　Y=-0.3
	G	X=0.5　　Y=-0.3
	H	X=0　　Y=0.5
	I	X=-1.5　　Y=0
	J	X=-1.5　　Y=0
	K	X=0　　Y=0
	L	X=0　　Y=0.3
	M	X=0　　Y=0

表4–14 同罩杯不同号 单位：cm

各放码点图示	放码点代码	各放码点（X, Y）数值
	H	X=0　　Y=0
	I	X=−2　　Y=0
	J	X=−2　　Y=0
	K	X=0　　Y=0

注：同罩杯不同号推放，只有下围度变化的才有放码规则，因此，只有侧拉片推放，罩杯和鸡心片都不推放。从工艺加工角度，放码点K不推放，可减少因板型变化而增加缝制罩杯部位的弧度工艺。

5. 调整罩杯杯宽两侧的放码点

针对罩杯两侧的放码点要采用平行相似延长法，让C、D、F和G点沿着罩杯杯宽的方向移动，以保证其推放后的弧线平行相似。选择"距离平行"工具，框选C点，点选C点所在线段，出现对话窗口，点选"确认"键，即可完成调整操作，如图4-48所示。其他D、F、G点的操作一样。

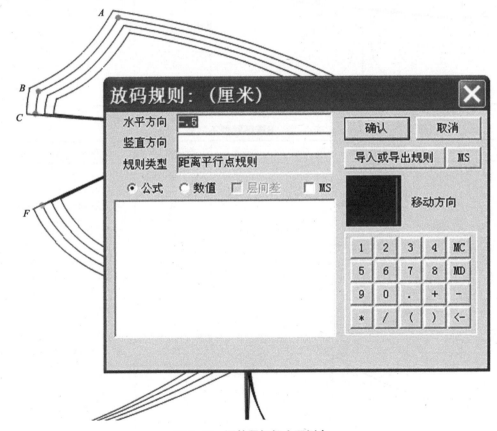

图4-48　调整罩杯杯宽两侧点

6. 点选全放码

完成各个放码点的规则输入后，可点选"推板展开"工具图标，出现全放码效果。可点选"对齐"工具图标，进行罩杯、侧拉片、鸡心片等裁片对齐检查操作，检查各个部位的数据是否与成品规格一致。

第五节　文胸分床方案设定与排料

一、服装纸样排料的基础知识

（一）服装纸样排料原理及规则

1. 排料原理

传统的排料是人按照经验进行手工排列的，排料效率低、速度慢、劳动强度大、差错率高，且效果不理想。而计算机排料是根据数学优化原理，利用图形学技术设计而成的。把传统的排料作业计算机化，把排料师傅丰富的经验和计算机具有的快捷、方便、灵活等特点结合起来，从而快速获得较高面料利用率的计算机辅助设计方法。

2. 排料规则

不管是手工排料还是计算机排料，其目的都是要找出一种用料节省、排列合理的纸样排放形式，要达到此目的，从大的方面来讲，一般要按如下原则排料。

（1）先大后小

先排面积较大的裁片，后排面积较小的裁片。

（2）交叉排列

形状凹凸或大小头的裁片交叉排列。

（3）防倒止顺

在对裁片进行翻转或旋转时特别注意防止"花型顺方向"或"花型翻转"现象。

（4）大小搭配

几件套排，特别是当不同规格的裁片套排时，大小号码相互搭配，统一排放，使不同规格之间的纸样取长补短，实现合理用料，可以大大提高用布率。

（5）合理切割

为提高面料的利用率，可对次要的裁片的某个部位进行切割处理，切割处理可自动加放缝份，但切割处理的裁片不宜再做旋转或翻转处理，切割处理的裁片还可自动合并复原。

（6）适当搭搁

针对有些部位可以适当搭搁，以提高面料的利用率。搭搁位置和数值可在衣片属性里设置。此项操作必须严格按照生产情况设置，否则会出现影响产品质量及浪费面料的情况。

（7）定位旋转

不是主要部位衣片，根据实际排料情况，为提高用布率，可在5°内进行衣片转动。旋转后的衣片可自动恢复原状。

（二）计算机辅助服装纸样排料的方法

在计算机辅助服装纸样排料系统中完成排料一般有人机交互式排料、半自动排料、全自动排料、智能自动排料这四种方式。

1. 人机交互式排料

人机交互式排料是指按照人机交互的方式，在软件中由操作者利用鼠标或键盘根据排料的规则和排板师的经验将各种不同款式及不同号型的裁片，通过平移、旋转、分割、翻转等几何变换手段来形成排料图。在交互式排料的运作模式之下，排料师首先要根据生产数量及各个号型设置，进行分床方案设计。进入到交互式排板状态，显示屏幕的上方将显示出所有的待排衣片，下半部就是模拟裁床。应用图形显示的滚动技术，小小的屏幕上可以显示上百片的待排衣片。排板师可以逐一点选待排的裁片，放到模拟裁床上。依靠光笔或鼠标人机交互的工具，给予裁片放置方向，裁片将被自动优化靠拢和贴紧，放置到最优位置上。显示放大缩小功能使排板师随时查看排料情况及细节排料图。每排放确定一个裁片，系统会随时提示已排放的裁片数、待排裁片数、用料幅宽、用料长度、用料率、单套用料和段耗等信息，对重叠放置的裁片有提示功能。屏幕上显示出全部排版图、布长、布幅宽和用布率等信息。在排板师的控制之下，充分发挥和依靠其经验智慧，完成全部裁片的排放工作。

2. 全自动排料

全自动排料是计算机自动完成所有裁片的排放操作，系统按照排板师设定的分床方案自动排放裁片，让裁片自动寻找合适位置靠拢已排裁片或布料边缘。在排料的同时自动报告用料长度、布料利用率、待排裁片数目等信息，并自动检查裁片的排料条件，如限制某一裁片可否翻转、限定旋转角度等。自动排料在排料过程中无需操作者干预，因而速度快，但大多数软件系统全自动排料结果的面料利用率不如人机交互式排料效果理想，所以这种方式常作为估料、计算单耗使用，或用于较规范的款式排料。

通常有两种方法进行自动排料设定：时间或次数，即在设定的范围内，计算机自动排出最高的用布率。

3. 半自动排料

半自动排料是介于交互式排料和全自动排料之间的一种排料方式，将主要裁片由系统自动排放，一排一排地自动放置裁片。半自动排料过程中操作者可随时干预，将排料过程暂时中断，人工调整裁片排放位置，之后再恢复。排放完毕主要裁片后，小的裁片和可以旋转、切割的裁片由人工操作，最后产生完整、合理的排料图。这样可以最大限度地发挥人和计算机的优势，可缩短排料时间和提高排料用布率，降低成本。

4. 智能自动排料

智能自动排板系统，采用最新的模糊智能技术，结合专家排料经验，能实现全自动排料，高效自动调节，选择最好的排料结果，提高用布率。智能自动排料软件能够模仿曾经做过的优化排料方案进行排料，还可进行无人在线操作，系统深夜持续运转可处理大量排板任务，大大解放了排板师的繁重劳动。人工智能自动挤压排料软件还能在已排好的排板基础上进行优化，再次提高面料利用率。随着电脑科学技术智能领域的知识工程、机器学习和神经网络等技术方面的不断进步，智能自动排料软件将会不断的提高，从而在生产中发挥更大的作用。

另外，随着网络的迅速发展，目前还出现了一种网上自动排料方式，就是通过网络把需要进行排料的裁片发送到相应的网站上，进行自动排料，排好后再把结果发回。这种方式的优点在于企业不用购买排料软件系统，节省了场地、资金，而且不需要配置工作人员。

二、文胸排料操作

排料前,先要按照裁片对面、辅料的要求,在每个裁片属性上标识清楚。这样在进入排料系统选择文件时,系统会自动根据面、辅料的设置自动将裁片属性信息分配裁床,以方便操作,从而减少应面、辅料的复杂性而引起的人为误差。

文胸产品所需要的面、辅料非常多,罩杯的表面蕾丝花型面料、中层的垫棉、内层的汗布;侧拉片的拉架布;鸡心片的定型纱等等,一个文胸产品因部位的面、辅料不同会产生不同排料图。对于外衣的一件服装不同部位裁片是同种面料可进行的分床方案设计,在内衣裁片排料上,就只能依据部位面料不同进行排放,对于同面料不同号型的分床方案设计。

文胸常用面料种类多,幅宽也不同。蕾丝的面料幅宽根据花型及色纱设定的不同而不同,常规为147cm;拉架布约155cm;定型纱幅宽约为152cm;垫棉幅宽约为120cm;莫代尔幅宽约为165cm;棉幅宽约为150cm;琼丝汀幅宽约为170cm;渔网布幅宽约为150cm;丝光棉幅宽约为175cm;彩棉幅宽约为175cm。下面以有垫棉罩杯文胸为例说明排料操作过程,款式图如4-49中所示下扒和鸡心部位是蕾丝面料,罩杯与后片为莫代尔面料,有垫棉和内袋设计。以一打为基础单位进行排料与耗料估算,各个号型共为48件。

图4-49 款式图

1. 新建排料文件

在软件的系统文件菜单中选择新建功能,出现"打开"窗口后,选择需要排料的文件"有垫棉罩杯文胸",按"增加款式"后,文件增加到右边白框内,款式选择完毕,在此,如果不同款式同种面料的一系列文胸结构文件有多个,则按"增加款式"可选择增加,可将同种面料,需要插排的款式同时选择进行一床排料设计。选择文件完毕,按"OK"键,弹出"排料方案设定"对话框。

"排料方案设定"对话框中选择"增加床"对面料及排放方式等进行设置。先设置缝制有垫棉文胸所需的所有面辅料的名称、幅宽、缩水等信息。如面料需设缩水量,则在"经纱方向缩水"及"纬纱方向缩水"处填写相应的实测面料缩水量。根据裁片的转动属性,设定裁片是单方向、双方向或合掌旋转或翻转方式等转动属性。设置裁片各号型的"正向套数"及"反向套数"和设置方案的倍数,即在方案设定中定义的基本套数的基础上,成倍数增加排料裁片数,如图4-50。完成以上设置后,按"OK"键,即可进入排料界面。

2. 分床方案设定

在"方案&床次"菜单中,可进行任务单的设置,也可以以提取排放的文件后,在"排料方案设定"中进行"任务单"的设定。任务单是指不同号型不同面料颜色所需要生产的成品数,依据市场分布配置各号型、颜色及数量,系统自动完成分床方案设计。在"任务单"窗口按照产品颜色和不同号型所需产品的数量进行输入,确认后,进入分床窗口界面,点击"分床"系统自动给出各号型的裁剪方案,如图4-51所示。

图4-50 排料方案设定

图4-51 分床方案设定

3. 各个裁片排料图

文胸的各个裁片片形较小,采用"接力排料"工具进行排放,减少从裁片放置区点选提取裁片的重复操作。

(1)下扒与鸡心片蕾丝面料的排料图

图4-49中的款式图,下扒与鸡心片是蕾丝设计,蕾丝花型宽度以30cm为例进行操作,因此,在排料中需要根据花型面料进行对花对格排放,以确保花型的完整性和对称性。需要对花对格操作的裁片在结构系统中对裁片上的主要部位进行"对格线"设置,如图4-52所示。

在纸样系统中设置对格线属性后,进入排料系统,在"方案&床次"菜单中,选择"条纹设定",将蕾丝平铺在裁台上,并测量自然回缩放置24小时后的花型循环实测数据值,按照要求进行输入。排料提取衣片的时候,先提取左片裁片排放,放置好后,再提取右片裁片排放,系统自动根据放的第一片裁片对称性放置,如图4-53所示。

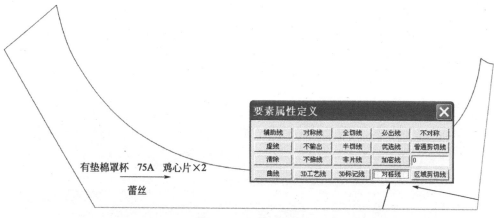

图4-52 对格线设定

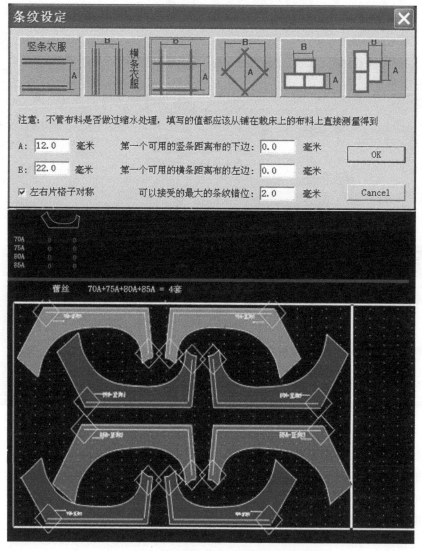

图4-53 对格设置和罩杯蕾丝裁片排放图

（2）罩杯及后片的排料图

罩杯和后片是莫代尔面料，在排放的过程中，需要注意同部位的裁片组合成为一个整体，再进行总体排放，可以提高用布率。先排放大号型的裁片，小裁片最后插空排放，如图4-54所示。

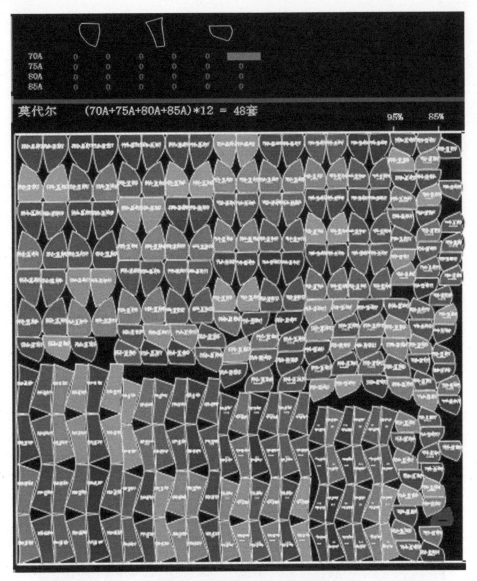

图4-54　罩杯及后片裁片排放图

（3）垫棉里料的排料图

罩杯内的垫棉拼接缝合形成立体的杯型，这样的工艺可生产加工出很多的罩杯造型，比一次性成型模杯成本低，如图4-55所示。

（4）定型纱里料的排料图

定型纱是在蕾丝内层，减少因蕾丝弹性造成的心位、下扒变形。先排放大码定型纱裁片，小号型的裁片插排，如图4-56所示。

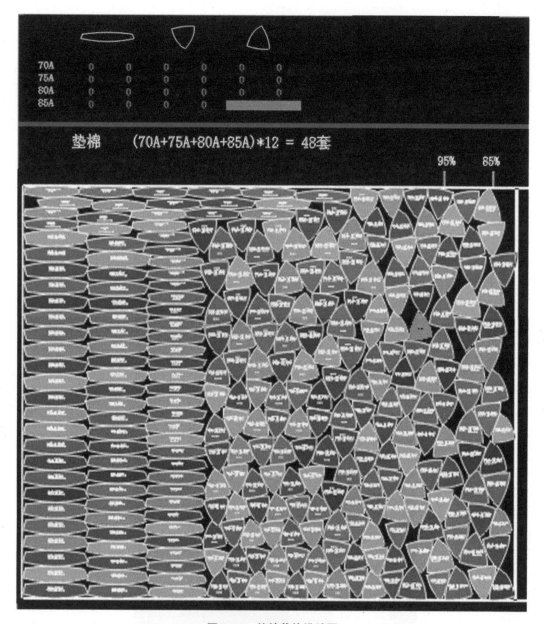

图4-55 垫棉裁片排放图

(5) 内袋棉布的排料图

内袋裁片形状上没有太大的差异,排放时需错位插排,如图4-57所示。

4. 耗料估算

根据以上排料情况,计算缝制完成一件文胸所需的材料成本。蕾丝按照30cm宽7.5元/m、莫代尔按照20元/m、定型纱按照6元/m、垫棉（QQ棉）8元/m、汗布（内袋）11元/m计算,一件有垫棉内袋蕾丝花型设计的文胸,材料成本价约为9.16元,如图4-58所示。

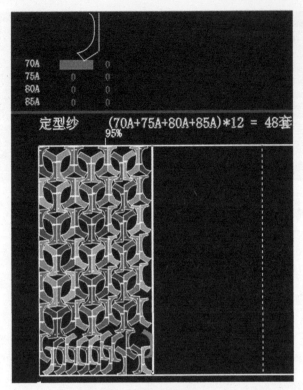

图4-56 定型纱裁片排放图

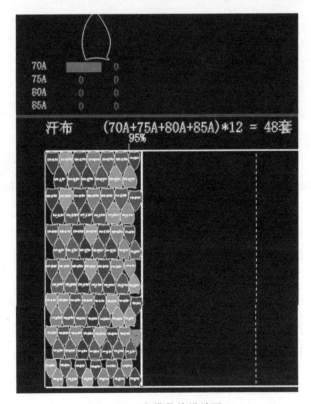

图4-57 内袋裁片排放图

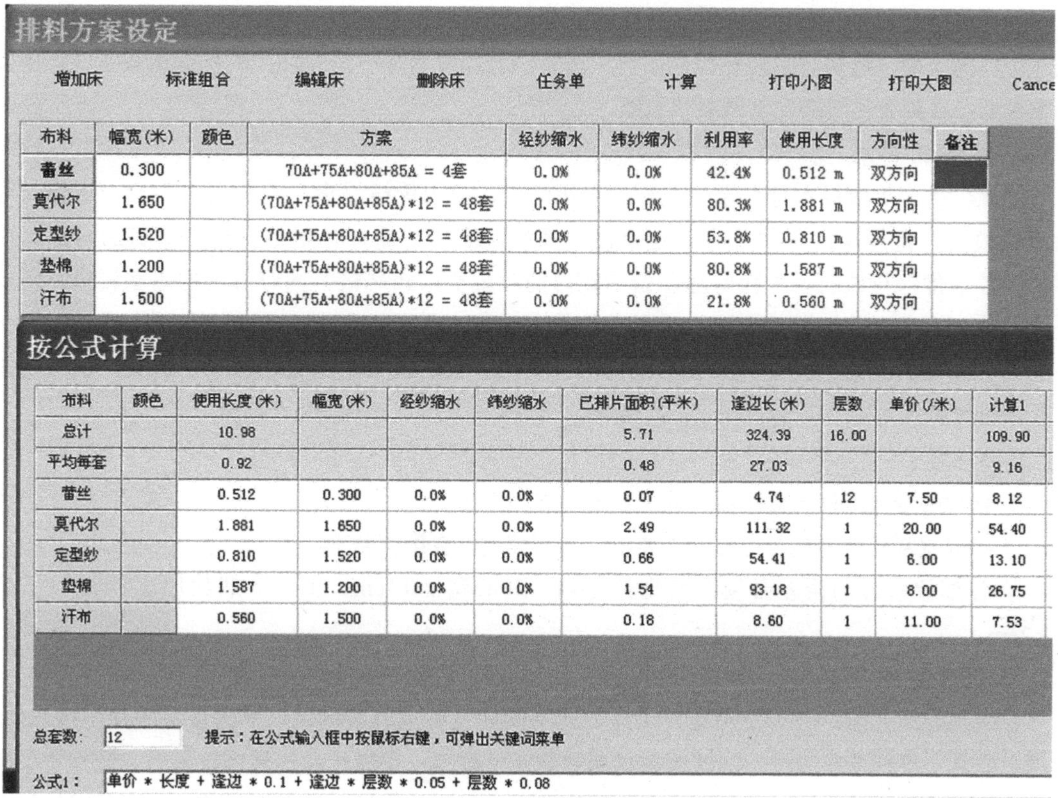

排料方案设定										
增加床	标准组合	编辑床	删除床		任务单	计算	打印小图	打印大图		Cance
布料	幅宽(米)	颜色	方案	经纱缩水	纬纱缩水	利用率	使用长度	方向性	备注	
蕾丝	0.300		70A+75A+80A+85A = 4套	0.0%	0.0%	42.4%	0.512 m	双方向		
莫代尔	1.650		(70A+75A+80A+85A)*12 = 48套	0.0%	0.0%	80.3%	1.881 m	双方向		
定型纱	1.520		(70A+75A+80A+85A)*12 = 48套	0.0%	0.0%	53.8%	0.810 m	双方向		
垫棉	1.200		(70A+75A+80A+85A)*12 = 48套	0.0%	0.0%	80.8%	1.587 m	双方向		
汗布	1.500		(70A+75A+80A+85A)*12 = 48套	0.0%	0.0%	21.8%	0.560 m	双方向		

按公式计算										
布料	颜色	使用长度(米)	幅宽(米)	经纱缩水	纬纱缩水	已排片面积(平米)	逢边长(米)	层数	单价(/米)	计算1
总计		10.98				5.71	324.39	16.00		109.90
平均每套		0.92				0.48	27.03			9.16
蕾丝		0.512	0.300	0.0%	0.0%	0.07	4.74	12	7.50	8.12
莫代尔		1.881	1.650	0.0%	0.0%	2.49	111.32	1	20.00	54.40
定型纱		0.810	1.520	0.0%	0.0%	0.66	54.41	1	6.00	13.10
垫棉		1.587	1.200	0.0%	0.0%	1.54	93.18	1	8.00	26.75
汗布		0.560	1.500	0.0%	0.0%	0.18	8.60	1	11.00	7.53

总套数：12　提示：在公式输入框中按鼠标右键，可弹出关键词菜单

公式1：单价 * 长度 + 逢边 * 0.1 + 逢边 * 层数 * 0.05 + 层数 * 0.08

图4-58　耗料估算图示

第六节　文胸成衣工艺流程

内衣生产工艺设计，是综合各种缝纫效果，在保证设计意图，并达到设计师和客户对外观设计效果要求的情况下，充分根据工厂实际情况，合理利用机械设备，最大限度地提高生产效率，将成品顺利产出的过程。在生产之前，首先要分析产品的基本结构，明确产品所需材料、样片组成；然后分析这些组成部分的拼接次序；最后将每道生产工序根据产品的外观效果，合理安排缝纫机械进行缝制，并确定缝纫质量要求。

本节主要以单层文胸、夹棉文胸、垫棉文胸为例来进行文胸工艺设计说明。单层文胸的特点是不加棉衬，罩杯部分用单层面料制成，透气性好，但塑型效果相对较差，适合丰满的女性穿着。夹棉文胸的特点是杯型薄，透气性好，罩杯采用多种分割形式，通过车缝工艺完成各种立体杯型，内可用衬垫，适合自然胸型较好的女性穿着。

一、缝纫前须知

1. 考虑面料的特殊性

在文胸制作过程中，由于面料具有丰富的拉伸性，要求在裁剪之前停放24h左右，使其在自然状态下回缩后才能进行裁剪。

在正式缝纫之前，应先调试缝纫线张力、针迹长度和压脚压力，使线迹保持良好的拉伸性以适应面料的需要。缝纫时应轻轻拉住面料，适当给缝纫线增加一些弹性，防止缝纫皱纹，但不能拉扯太紧，否则会使面料出现波浪状皱纹。

2. 裁剪的要求

蕾丝、花边等面料本身有镂空花纹的高级面料，由于价格昂贵，裁剪时要小心、谨慎，避免造成浪费。特别是大花纹且有一定弹性的面料，需尽量保持花型的完整。裁剪的方法分两种，一种是蕾丝花边的手工裁剪法，由于花边的对位要求较严格，同时蕾丝的幅宽较窄，所以花边的裁剪不适合唛架的裁剪法，采用手剪的方法将工业纸样直接放在花边面料上进行对照裁剪；另一种是其他部位的面料的唛架裁剪法。宽幅面料的裁剪是通过排唛架后铺料，然后用电剪进行裁剪。

需要注意：

① 裁片必须与纸样所标用料、纹路及弹性方向相同。

② 各部位裁片颜色是否符合色卡要求，如有偏色，要配套裁剪。

③ 各部位裁片的误差必须在允许范围内。鸡心宽±0.1cm，上、下捆裁片±0.4cm，其余±0.2cm。

3. 调试缝纫设备

在缝制成品之前，必须使用布片小样，在不同的设备上练习测试，掌握设备的使用技巧后，方可在成品上进行工艺制作。因针织面料形状稳定性较差，在操作各种缝纫设备时，操作者不能用手过重地拉牵缝料，应该顺着输送速度轻轻地将面料往前推送，缝料下机前一定要使缝针停在最高位置取出，以防断针。缝制不同方向的缝份在操作上也有不同的要求：缝合纵向部位的缝份时，送布时不要有意识地拉伸，因为设备调试到最佳状态时，已经可以保证缝迹牢度和缝线的张力；缝合横向部位或滚边时要通过一段时间的摸索掌握技巧，或推或拉，或自然送布，最终以能达到成品要求为目标。

4. 质量检查标准

（1）收货标准

·款号、吊牌、码唛、数量是否相符。

·裁片分箱时，不可出现乱码、错码、错款等现象。

·各部位用料要符合制单及色板要求。

·各部位尺寸要对照尺寸表，误差要求在允许的范围内。

·成品以鸡心中线对折，左右对称。对称部位有夹弯、耳仔位、上杯边、下扒、肩带。

·成品面线不能起皱、驳线，耳仔大小要一致，打结位要准确，不能有反肩带。

·包装时，吊牌正面朝上。

（2）品质等级评定表

文胸成衣工艺的品质等级评定见表4-15。

表4-15中线状疵点指一个针柱、一根纱线或宽度在0.1cm以内的疵点，超过者为条块状疵点。条块状疵点以直向最大长度加横向最大长度计量。线状疵点和条块状疵点的允许值是指同意产品上同类疵点的累计尺寸。

表4-15 品质等级评定表

疵点类别		优等品	一等品	合格品
线状疵点	轻微	5cm及以内	5～10cm以上	允许
	明显	0.5cm及以内	0.5～1.5cm以上	1.5～5cm以内
	显著	不允许	不允许	1cm内
条块状疵点	轻微	2cm及以内	2～5cm以内	允许
	明显	不允许	1cm以内	1～3cm以内
	显著	不允许	不允许	1cm以内
散布性疵点		不影响外观允许		轻微影响外观允许
同面料色差		4级	3～4级	
缝制疵点	线头	0.5cm以上允许	0.5～1cm允许二处	0.5cm允许两处
	针距	2cm以内不低于9针		
	缝制曲折高低	0.3cm	0.5cm	0.5cm
	跳针	不允许	不脱散,一针分散两处	
破损性疵点		不允许		
标识不全、错误		不允许		

二、常规款具体缝制工艺

（一）单层文胸生产制单

1. 款式图（图4-59）

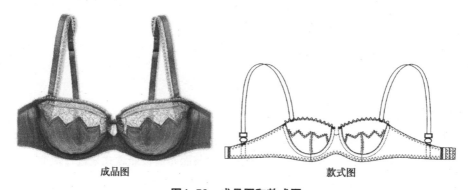

成品图　　　　　　　款式图

图4-59 成品图和款式图

2. 物料单（表4-16）

表4-16 单层文胸物料单

客户	日期	款号	款式		备注
类别	名称	样布	规格（幅宽）	运用部位	单耗
面料1	蕾丝		147cm	面杯	
面料2	氨纶布		160cm	面杯	
面料3	定型纱		155cm	鸡心	

续表

客户	日期	款号	款式		备注
类别	名称	样布	规格（幅宽）	运用部位	单耗
辅料1	肩带		1.2cm	肩带	
辅料2	橡筋		1.2cm	后片上围（带夹弯）、下胸围	
辅料3	钩扣		1cm	后中	
辅料4	钢圈		19/12.4cm	杯底	
辅料5	钢圈拉带		成品	罩杯	

3. 各部位缝纫设备一览表（表4-17）

表4-17 单层文胸各部位缝纫设备一览表

部位	下围、上围	罩杯	罩杯	罩杯、下扒、侧比、鸡心	肩带、捆条
线迹种类	四点线迹	人字线迹	三线包缝	平车	套结车
线迹密度	6针/3cm	10/3cm	24/2.5cm	14针/3cm	40针/3cm
线迹宽度	0.5cm	0.3	0.3		1.2cm

4. 产品结构组成分析

单层文胸的产品结构组成如图4-60所示。

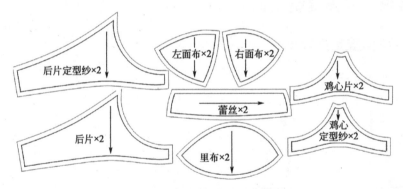

图4-60 单层文胸各个裁片图示

此款文胸为上下分割半罩杯，罩杯按照款式结构进行分割，下扒分割位置与罩杯纸样的分割处对齐，纸样裁片总共8片。需要注意的是罩杯的蕾丝与面布需按照款式来进行裁剪。

5. 缝制工序（表4-18）

表4-18 单层文胸的缝制工序

工序及工序示意图	备注
（1）缝合左右面布 将下半杯面布左右两片面与面相对，中缝线比齐，以单针平车距止口0.5cm处车缝，然后将下杯面部平展，中缝作分缝处理，并以双针车车缝固定	起针和结束时要回针

续表

工序及工序示意图	备注
（2）缝合面部与里布 将罩杯面部与里布底与底相对，然后以单针平车距止口0.3cm处车缝 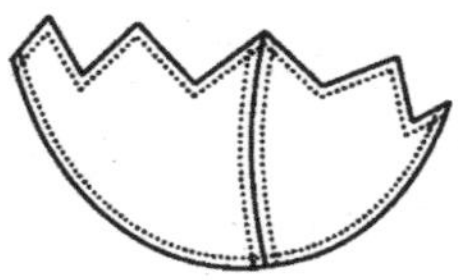	由于此款文胸的裁片形状比较特殊，所以在车缝时要保持平服、贴合
（3）缝合上下面布 将上下面布底与面叠齐，然后按照裁剪形状用曲折缝中的四点线迹进行叠缝 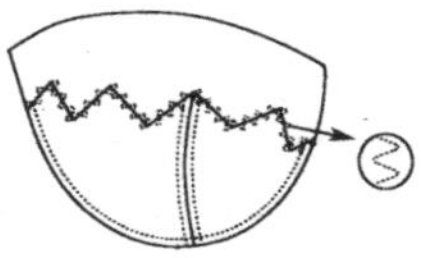	由于此款采用了蕾丝面料，所以与下面布缝合时缝份一定要对齐以保持平服
（4）缝合花边与罩杯 将罩杯上杯边翻折0.5cm与花边相对，然后以曲折缝缝纫机中的人字线迹车缝固定 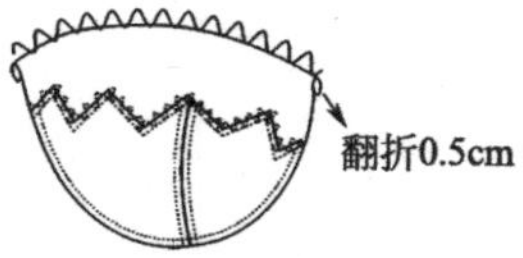	起针和结束时要回针，花边需多出罩杯0.3cm的量
（5）缝合后拉片 将后拉片和网眼布的底与底相对，使其止口位对齐，用单针平车距止口0.1cm处车缝 	尺寸正确，下围线饱满圆滑平顺，无结节
（6）缝合鸡心 将鸡心和定型纱，面与面相对，分别以单针平车距止口0.5cm处车缝，然后将鸡心翻转，使底与定型纱的底相对，并以单针平车于鸡心边距止口0.1cm处车缝，将鸡心面与里合为一体 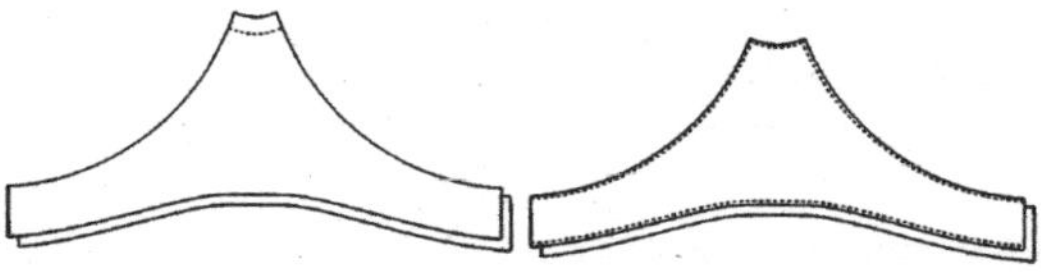	边缝止口对齐，线迹平滑圆顺
（7）缝合鸡心与后拉片 将鸡心和后拉片下杯缘面与面相对，以单针平车距止口0.1cm处车缝，将缝份倒向两边 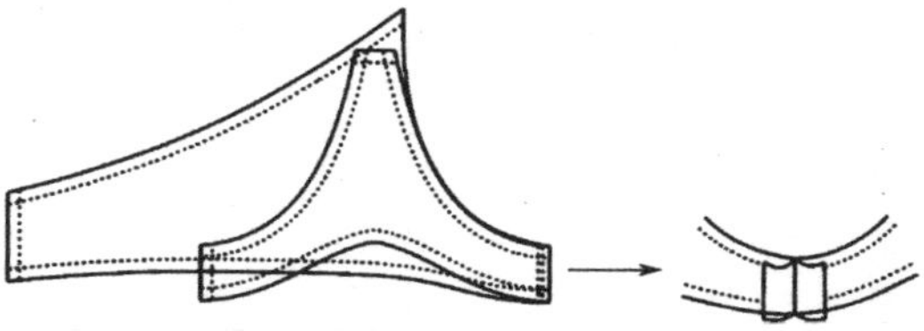	线迹平滑圆顺

续表

工序及工序示意图	备注
（8）缝合罩杯与衣身 将罩杯和衣身面与面相对，以单针平车距止口0.5cm处车缝，缝份倒向衣身 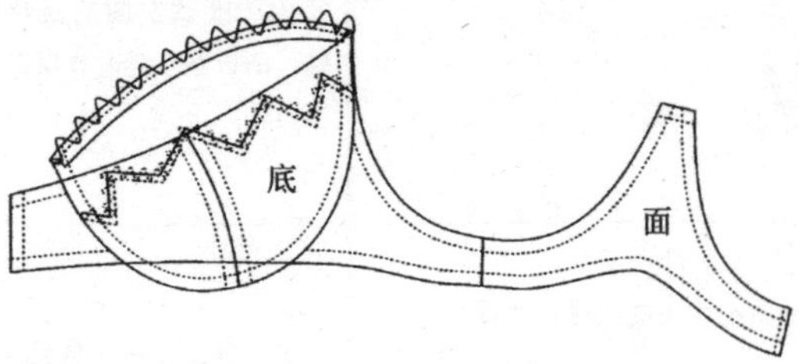	止口对齐，线迹平滑圆顺
（9）绷松紧带 将后拉片面布翻折0.5cm后和松紧带面与面相对，同时把做好的肩带下端放在下围上，以曲折缝缝纫机中的四点线迹固定松紧带于后拉片上下围 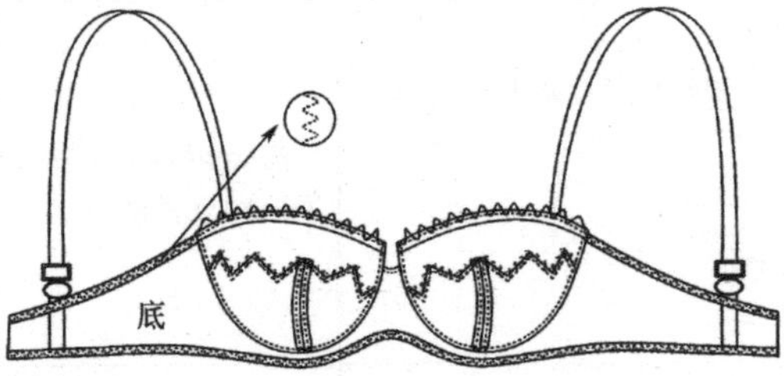	面部平服，不扭纹，上围线饱满圆顺
（10）中检	检查样板规格，颜色是否有差错，针脚有无松动等
（11）绷钢圈拉带 利用特制拉筒将捆条沿罩杯下杯缘以0.6cm双针车固定 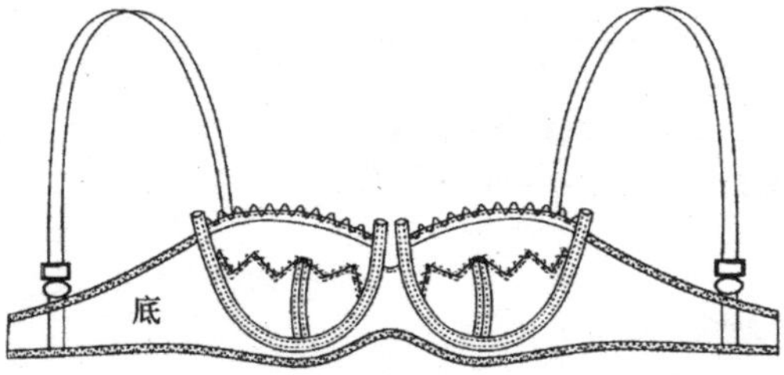	线迹均匀平顺，罩杯缝份倒向罩杯里，完成后下杯缘平滑圆顺
（12）绷钩圈及水洗标 将水洗标以单针平车固定于钩圈中间，然后以曲折缝纫机中的人字线迹将钩圈固定在后拉片的后中线上 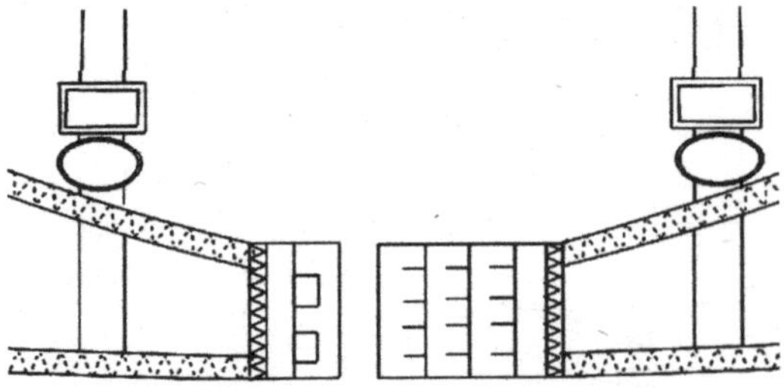	线迹均匀平顺，不露毛边，起针和结束时回针

工序及工序示意图	备注
（13）固定肩带及花边 由于此款文胸肩带部位有花边装饰，先用平车缝合花边与肩带，然后将肩带以套结车分别固定于罩杯上方及后片装肩带处	罩杯上方的肩夹要对到前肩带中间并且左右对称
（14）穿钢圈封结 将钢圈穿入捆条中，并在捆条两端封结固定，防止肩带脱落、钢圈移位	钢圈型号正确，区分心位与侧位，左右对称
（15）后整理 手工剪除多余的线头和余料	

（二）夹棉文胸生产制单

1. 款式图（图4-61）

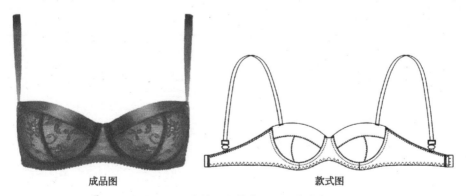

图4-61　夹棉文胸的成品图和款式图

2. 物料单（表4-19）
3. 各部位缝纫设备一览表（表4-20）
4. 产品结构组成分析

此款文胸为半罩杯，罩杯和后片按照款式结构进行分割，下扒分割位置与罩杯纸样的分割处对齐。此款纸样裁片共11片，如图4-62所示。

表4-19 夹棉文胸物料单

客户	日期	款号	款式	备注	
类别	名称	样布	规格（幅宽）	运用部位	单耗
面料1	蕾丝		147cm	面杯	
面料2	渔网布		155cm	后片、鸡心	
里料1	棉		160cm	罩杯	
里料2	QQ棉		150cm	罩杯	
里料3	定型纱		155cm	鸡心	
辅料1	肩带		1.2cm	肩带	
辅料2	橡筋		1.2cm	后片上围（带夹弯）、下胸围	
辅料3	纱捆条		0.5cm	杯棉拼缝	
辅料4	棉捆条		0.7cm	杯棉拼缝	
辅料5	钩扣		1cm	后中	
辅料6	钢圈		19/12.4cm	杯底	
辅料7	钢圈拉带		成品	罩杯	

表4-20 夹棉文胸各部位缝纫设备一览表

部位	杯棉拼缝、下胸围	上胸围	罩杯	罩杯、下扒、侧比、鸡心	肩带、捆条
线迹种类	四点线迹	人字线迹	三线包缝	平车	套结车
线迹密度	6针/3cm	10/3cm	24/2.5cm	14针/3cm	40针/3cm
线迹宽度	0.5cm	0.3	0.3		1.2cm

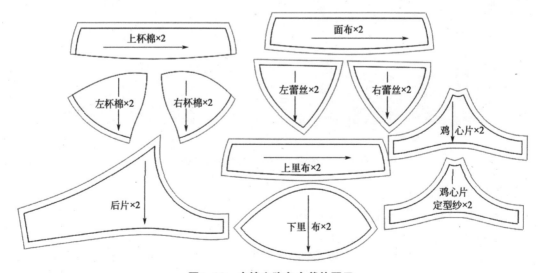

图4-62 夹棉文胸各个裁片图示

5. 缝制工序（表4-21）

表4-21 夹棉文胸缝制工序

工序及工序示意图	备注
（1）曲折缝缝纫机缝合杯棉 将宽为0.7cm、0.5cm的捆条分别放置于杯棉中缝的两面，然后用曲折缝缝纫机中的四点线迹缝合杯棉 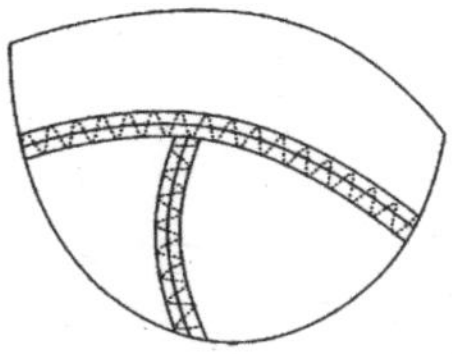	起针和结束时要回针
（2）平缝机缝合上下杯里布 将上下杯里布面与面相对在杯骨线对齐，然后以单针平车距止口0.5cm处车缝 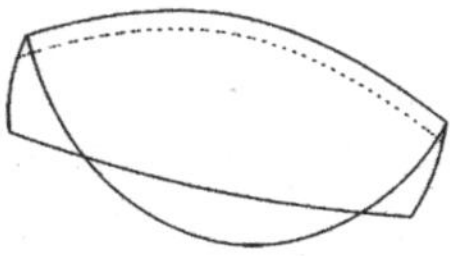	线迹要均匀，里布要对齐，起针和结束时要回针
（3）平缝机缝合蕾丝与面布 首先将左右蕾丝面与面相对，以单针平车距止口0.5cm处车缝，缝份倒向一边并在表面压边线固定；然后将蕾丝与表布面与面相对，以单针平车距止口0.5cm处车缝，缝份倒向一边 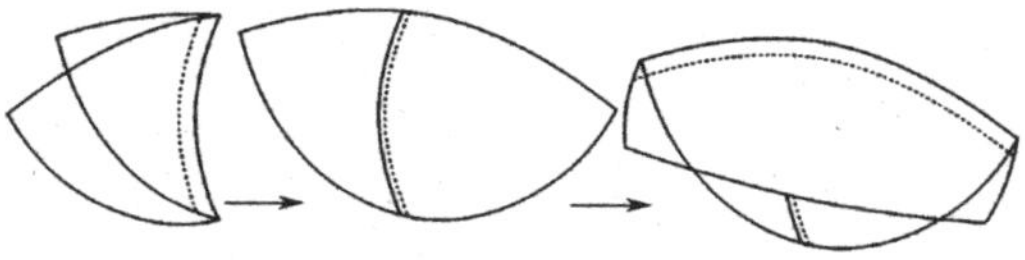	起针和结束时要回针
（4）平缝机缝合里布与杯棉、表布与杯棉 首先将里布和杯棉底与底相对，以单针平车在距止口0.2cm处车缝一周；然后再将表布和里布面与面相对于上杯边处对齐，在止口0.5cm处车缝 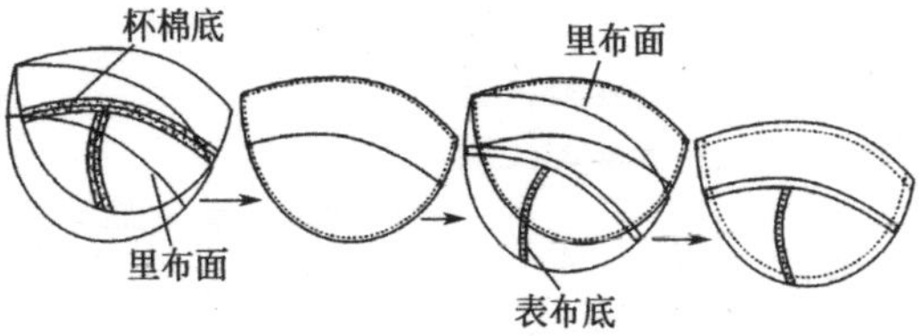	起针和结束时要回针
（5）包缝机包缝上杯边 以包缝机中的三线包缝线迹包缝罩杯上杯边，防止散口 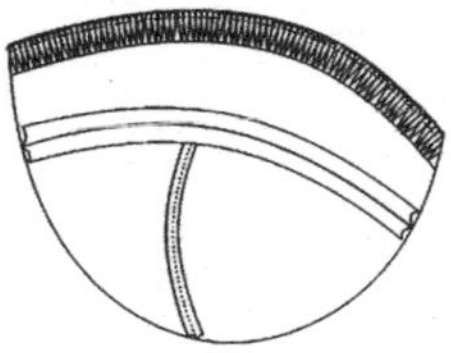	线迹均匀，无结节

工序及工序示意图	备注
(6) 平缝机缝合下杯边 将表布翻折后，使其与杯棉平展，以单针平车沿着下杯边距止口0.5cm处车缝固定，将表布与杯棉合为一体 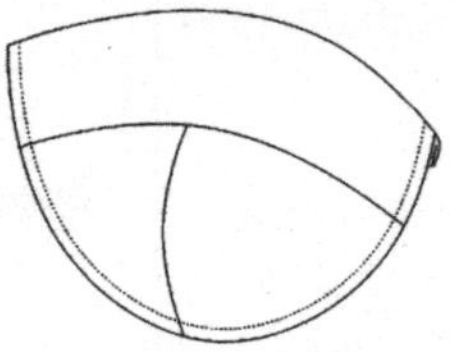	面部平服，无起皱，线迹圆滑平顺，起针和结束时要回针
(7) 平缝机缝合鸡心片 将鸡心和定型纱，面与面相对，以单针平车在鸡心顶端距止口0.5cm处车缝，然后将鸡心翻转，使底与定型纱的底相对，于鸡心边距止口0.1cm处车缝，将鸡心面与里合为一体 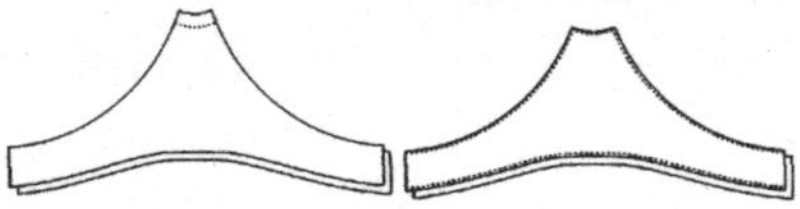	缝边止口对齐，线迹平滑圆顺
(8) 平缝机缝合鸡心片与后片 将鸡心片和后片面与面相对，以单针平车在距止口0.5cm处车缝，缝份倒向两边 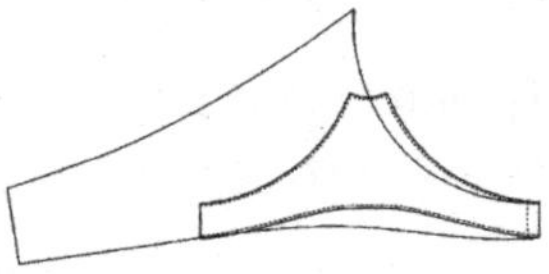	缝边止口对齐，线迹平滑圆顺
(9) 平缝机缝合罩杯与衣身 将罩杯和衣身面与面相对，以单针平车距止口0.5cm处车缝，缝份倒向衣身 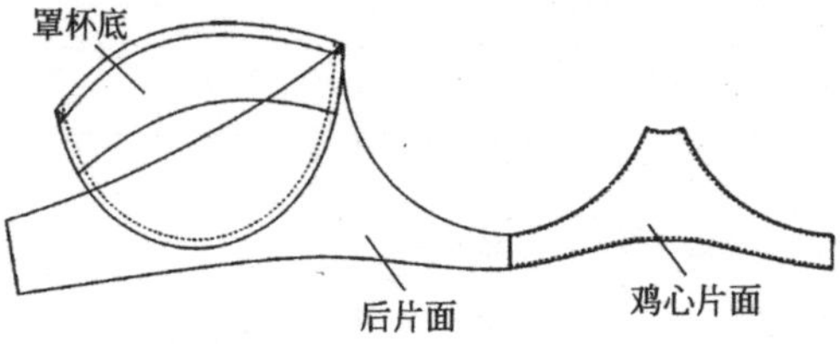	缝止口对齐，线迹平滑圆顺
(10) 曲折缝缝纫机绱松紧带 将后片上围反折0.7cm后，将松紧带与后片面的上围相对，以曲折缝缝纫机中的人字线迹固定松紧带于肩夹及后拉片上围线，然后将下围反折0.7cm后，松紧带与之相对再用曲折缝缝纫机中的四点线迹固定同时夹缝耳仔 	面部平服，不扭纹，线迹饱满圆顺
(11) 中检	检查样板规格，颜色是否有差错，针脚有无松动等
(12) 双针车绱钢圈拉带 利用特质拉筒将钢圈拉带沿罩杯下杯缘以双针车固定 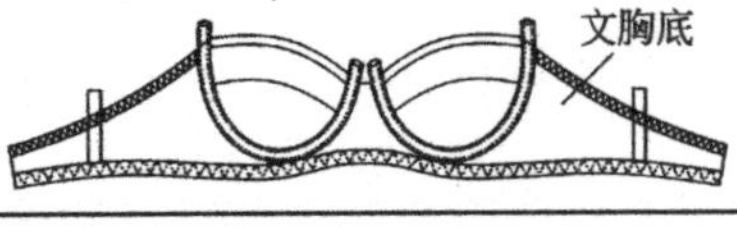	线迹均匀平顺，罩杯缝份倒向衣身里，完成后下杯缘平滑圆顺

续表

工序及工序示意图	备注
（13）曲折缝缝纫机绱钩圈及水洗标 将水洗标以单针平车固定于钩圈中间，然后以曲折缝缝纫机中的人字线迹将钩圈固定在后拉片的后中线上	线迹均匀平顺，不露毛边，起针和结束时回针
（14）套结机固定肩带 将罩杯和下围的耳仔翻折1cm以套结车分别固定于罩杯上方及后拉片装肩带处	左右对称
（15）手工穿钢圈封结 将钢圈穿入捆条中，并在捆条两端封结固定，防止肩带脱落、钢圈移位	钢圈型号正确，区分心位与侧位，左右对称
（16）后整理 手工剪除多余的线头和余料	

（三）垫棉文胸生产制作单

1. 款式图（图4-63）

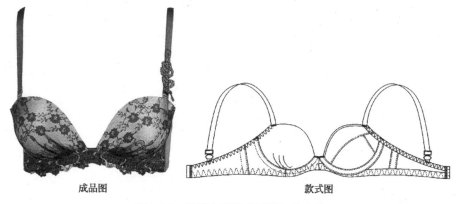

成品图　　　　　　　　　　款式图

图4-63　垫棉文胸的成品图与款式图

2. 物料单（表4-22）

3. 各部位缝纫设备一览表（表4-23）

4. 产品结构组成分析

此款文胸为3/4杯，罩杯表面有碎褶，后片按照款式结构进行分割，下扒分割位置与罩杯纸样的分割处对齐。此款纸样裁片总共片12片，如图4-64所示。

表4-22 垫棉文胸物料单

客户	日期	款号	款式	备注	
类别	名称	样布	规格（幅宽）	运用部位	单耗
面料1	花型面料		160cm	面杯、鸡心、侧比	
面料2	网眼布		155cm	后片	
里料1	棉		160cm	罩杯、内袋	
里料2	定型纱		155cm	鸡心片、侧比	
里料3	QQ棉		150cm	罩杯	
辅料1	肩带		1.2cm	肩带	
辅料2	橡筋		1.2cm	后片上围（带夹弯）、下胸围	
辅料3	纱捆条		0.5cm	杯棉拼缝	
辅料4	棉捆条		0.7cm	杯棉拼缝	
辅料5	钩扣		1cm	后中	
辅料6	钢圈		19/12.4cm	杯底	
辅料7	钢圈拉带		成品	罩杯	

表4-23 垫棉文胸各部位缝纫设备一览表

部位	杯棉拼缝、下胸围	上胸围	罩杯	罩杯、下扒、侧比、心	肩带、捆条
线迹种类	四点线迹	人字线迹	三线包缝	平车	套结车
线迹密度	6针/3cm	10/3cm	24/2.5cm	14针/3cm	40针/3cm
线迹宽度	0.5cm	0.3	0.3		1.2cm

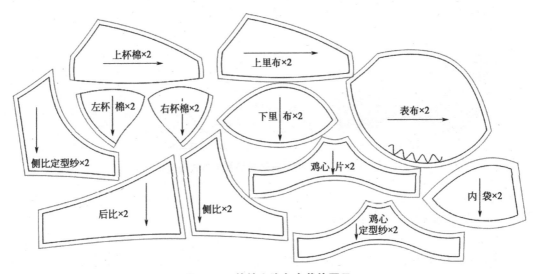

图4-64 垫棉文胸各个裁片图示

5. 缝制工序（表4-24）

表4-24 垫棉文胸缝制工序

工序及工序示意图	备注
（1）曲折缝缝纫机缝合杯棉 将宽为0.7cm、0.5cm的捆条分别放置于杯棉中缝的两面，然后用曲折缝缝纫机中的四点线迹缝合杯棉 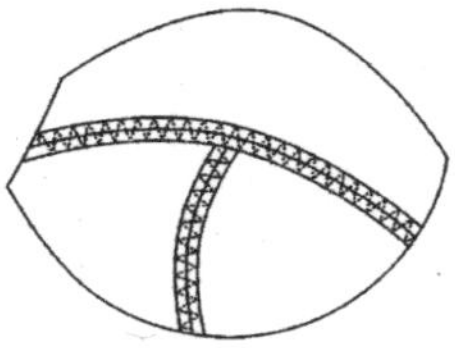	捆条要均匀，杯棉要拼齐，起针和结束时要回针
（2）平缝机缝合内袋 将内袋向里折0.6cm，然后以单针平车距止口0.4cm处车缝 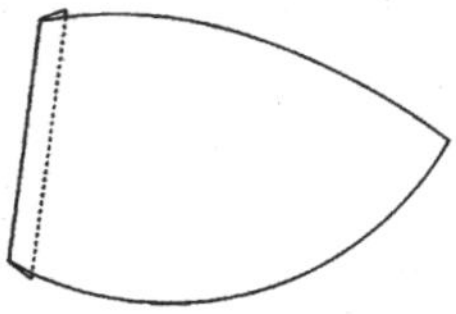	起针和结束时要回针
（3）平缝机缝合里布与内袋 将上下里布和内袋面与底相对在杯骨线对齐，然后以单针平车距止口0.5cm处车缝后翻折，缝份倒向一边同时在面上压边线固定 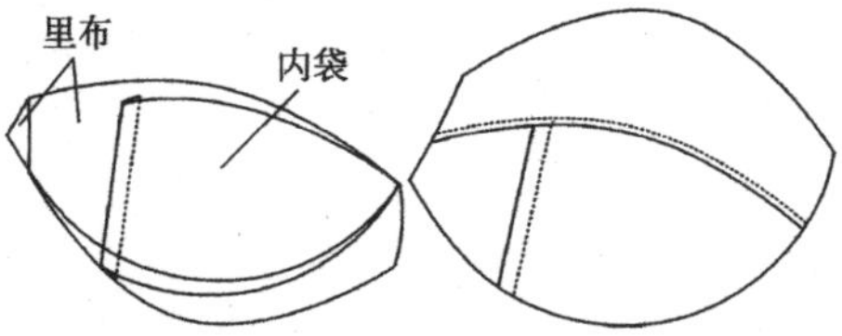	线迹要均匀，留出袋口位置，完成后内袋布要平服且左右杯对称，起针和结束时要回针
（4）平缝机缝合里布与杯棉、表布与杯棉 首先将里布和杯棉底与底相对齐，以单针平车在距止口0.2cm处车缝一周；然后再将表布和里布面与面相对于上杯边处对齐，在止口0.5cm处车缝反折 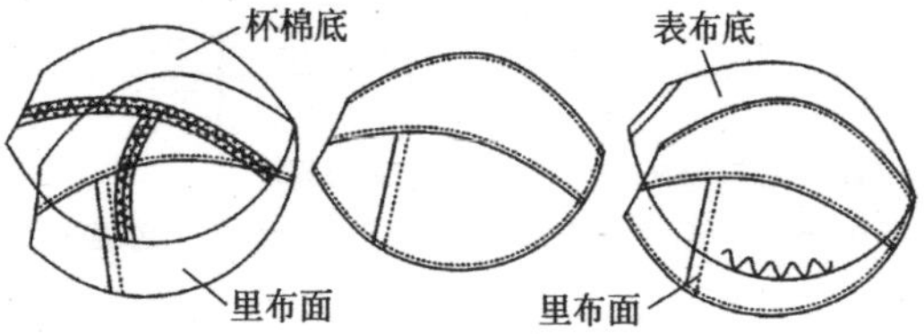	线迹圆滑平顺，起针和结束时要回针
（5）包缝机包缝上杯边 以包缝机中的三线包缝线迹包缝罩杯上杯边，防止散口 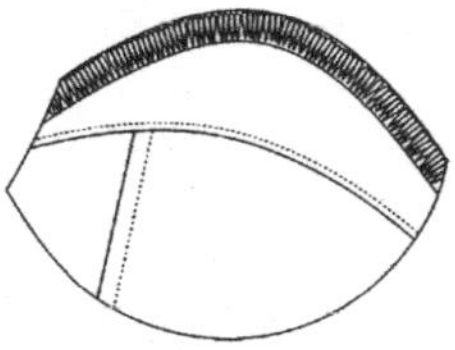	线迹圆滑平顺，无结节

续表

工序及工序示意图	备注
(6) 平缝机固定罩杯下杯边 将表布翻折后，使其与杯棉平展，将夹弯处的缝份折向里面，以单针平车沿着夹弯和下杯边距止口0.5cm处车缝，将表布与杯棉合为一体。由于此款文胸在面布有缩褶，所以在车缝时应把褶量车进去 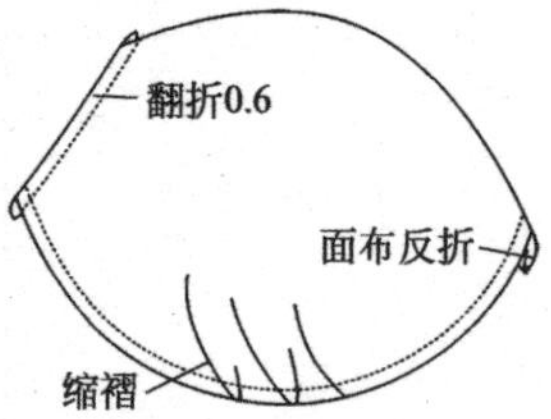	线迹圆滑平顺，起针和结束时要回针
(7) 平缝机缝合侧比 将侧比和定型纱底与底相对，以单针平车距止口0.5cm处车缝 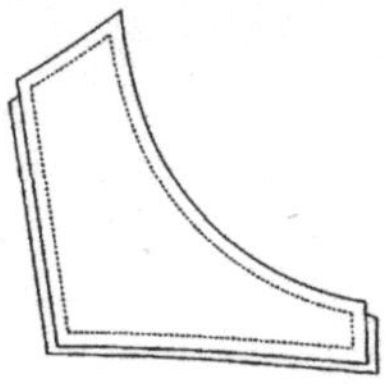	线迹圆滑平顺，起针和结束时要回针
(8) 平缝机缝合侧比与后比 将侧比和后比面与面相对于侧缝处对齐，在距止口0.5cm处车缝，缝份倒向两边 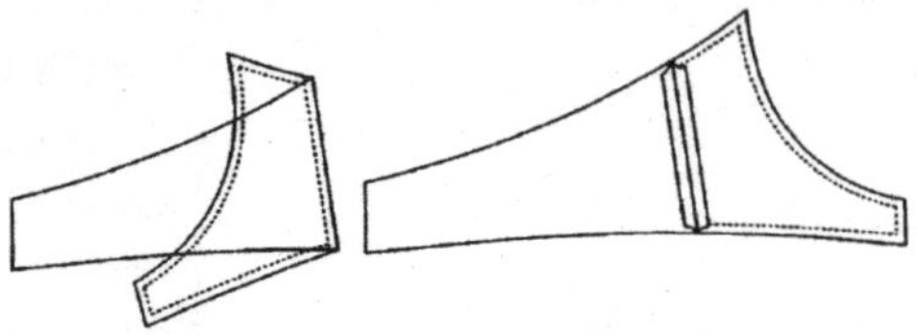	线迹圆滑平顺，起针和结束时要回针
(9) 双针车劈缝后片并绲缝捆条 用双针车在定好的位置绲缝捆条，并穿入胶骨 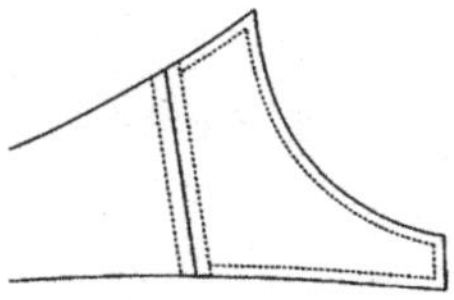	线迹平滑圆顺
(10) 平缝机缝合鸡心片 将鸡心和定型纱，面与面相对，以单针平车在鸡心顶端距止口0.5cm处车缝，然后将鸡心翻转，使底与定型纱的底相对，并以单针平车于鸡心边距止口0.1cm处车缝，将鸡心面与里合为一体 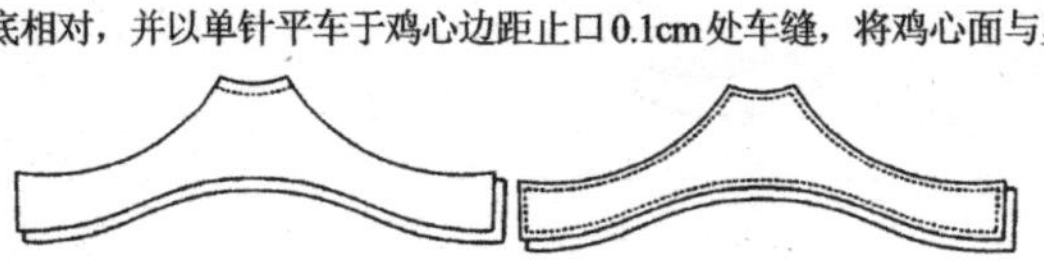	边缝止口对齐，线迹平滑圆顺
(11) 平缝机缝合鸡心与后片 将鸡心片和后片下杯缘面与面相对，以单针平车距止口0.5cm处车缝，将缝份倒向两边 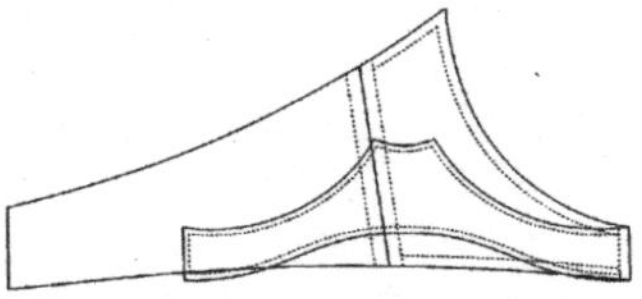	线迹平滑圆顺

工序及工序示意图	备注
（12）平缝机缝合罩杯与衣身 将罩杯和衣身面与面相对，以单针平车距止口0.5cm处车缝，缝份倒向衣身 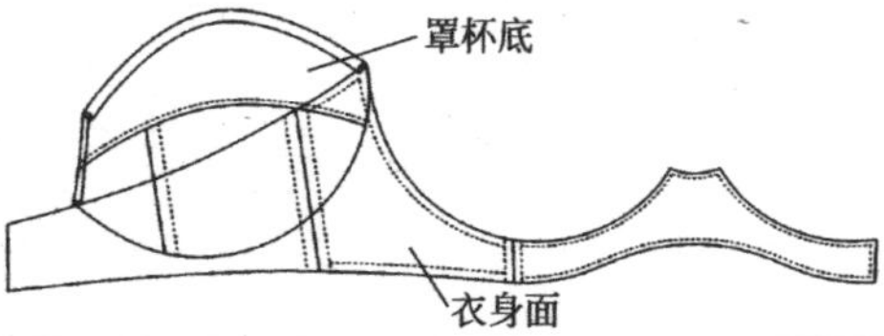 （图示：罩杯底、衣身面）	缝止口对齐，线迹平滑圆顺
（13）曲折缝缝纫机绱松紧带 将后片上围反折0.7cm后，将松紧带和后片的上围对齐，以曲折缝缝纫机中的人字线迹车缝固定松紧带于肩夹及后片上围线，然后将下围反折0.7cm后，将松紧带与之对齐再用曲折缝纫机中的四点线迹固定同时夹缝耳仔  （图示：文胸底）	面部平服，不扭纹，线迹饱满圆顺
（14）中检	检查样板规格，颜色是否有差错，针脚有无松动等
（15）双针车绱钢圈拉带 利用特质拉筒将钢圈拉带沿罩杯下杯缘以双针车固定 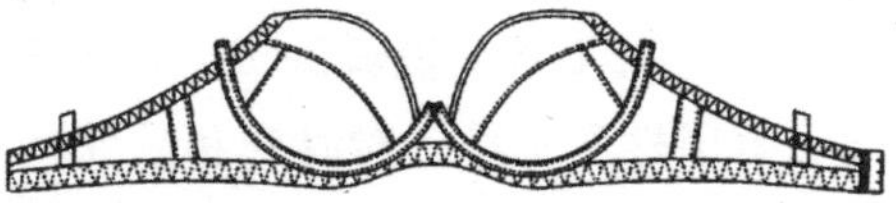	线迹均匀平顺，罩杯缝份倒向衣身里，完成后下杯缘平滑圆顺
（16）曲折缝缝纫机绱钩圈及水洗标 将水洗标以单针平车固定于钩圈中间，然后以曲折缝缝纫机中的人字线迹将钩圈固定在后拉片的后中线上 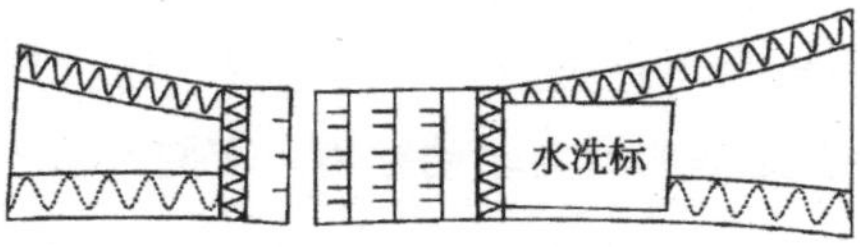 （图示：水洗标）	线迹均匀平顺，不露毛边，起针和结束时回针
（17）套结机固定肩带及钉花 将下围的耳仔翻折1cm，以套结车固定于后片装肩带处 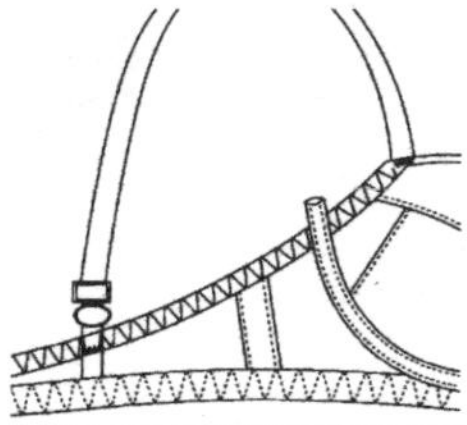	罩杯上方的肩夹要对到前肩带中间，并且左右对称于罩杯上方
（18）手工穿钢圈封结 将钢圈穿入捆条中，并在捆条两端封结固定，防止肩带脱落、钢圈移位 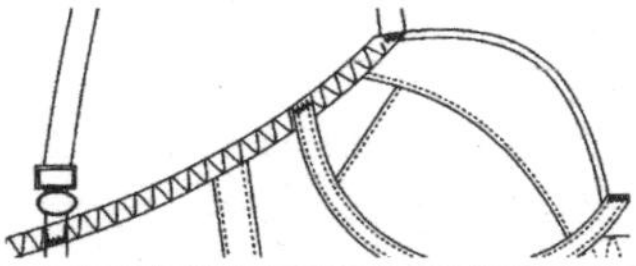	钢圈型号正确，区分心位与侧位，左右对称
（19）后整理 手工剪除多余的线头和余料	

第五章

品牌文胸产品运营流程
PINPAI WENXIONG CHANPIN YUNYING LIUCHENG

文胸产品的市场销售

文胸作为一种服装产品,在市场上应对不同的消费需求,其销售的方式具有很大的不同。马斯洛需求层次理论(Maslow's hierarchy of needs)将人的需求分为五种,像阶梯一样从低到高,按层次逐级递升,分别为生理需求、安全需求、社交需求、尊重需求和自我实现。人们对服装的消费需求也是遵循这一规律。在温饱阶段,人们需要服装能够保暖、遮体等满足生理安全需求。这时的消费者关心的是服装的功能性、耐用性和价格,对时尚和品牌并不在意。到了小康阶段,人们开始用服装表现自己的生活方式,并希望自己能够在同伴面前与众不同、在陌生人面前赢得尊重,这时候的消费者就开始有意识选择品牌了,往往那种能够反映该类消费者生活方式与生活主张的服装品牌就成了这类消费者的首选。到了富裕阶段,人们除了对奢侈品牌的选择以外,高级定制服装可能就成为了这类消费者的选择。而且只有在较低层次的需求得到满足之后,较高层次的需求才会有足够的活力驱动行为。文胸产品的销售也遵循这一理论依据。

第一节 本章要点及关键词

一、本章要点

文胸的销售已经不再局限于实体店铺,网络销售的渠道成了销售模式的重要补充。通过网络,企业需要从关注本产品的消费者中,筛选目标顾客,有的放矢地投放相关产品,并通过适合的方式吸引消费者注意,产生购买。

本章从文胸产品网络目标顾客的相关数据出发,分析企业从网络上获取有效信息的方式,通过文胸产品网络描述的介绍和产品组合方式的调整等几个方面,全面了解文胸产品的网络销售模式。

二、本章关键专业术语

（1）问卷调查

问卷调查是研究者设计问卷，编制成书面的问题表格，交由调查对象填写，然后收回整理分析，从而得出结论的过程。

（2）淘宝指数

淘宝指数是淘宝官方的免费的数据分享平台，用户借助它窥探淘宝购物数据，了解淘宝购物趋势，主要功能分市场趋势、市场细分、排行榜三大块，是淘宝卖家了解淘宝搜索热点、查询成交走势、定位消费人群、研究细分市场的工具，同时也是三方人员甚至买家研究淘宝数据的良好助手。

（3）产品定位

产品定位是指企业对用什么样的产品来满足目标消费者或目标消费市场的需求，是企业在进行市场定位以后必须进行的目标市场的产品化过程。

（4）产品描述

在淘宝上俗称"宝贝描述"，是通过图片、文字、视频等手段，在网页上向消费者展示产品全貌、特征、细节等的表现方式。

（5）产品组合

产品组合是指一个企业在一定时期内生产经营的各种不同产品的全部产品、产品项目的组合。

（6）产品组合深度

产品组合深度是指同类产品的款式、面料、颜色、尺码的多少。产品组合深度（stock keeping unit，缩写为SKU），定义为保存库存控制的最小可用单位。

（7）关联营销

关联营销也叫绑缚营销，是企业在网站上用来增加销售的营销方法，它是一种低成本的营销策略。关联营销是在交叉营销的基础上，在事件、产品、品牌、推广等所要营销的东西上寻找关联性，来实现深层次的多面引导，而产生销售的机会。

第二节　文胸产品的核心需求

人们在购买文胸时获得的产品既包括具有物质形态的服装实物（款式、面料、做工等），又包括非物质形态的心理满足感（品牌、服务等）和效果体验（聚拢、舒适等）。其中真正促使消费者购买的原因就是消费者对该产品的核心需求。

从文胸产品的发展史上，可以看到其核心需求发生的变化。

在第一次世界大战的时候，战争使大批男子开赴前线，农村妇女不得不代替男子从事农业劳动，城市工厂则招收大批女工。这样，女性感到戴上文胸后便于劳动，文胸就逐渐普及起来。这时候文胸产品的核心仅仅就是一种给女性带来便利的功能服装而已。

到了1992年，《时尚》杂志开始宣称"显露乳沟、游走于'走光边缘的文胸'，最能展现新的女性魅力""文胸就是要给人看""别害羞，露出乳沟正流行！"这时候文胸产品的核心已经不是一般意义上的功能服装了，而是性感和对性感生活方式的需求。

当文胸的功能从过去简单地满足女性穿着舒适性的需要，开始演变为提升穿着者魅力的时尚消费品时，越来越多的文胸品牌企业开始侧重的是对文胸品牌内涵和文化的宣传。

国内外优秀内衣品牌，在其产品设计中都融入了符合自己市场定位的文化特征，每年各内衣品牌推出的内衣秀成为最直接的文化表现方式。如黛安芬2008年举办的"触动创意"全球内衣设计大赛总决赛，围绕着"女性魅力"主题进行创意和展示。爱慕在2002年举办了"爱慕·敦煌"主题内衣发布活动；2003年在北京举办了一场名为"在禁锢与释放之间"的内衣文化展，开始向我国的消费者展示内衣文化，打造内衣文化。欧迪芬2000年举办的"995（救救乳）"乳房保健活动在全国重点城市展开，在2005年与搜狐女人频道携手合作创办SOHU女人-"995（救救乳）"官方网站，努力要成为最关怀女性的文胸第一品牌。

美国内衣品牌"维多利亚的秘密"在产品设计和营销的过程中，一直抱有"让内衣变成生活态度"的文化理念。每年"维多利亚的秘密"的时尚秀俨然就是无国界的全民内衣文化运动，在"维多利亚的秘密"的秀场上，内衣似乎早已经超出了它们作为女性衣物存在的意义，而成为构筑一场宏大而瑰丽的童话意境的元素，内衣秀也成为了一场声势浩大的百老汇舞台剧。"维多利亚的秘密"为了保持自己内衣时尚尖端的地位，每隔五六年，所有的店面都会进行重新设计，以吸引全世界的女性去购买一件件奢侈的文胸，让她们为了表现自己的青春和美丽一掷千金。

所以，文胸产品的核心需求，可以归结于生理需求和心理需求。

一、生理需求

对于文胸产品的生理需求，可以概括为以下几个方面。
① 支撑和扶托乳房，避免下垂。
② 保护乳头，免受擦伤和触痛。
③ 减轻乳房在运动时震动的不适感。
④ 保暖，防止受凉。

为满足对文胸的生理需求，对于消费者而言，必须学会合理选择文胸的尺寸大小，只有符合自身体形的文胸穿上后才会感到舒适。文胸太大起不到支托乳房的作用；太小会压迫乳房，既不舒服，又会妨碍乳房健康。

二、心理需求

对于文胸产品的心理需求，可以概括为以下几个方面。
① 美化身材。
② 时尚心理。
③ 炫耀心理。

在满足生理需求的基础上，文胸的心理需求对消费者的购买行为影响巨大。如在以大胸为美的时代，文胸产品的卖点以丰胸为主进行宣传。在追求时尚的大潮下，对品牌文化的渲染，就成为了文胸品牌争夺消费者的重要手段。

第三节　文胸产品消费行为分析

为进一步了解消费者的核心需求，就必须先研究消费者的消费行为。利用二手资料对消费者行为特征进行分析，虽然简单明了，但存在滞后性和非针对性。因此，作为营销者需要使用一些工具和手段来进行消费者行为研究，这样才能更好地做好营销工作。

目前，常用的分析工具有问卷调查和实际调查两种方式。

一、问卷调查

问卷调查是研究者设计问卷，编制成书面的问题表格，交由调查对象填写，然后收回问卷整理分析，从而得出结论的过程。也可以用访谈或投票等其他方式收集数据。

问卷调查，根据载体的不同，可分为纸质问卷调查和网络问卷调查。纸质问卷调查就是传统的问卷调查，调查公司通过雇用工人来分发这些纸质问卷，然后回收答卷。这种形式的问卷存在一些缺点，比如分析与统计结果比较麻烦，成本比较高。而网络问卷调查，就是用户依靠一些在线调查问卷网站，这些网站提供设计问卷、发放问卷、分析结果等一系列服务。这种方式的优点是无地域限制，成本相对低廉，缺点是答卷质量无法保证。目前国外的调查网站surveymonkey（调查猴子）提供了这种方式，而国内则有问卷网、问卷星、调查派等网站提供了这种方式。

采用问卷调查方式，时间灵活、效率高，取样不受限制，结果容易量化。但问卷设计的水平和被调查者填答的准确性都会影响研究的精确性，回收率低则会影响结论的代表性。

二、实际调查

现在网络购物的人越来越多，所以通过分析这些消费者的行为，就可以了解市场的需求。如以淘宝平台（淘宝和天猫）上的消费者作研究对象，可以通过对淘宝指数的分析，发现市场机会。

所谓淘宝指数是淘宝官方的免费的数据分享平台，用户借助它窥探淘宝购物数据，了解淘宝购物趋势，主要功能分市场趋势、市场细分、排行榜三大块，是淘宝卖家了解淘宝搜索热点、查询成交走势、定位消费人群、研究细分市场的工具，同时也是三方人员甚至买家研究淘宝数据的良好助手。

通过定位搜索人群，我们就可以发现该类服装所对应的目标顾客，再通过对她们购买习惯、兴趣爱好、生活方式等相关收集，进而为产品开发及推广提供重要信息。如以不同类型"文胸"为例，在淘宝搜索"文胸"就会可以关注到如下信息。

首先，在淘宝网上搜索关键词"文胸"。

如图5-1所示，可以看见所有分类中有2639838件宝贝，这一数值反映了该类目产品竞争的激烈程度。同时，也可以看到"文胸聚拢""无痕文胸""文胸薄款""无钢圈文胸""少女文胸"等词汇会出现，也就意味着这些产品存在一定的市场。

然后，再从"淘宝指数"页面，分别搜索这些词汇，就可以看到不同产品的市场搜索和成交情况。如搜索"文胸　聚拢"就可以看到关于"文胸　聚拢"的相关数据（图5-2）。

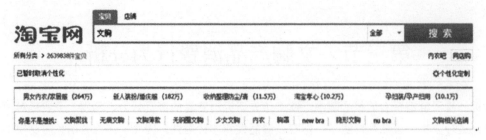

图5-1 淘宝上搜索文胸

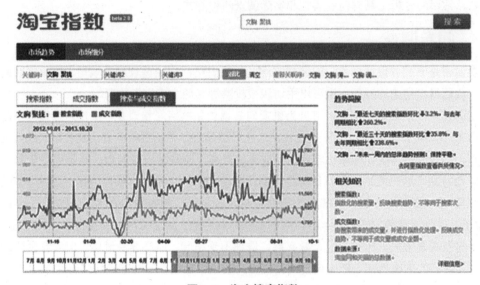

图5-2 淘宝搜索指数

从图5-2可以看出"文胸 聚拢"的搜索指数在不断提升，目前比2013年同期增加了260.2%，说明现在越来越多的消费者开始在网上寻找合适的文胸产品。同时，也可以看到一些促销活动引起的搜索趋势的变化，如11月11日的峰值，就是淘宝双十一促销活动的结果。

从数据来看，文胸的搜索和成交地域主要集中在长三角和珠三角一代。对于这些区域，在以后的推广活动可以根据策略进行重点加强或回避。

从图5-3中可以看出，女性是搜索和成交的主要人群，但不可忽视的是有30%的男性也在搜索"文胸 聚拢"，男性成交的也有28%的比例，所以在推广"文胸 聚拢"的时候，不能仅仅面对女性消费者而忽略了男性消费者。

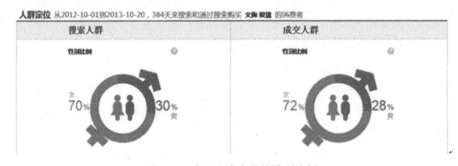

图5-3 购买文胸产品的性别比例

从图5-4中可以看出，18～24岁的消费者搜索"文胸 聚拢"的比例最高，然后慢慢递减，但到了40～49岁的时候有一个明显的反弹，同时在这个年龄段成交的力度更大。所以，在产品定位和宣传时，必须清楚这些年龄差异所带来的不同的市场需求。

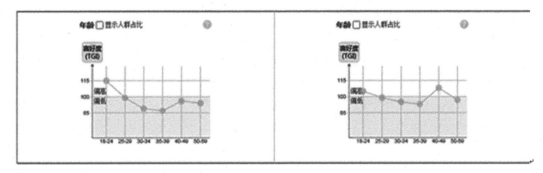

图5-4　文胸功能搜索图示

图5-5是一个有趣的统计结果，可以看出天秤座的人搜索的较多而成交的较少。所以，有趣的卖家在产品中如果玩一个针对"天秤座"的顾客的优惠活动，也许可以促进天秤座顾客的成交。

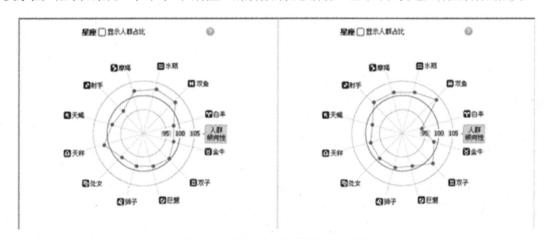

图5-5　购买文胸人群的星座分布图示

图5-6是对搜索和成交"文胸 聚拢"一词的顾客做了进一步的特征研究，可以和其他顾客进行对比分析。如搜索"无钢圈文胸"就可以看到如下结果。

图5-7是一个完整的搜索截图，把对应部分和图5-7对比后就会发现。搜索"文胸 聚拢"的消费者多数特征属于"爱美女生"，而搜索"无钢圈文胸"的特征是"爱吃零食"。所以对于销售聚拢文胸的卖家在搞网络联合营销的时候可以多考虑和化妆品的卖家联合，而对于销售无钢圈文胸的卖家应多考虑与销售零食的卖家联合营销。同时，也发现年龄较大、买家级别高的顾客更偏爱文胸的舒适性，对无钢圈文胸的需求明显较高。

通过这些对比，就可以发现不同消费者的行为差异，从而有针对性地开展营销活动。当然，必须认识到这些统计也可能存在一些偏差，如有的家庭只有一个支付宝，家里所有人购买的东西都是由这一个支付宝支付的。或者有的人是帮助别人购买的。所以，在研究分析消费者的时候要加以留意区分。但随着网购的普及，这类统计数据会越来越准确。

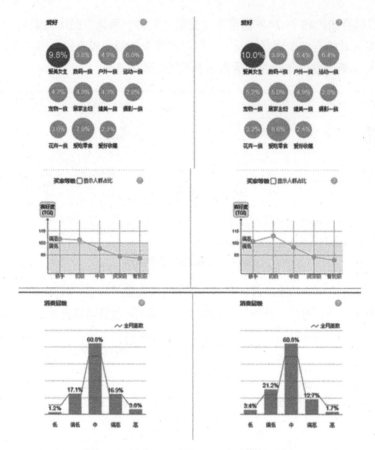

图5-6 搜索文胸产品的客户特征分析图

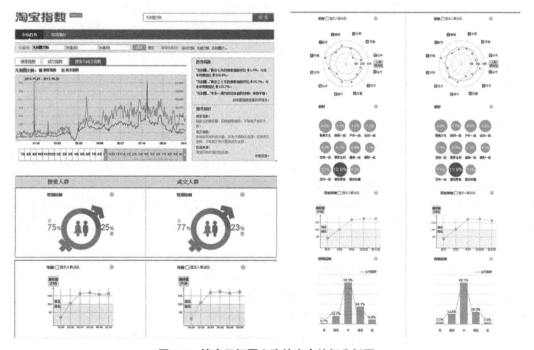

图5-7 搜索无钢圈文胸的客户特征分析图

第四节　文胸产品的价格

同种类型的文胸产品价格在市场中从几十元到上千元不等，但都有各自的市场。产品定价从消费者角度反映的其实就是产品定位的问题。因为价格本身不是定位，但价格决定了消费群，消费群决定了定位，所以价格本身也具备了定位的意义。定价只是市场营销组合中的一个子因素，价格因素必须与对应产品、渠道和促销等其他因素共同组合，才能充分发挥其作用。

一、价格与定位

在市场中文胸产品的品质和功能相差不大的情况下，价格是影响消费的重要因素。一般来说，价格低的产品销量会比较多，但未必利润就好。因为价格比同类产品低，虽然能吸引更多的消费者购买，但也会使消费者怀疑产品品质低于同类产品。消费者对商品价格高低的认识，是在多次消费经历和广告影响中逐渐建立起来的。消费者在穿着体验不同服装产品的同时，会对不同品牌、不同质地、不同款式及其价格进行对比，这种价格对比直接影响消费者对服装企业产品价格定位的接受程度。如在淘宝平台上，有的文胸仅卖几元钱，但购买的消费者并不多，反而是定价39元的销量最好。这说明多数消费者认为几元钱文胸的品质是无法接受的。

以目前淘宝平台销售的文胸价格统计可以看出：6%的消费者接受价格小于17元的文胸、34%的消费者接受价格的范围是17～89元、44%的消费者接受价格的范围是89～210元、13%的消费者接受价格的范围是210～375元、3%的消费者接受价格超过375元。

二、定价的方法

文胸产品定价的方法与普通服装一样可以概括为成本导向定价法、需求导向定价法和竞争导向定价法。

1. 成本导向定价法

成本导向定价法是一种最简单的定价方法，即在文胸成本的基础上，加上预期利润作为文胸产品的销售价格。这种定价方法的优点是计算简便，特别是在市场环境基本稳定的情况下，可以保证企业获得正常利润。但这种定价只考虑了产品本身的成本和预期利润，忽视了市场需求和竞争等因素，不适合新产品和新市场的定价。依据核算成本的标准不同，成本导向定价法可分为两种：平均成本导向定价法和边际成本导向定价法。

2. 需求导向定价法

采用需求导向定价时不再以成本为基础，而是以消费者对产品价值的理解和需求强度为定价依据。消费者购买商品时总会在同类商品之间进行比较，选购那些既能满足其消费需要，又符合其支付标准的商品。消费者对商品价值的理解不同，会形成不同的价格限度。如果价格刚好定在这一限度内，消费者就会顺利购买。为了加深消费者对商品价值的理解程度，从而提高其愿意支付的价格限度，零售店定价时就要根据自身的市场定位，努力拉开本企业商品与市场上同类商品的差异，突出商品的特征。在网店上就表现为"产品描述"的能力，再通过综合运用其他营销手段，使消费者感到购买这些商品能获得更多的相对利益，从而提高其接受价格的限度。零售店则据此提出一个可销售价格,进而估算在此价格水平下商品的销量、成本及盈利状况,最后确定实际价格。采用这种定价方法的关键在于企业对消费者理解的商品价值要有正确的估计。如果企业对消费者理解的价值估计过高,定价超过了消费者理解价格的上限,就会影响销售量。反之,定价过低,则不能达到需求定价法的营销目的。在营销过程中,要让消费者认可产品的价值,不仅要在产品本身,还需要在产品描述、包装、宣传和渠道上进行提升。

3. 竞争导向定价法

竞争导向定价法是以市场上相互竞争的同类商品价格为定价基本依据,以随竞争状况的变化确定和调整价格水平为特征,与竞争商品价格保持一定的比例,而不过多考虑成本因素的定价方法。其优点在于考虑到了产品价格在市场上的竞争力。缺点则是由于过分关注在价格上的竞争,容易忽略其他营销组合可能造成产品差异化的竞争优势,而且容易引起竞争者报复,导致恶性地降价竞争。

如图5-8所示,是目前淘宝平台销售量最大的两款文胸,显然采用的就是竞争导向定价法。

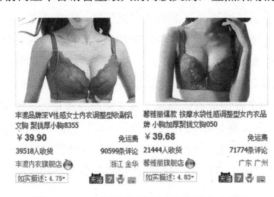

图5-8　2013年淘宝平台销售量最大文胸款

第五节　文胸的销售渠道

文胸的销售渠道是指文胸产品从生产者转移到消费者手中所经过的中间环节。文胸产品的销售渠道已出现多种形式并存的现状,在各种渠道的筛选过程中,企业根据品牌的定位,寻找多元化的分销形式,力图在整个市场上获取具有优势的竞争资源。

一、文胸产品的传统销售渠道

文胸产品的传统销售包括直营、代理、特许加盟、批发等模式。

1. 直营

直营销售模式可以分为两种,一种是文胸生产企业自己选择目标市场,开设实体店铺对产品进行销售,这类店铺被称为直营店。直营店根据开店位置的不同又可以分为百货店和街铺店。直营销售能够较好地体现品牌形象、易于实现垂直管理和精细化营销,对市场反应和信息把握较为准确,而且市场计划执行力较强。但是由于每个直营店都需要企业直接投资并管理,所以初始投资成本较高,终端管理能力要求也很高,对企业而言,资金、人力资源和管理成本不具优势。大部分的文胸品牌企业在一线和二线城市，都有公司自己经营的直营店，这也为实施特许加盟提供了一定的消费者认知度支持。

2. 代理

代理模式是指将全国划分为若干个区域，每个区域选择区域代理商或独家代理商，企业授权代理商全权负责该区域内的产品销售，并由代理商发展和管理下属终端商。这种销售模式节省了企业销售渠道拓展和管理的成本。在企业建立之初，或者企业刚刚进入一个新的地区进行产品销售时，代理模式是一个快速占领市场份额的方式。但是由于企业对代理商和货品的管理及控制存在一定限制，终端市场上容易出现货品混乱，甚至会有不属于本品牌的产品挂在卖场里销售的现象，影响了品牌在消费者心目中的形象。渐渐成熟的大代理商拥有的代理品牌较多，已经开始着手自身分销渠道的建立，将代理品牌集中在一个大卖场中进行销售，形成了类似"内衣超市"这样的大卖场。

3. 特许加盟

特许加盟模式是内衣品牌企业以签订合同的方式，将商标、产品、服务、技术及其他支援系统授权给加盟者，并收取一定的加盟费用，与总部一起共同进行零售店铺管理的一种营销模式，它的发展势头较快。这种营销模式在产品销售终端，能向消费者传递统一的、稳定的品牌形象。加盟模式在运作过程中，存在双方利益矛盾的问题，加盟商的自由度受到了很大限制，这可能会影响双方的合作。

4. 批发

批发顾名思就是一批批进货，然后往外一批批地发货。批发商通过批量采购上一级供应商（如工厂、代理、经销）的货，然后再批量卖给下一级需求者（如零售商），并从中赚取利益。通过批发商的渠道，可以使商品覆盖的范围更广更深，这种营销模式不适合品牌附加价值较高的文胸产品，对于价格不高、需求量大的文胸产品较为适合。

二、文胸产品的销售新渠道

1. 网上销售

根据"2012年中国网上购物消费者调查报告"的数据，我国现有网上购物经验的人数是2.12亿，其中，青年女性约为1.4亿，2011年网购规模为8090亿元，总体网购增长率为20.6%；内衣网购规模超过60亿，同比增长128.5%。网购市场的蓬勃发展给许多中小文胸品牌突破实体渠道销售提供了很好的机遇。很多中小内衣品牌起初选择网络销售是受制于资金实力、产品创新和管理能力的严重不足，但随着消费者消费习惯的改变和商品价格优势在网络市场上越来越清晰的体现，网络销售反而取得了实体渠道难以想象的销售业绩和品牌影响力。网上销售具有实体店铺无可比拟的优势，在产品的销售过程中，节约了实际销售成本；并且对消费者信息可以进行及时采集。同时，利用网络的互动性，使企业与消费者的联系变得更加紧密。当然，现阶段针对文胸产品而言，网络销售方式也存在着不足，它不能具备消费者在实体店购物的优势，无法获得文胸产品的试穿效果、面料感知、尺寸是否合适等方面的真实感受。

2. 线上线下整合销售

很多依赖实体渠道的品牌也纷纷建立门户网站或是通过网购托管的方式，将网购市场提升到品牌发展的战略高度，将线下品牌知名度、美誉度的优势移植到线上，实现了两个渠道的优势整合。另一些起步于网络销售的文胸企业，也开始启动实体渠道的加盟模式，以实体店铺的形式向消费者表现更清晰的产品优势。不论是从线上向线下发展，还是从线下朝线上发展，都是将两种渠道的优势进行互补的销售战略，更好地推动了文胸企业零售市场的发展。线上线下销售渠道的整合是一种增加品牌知名度从而扩大销售量的方法，要想提高品牌的美誉度，就需要在文胸销售的过程中，增加消费者体验，获得她们的情感支持。

3. 沙龙式销售

文胸产品与一般服装产品相比具有较高的私密性。据2011年香港大学的内衣调研报告指出，97%的亚洲女性不懂得正确选择文胸，不懂得从健康和美两个角度选择符合自己特征的产品，因此文胸的沙龙式销售应运而生。日本文胸品牌BRASSIELE公司就是一个很好的案例。她们认为，一般内衣采取开架式陈列，让消费者对产品进行自由选择，是因为产品本身没有明显差异或者产品没有需要充分说明的地方，消费者按照自己的喜好，选择合适的尺码，进行试穿、购买就可以了。而BRASSIELE公司的产品定位在"正确、合身的文胸产品"上，对每一位要进行文胸购买的消费者，彻底准确地量身，为顾客选择或制作适合她们自己的产品。公司通过不同的方式向消费者传递这样的信息——只有"沙龙"才可以让消费者拥有绝对属于自己的隐秘空间，在专业人士的指导意见下，挑选适合自己的独一无二的文胸。虽然沙龙形式在销售文胸的过程中，增加了很多成本，但由于经过这样特殊服务的消费者对品牌产生了绝对的忠诚，所以销售一直很稳定。同时，与消费者之间建立的良好互动关系，也为企业开发和导入新产品提供了有效的保证。

4. 内衣生活馆

内衣生活馆的出现充分说明了消费者在文胸购买的过程中，购买习惯开始改变，对购买体验的诉求越来越明显，更加追求与众不同的个性体验。内衣生活馆更加注重装修、商品的陈列以及服务人员的形象，"猫人""爱慕"等品牌开始推行生活馆和全品类销售体验馆的零售模式，依靠店铺内丰富的产品线，出售满足某种生活方式的产品，一方面提高文胸的零售价格，一方面进行内衣的多种类销售，从而达到高利润、高销售量和高品牌忠诚度的目的。

5. 内衣大卖场

对于大型内衣品牌代理商而言，如果对其旗下代理的每一个品牌都开专卖店进行销售，不仅需要较高的营运成本，还需要较多的管理成本。因此大代理商会选择将这些品牌整合到同一间卖场，在一家终端销售店铺里，汇聚众多的文胸品牌，以丰富的产品线，如文胸、无缝内衣、美体内衣、功能内衣等，满足消费者多样化的需求。以规模性的经营，降低营运成本，从而能以更有竞争力的价格吸引消费者。当销售文胸的边际利润越来越低时，大卖场销售方式就成为未来零售的一种趋势。

6. 美容院销售

美容院销售是一种脱离文胸传统销售的新渠道。很多女性已经把去美容院做面部及身体保养看成生活的一个内容，这些消费者有较好的购买能力，她们在关注面部美容的同时，体形的修饰也成为关注的内容。在美容院销售的文胸以调整型丰胸文胸为主，价格较高。随着美容行业的发展，这种销售渠道必将成为增加高边际利润产品销售的有效分销途径。

7. 特卖会

针对大型企业的特卖会。大型企业拥有较多的潜在消费者，想在尽可能短的时间里，获得较好的销售业绩增长，针对大型企业的特卖会是一个低成本的运作方式。文胸企业掌握特卖会的价格优势，又拥有品牌的吸引力，较大的库存压力便通过这种方式进行消化。对企业和消费者而言，或许能达到一种双赢的效果。

无论哪一种销售渠道，零售的终端都应该根据目标顾客、商品结构、经营方式和服务功能等因素综合确定。随着经济水平的提高，消费观念的不断转变，文胸的零售渠道呈现多元化的趋势。女性对文胸的需求逐渐从产品的功能性层面朝人性化的精神层面发展，购物终端成为影响消费的重要因素，能够体现购物乐趣和私人专属感的零售业态模式使得企业获得了销售渠道中的竞争优势。

不同的国家，由于购买习惯的差异，文胸零售业态模式体现的方式有所不同。在美国，文胸产品的销售以大型百货商场、大卖场和专卖店为主；法国则以超级市场和专业连锁店占主导，而大商场份额较少；在意大利，内衣销售以专卖店占绝对主导，超级市场所占份额相对较少；英国以大商场占绝对主导，超级市场所占份额较少。

大型百货商场文胸产品销售的目标顾客一般都锁定在都市的中等收入阶层，购物环境较好，多个品牌集中展示在同一区域，消费者选择余地较大。百货商场作为内衣主流消费渠道，已成为众多品牌开展竞争的场所。百货体系具有的渠道霸权，将那些知名度低、销售业绩不稳定的或者新导入的品牌拒之门外，百货体系战略发展有限考虑的对象也是那些国际品牌，国内一二线品牌，小品牌或者新品牌很难打破这种格局。

内衣的加盟连锁作为这些年新出现的零售业态，其强大的终端竞争优势，已被越来越多的内衣企业所接受。连锁专卖店在全国统一的形象，分销同样的产品，形成了一定的规模效应和品牌影响力。百货商场、专卖店是维护品牌形象，提高品牌美誉度的方式，注重品牌发展的内衣企业会偏向这两种零售业态。而对于想要扩大销售量且相对低成本运作的内衣企业，超市、多品牌店会是不错的选择。

第六节　网络销售文胸产品的描述与组合

在网络销售中，由于消费者看不见、摸不着实物产品，所以产品的图片描述就显得十分重要。而在实体店销售中，由于受店铺面积和陈列的影响，必须有效选择合适的产品组合才能实现销售利益的最大化。

一、产品描述

在购物网页上，一个优秀的、严谨的产品描述页面，应该是带有驱动性的直观阐述，不仅要吸引消费者的停留时间，而且要促使其产生购买的欲望，且果断下单。在梳理产品页面描述的逻辑时，要遵循"滑梯效应"，就是让顾客看了第一点后，不由自主地希望看后面的内容。所以，产品页面描述需要做到这样一个过程：引发兴趣→提升兴趣→建立信任（消除疑虑）→促成订单→关联销售。以文胸产品为例，讲述如何进行产品描述。

1. 引发兴趣

引起注意的核心是从顾客的需求出发，通过营造气氛或关键词来引起顾客的共鸣。顾客的关注点一般是从上到下，从左到右。作为推广用的图片一定要能够引起顾客的关注，进而点击进入详细页面。

图5-9中的图片突出了三件事:"无痕聚拢、告别小胸"说明产品的功能;"狂售208915件,百分百好评"说明产品被广大消费者认可;"39元"说明价格便宜。所以这张图对于小胸的女性而言无疑具有很强的吸引力。

图5-9 文胸产品特征宣传图

2. 提升兴趣

顾客进入页面后,一定要进一步提升顾客的兴趣,确保顾客继续浏览下去。通过表达顾客的核心需求,以及我们的解决方案。告诉顾客我们提供的是什么,与别人有什么不同,得到的好处是什么。

如图5-10所示,进入页面后,消费者会看到"领取3元优惠券"的信息,然后看到"满78元免运费"和"满98元送洗护袋"的信息,促使消费者对这些活动有兴趣而进一步看下去。并通过详细的商品基本信息,让顾客更多地了解商品。

图5-10 优惠方案设计

消费者再往下看就是对产品卖点的提炼,如图5-11所示,分别提炼的卖点是:"聚拢舒爽""解决问题""完美曲线"和"循环透气"等,让浏览信息的消费者产生更大的兴趣,继续看下去。

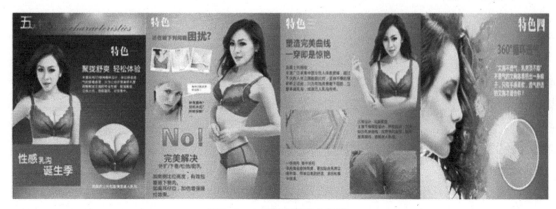

图5-11 文胸产品卖点提炼

3. 建立信任

通过与顾客建立信任，就能消除顾客的购物疑虑，增加购物的安全感。这个环节，可以通过高质量的图片表达、细节、品牌、实力、质检、销量、其他顾客好的评价以及售后的保障等方式来建立。

图5-12通过品牌形象的建立，表达自己是"内衣专家"，来提升消费者的信任度。

图5-12　增加信任

图5-13通过一系列的产品细节展示，从设计、做工、面料等各个方面向消费者展现产品优势，从而提升消费者对该产品的信任。

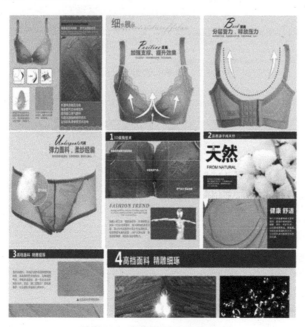

图5-13　产品细节功能展示

如图5-14所示,有的企业还可以通过提交权威机构的检测报告,来提升消费者的信任度。

图5-14　权威检测报告图示

如图5-15所示,增加顾客信任度的方法之一,就是可以把以往的销售的数量和消费者的评价做成图片,来证明自己的产品和能力。

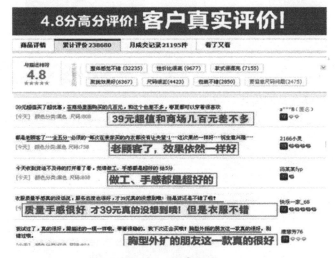

图5-15　用户评价

对于一些不好用图片表达的问题,可以设计成问答形式,展现给消费者,如图5-16所示,能够解决一些消费者常常疑惑的问题。

此款文胸的常见问题回答:
1.厚款的夏季穿是不是会热呢?透气性怎么样?
答:此款文胸厚款是上薄下厚的杯型哦!透气性很好,采用纯棉里料,吸汗透气,所以夏季也不用担心穿着闷热。
2.文胸尺码标准吗?调整型的是不是要选大一码呢?
答:此款文胸底围偏下,建议选大一码。

图5-16　产品细节功能等解答

由于消费者在购买内衣时最担心的是尺码问题,所以一定要有一个详细的尺码表,如图5-17所示,必要时还应该提供一些不同身材的人的试穿记录。

图5-17 文胸尺码表图示

如果消费者还是担心,那么最后的就是对退货的承诺,如图5-18所示,力求最终打动消费者。

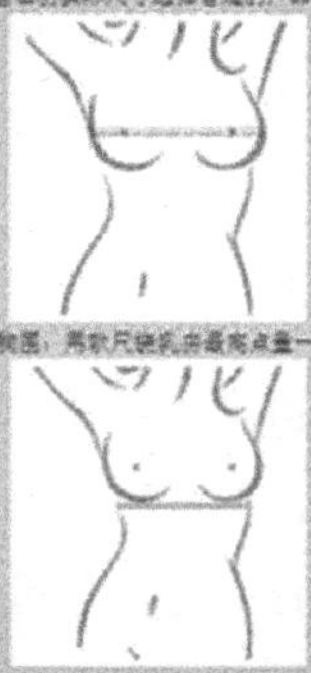

图5-18 售后服务承诺保证

193

4. 促成订单

消费者在决定购买以后，未必会立即下单，也许最终因为其他因素导致未能最终成交，所以需要尽快促成订单。这就是要根据产品的不同或客户的喜好，营造一种紧迫感，例如产品或价格的限时限量，其他服务和赠品。比如用限时优惠，促进成交。

如图5-19所示，告诉消费者优惠仅仅1天，错过了就可能提价增加紧迫感，来促成订单。

图5-19　优惠特价服务

5. 关联销售

在成交后，还可以通过情感营销来促进关联销售，提升店铺整体业绩。如果能够关联销售当然是促进销售的好方法，但无依据的关联往往不能起到促销效果。

如图5-20所示，通过表达对父母的关爱，促进关联产品（保暖家居服）的成交。

图5-20　关联产品促销

如图5-21所示，通过产品组合的优惠价格来促进关联销售。

图5-21　产品组合关联销售

二、产品组合

由于消费者需求的差异性和企业资源的有限性,企业在确定了消费者需求之后,应该结合企业自身条件和能力进行产品组合的开发。所谓产品组合(product assortment)是指一个企业在一定时期内生产经营的各种不同产品的全部产品、产品项目的组合。产品组合,通常由若干条产品线组成。产品线是指同类产品的系列。产品线越多就意味着产品组合的就越广泛。每条产品线又由若干个产品项目组成。就文胸产品而言,文胸产品就是内衣产品线的一个产品项目。

由于定位的不同,不可能出现一类产品能满足所有消费者需求的现象,所以有的企业为扩大市场占有率,会采取多品牌战略。如华歌尔(Wacoal)是华歌尔的主打品牌,针对知性、时尚、高端的女性。莎鹿(SALUTE)是华歌尔的高端品牌,专为崇尚奢华的女性设计。恋玫莎(LA ROSABELLE)是华歌尔针对我国女性的体型来设计,生产适合大部分我国女性的内衣。而蜜桃派(PEACH JOHN)和安斐儿(Amphi)都是针对年轻女性的品牌。

以华歌尔(Wacoal)品牌在天猫的旗舰店为例,来分析一般文胸的产品线,华歌尔的产品线分为6条产品线,见表5-1。

表5-1 华歌尔产品线分类表

分类	文胸	内裤	生活馆	塑身	保暖	孕妇内衣
款式(款)	71	71	19	11	8	3

在71款的文胸中,按功能又分为7种,见表5-2。

表5-2 华歌尔文胸按功能分类表

功能	聚拢	上托	无痕	吸汗	定型	调整	其他
款式(款)	25	15	7	7	3	6	8

按价格区间又可以分为8个区间,见表5-3。

表5-3 华歌尔文胸价格区间分类表

价格(元)	50~100	100~200	200~300	300~400	400~500	500~600	600~700	700以上
款式(款)	3	20	17	18	5	3	4	1

在确定产品组合的时候,还必须考虑产品组合的深度。所谓产品组合的深度是指同类产品的款式、面料、颜色、尺码的多少。产品组合深度可以用SKU数表示,英文全称为stock keeping unit,简称SKU,定义为保存库存控制的最小可用单位,即库存量单位。以图5-22的华歌尔这款为例,共有14个尺码规格,4个颜色,所以SKU数为56。

图5-22 华歌尔花漾系列

图5-23 这款丰度文胸有11个尺码规格，6个颜色，SKU数是66。

图5–23　丰度深V性感系列的SKU是66

图5-24 这款岱莉舒文胸有12个尺码规格，有10个颜色，SKU数则是120。

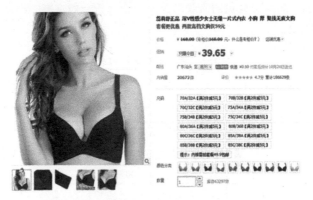

图5–24　岱莉舒深V性感系列的SKU是120

换句话说，零售商要配齐这款文胸产品，至少需要120个库存单位。由此可以看出，较多的SKU在可以给顾客更多选择的同时也会大大增加企业库存的风险，所以企业必须合理控制SKU的数量。尤其是面积有限的实体店铺，更需要仔细研究合理的产品组合结构。对产品组合的研究是企业利用有限的资源实现利润最大化的重要保证。

第七节　文胸产业集群

文胸产品的生产企业在我国形成了一个个地域性的产业集群，这些产业集群依靠本地文化和生产优势进行发展，各有特色。

广东佛山大沥镇盐步是国内最早生产文胸的地区，现在已经成为全国中档品牌最集中的文胸产业集群所在地之一，在国内文胸销售特别是二线品牌销售中，占有重要份额。强大的终端，完善的产业链，优秀设计人才和熟练生产工人的有力聚集，为盐步文胸产业的发展提供了强大的核心竞争力，凸显了盐步文胸产业集群的明显优势。盐步文胸产业的起步与发展，是从1979年香港胸围大王罗杰伦先生在盐步设立文胸生产厂开始的。正是他投资兴建的丽斯内衣厂，为盐步文胸产业培养了大量的专业人才，奠定了盐步文胸产业发展的坚实基础。盐步文胸定位在"中档内衣"这一空间上，巨大的空间给盐步文胸企业提供了良好的发展契机，同时适中的价格定位也推动了品牌迅速的成长。以本土品牌奥丽侬、美思、嘉莉诗为代表的盐步文胸，于2000～2001年度创造了行业快速发展的神话。奥丽侬内衣有限公司也是国家《文胸》《针织塑身衣（弹力型）》《针织泳装》行业标准的起草、修订企业。盐步也先后荣获"中国内衣名镇""中国时尚品牌内衣之都"的称号。盐步文胸的产业链不如汕头发达，但单个企业的规模、品牌影响力、产品的设计在行业里都是屈指可数的。

广东汕头潮阳是我国最大的女性内衣生产基地，是产业链最完善的地区，内衣品种最齐全，并且也是文胸生产名镇谷饶的所在地。低端文胸市场一度被潮阳的文胸企业垄断，潮阳成为低端文胸的代名词。但随着盐步文胸企业的崛起以及市场竞争的无序化，潮阳放缓了在低端市场的步伐，着手于品牌化的市场运作。以"奥斯兰黛""雪妮芳""霞黛芳"等为代表的品牌，纷纷开始品牌战略，专卖店陆续出现在全国大中城市，努力改变潮阳生产低端文胸的局面。但由于潮阳与低端品牌的历史渊源，给后期成立的文胸品牌服装造成了一定的束缚。1996年在潮阳创立的定位在中高端文胸市场的曼妮芬内衣公司，为了提升自己的品牌形象，不得不将总部迁往深圳进行发展。

浙江义乌文胸产业是近几年发展起来的一支生力军，起源于义乌小商品城。在义乌小商品城文胸批发业务的影响下，周边的东阳、义乌等地区开始逐渐出现上百家文胸生产企业。备受行业关注的是品牌"水中花"，它凭借出色的产品质量和诚信的经营作风，迅速实现了市场的扩张。义乌的文胸产品以无缝内衣生产最具特色，常规内衣生产也较具规模。

深圳公明是最早为世界名牌加工的地区，吸引了众多大品牌筑巢，成为中高端文胸的产业集群地。深圳既是人才的聚集地，又是对外出口的最佳窗口。现在开设的深圳国际内衣展览会，为推动深圳文胸行业朝更高的层次跃进提供了很好的平台。深圳本土的文胸代表品牌包括"芬怡""黛丽斯"等，也包括从潮阳迁过来的品牌"曼妮芬"。

同一区域企业品牌之间，有一定的发展共性，形成了具有本区域产品生产特色的原材料产业链，使本区域文胸产品具有了低成本生产的优势，各个产业集群具有了自己的特色，产业集群之间又具有互补性，组成了全面的具有优势的文胸市场。

参考文献

[1] 刘瑞璞，王俊霞. TPO品牌化女装系列设计与制版训练[M]. 上海：上海科学技术出版社，2010.

[2] 刘瑞璞，王俊霞. 女装款式和纸样系列设计与训练手册[M]. 北京：中国纺织出版社，2010.

[3] 印建荣. 内衣结构设计教程[M]. 北京：中国纺织出版社，2006.

[4] 罗莹. 贴心时尚，内衣设计[M]. 北京：中国纺织出版社，1999.

[5] 张文斌. 服装工艺学·结构设计分册[M]. 第2版. 北京：中国纺织出版社，1997.

[6] 《服装号型》标准课题组——国家标准《服装号型》的说明与应用[M]. 北京：中国标准出版社，1992.

[7] 印建荣，常建亮. 内衣纸样设计原理与技巧[M]. 上海，上海科学技术出版社，2006.

[8] 王尕尕著. 衣裳饰品 http://cache.tianya.cn/publicforum/content/no11/1/538215.shtml

[9] 戴鸿著.《服装号型标准及其应用》北京：中国纺织出版社，2001.

[10] 童时中. 模块化原理设计方法及应用[M]. 北京：中国标准出版社，2005.

[11] 李克兢. 崔世忠. 模块化服装快速生产设计系统的开发[J]. 北京，纺织学报，2006.

[12] 张鸿志. 服装CAD原理与应用[M]. 北京：中国纺织出版社，2009.

[13] [英] 安·哈格著. 内衣、泳装、沙滩装及休闲服纸样设计[M]. 北京服装学院爱慕人体工学研究所，译. 北京：中国纺织出版社，2001.

[14] 王旭，赵憬著. 服装立体造型设计（立体裁剪教程）[M]. 北京：中国纺织出版社，1997.

附录一 ETCOM_WIBU_3D系统简介

进入ETCOM_WIBU_3D系统，主界面由文字菜单栏、工具条、状态栏、工作区、层选择方式、号型层和图标工具栏组成。工作区是有坐标的无限大的纸，可将一款中的所有的面辅料样板都放在一个界面如图附录-1所示。

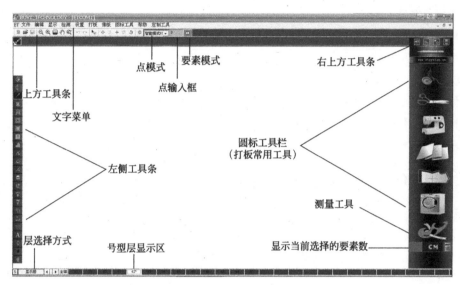

图附录-1 ET系统界面图示

- 在 ![CM] 处单击鼠标，可以在不同单位及图形面板之间切换。
- 在 ![CM] 处单击鼠标，可以进入裁片清单大表。
- 在推板状态下，单击屏幕上方的 ![www.etsystem.cn] ，可以在放码工具与打板常用工具之间切换。
- 单击 ![Measure] ，可在测量工具与线放码之间切换。

一、文字菜单栏

文字菜单栏内包含打板和推板系统的十个菜单。单击某个菜单时，会弹出下拉式工具列表，可以用鼠标单击选择其中某个工具，此时，状态栏内显示该工具的功能及操作步骤的提示说明。

二、工具条

工具条有三个放置区域：上方工具条、右方工具条和左侧工具条。上方工具条内放置常用工具的快捷图标、点选择模式、点输入框和要素选择模式等，为快速完成打板、推板、排料等工作提供方便。右方工具条包含右上方工具条、打板常用工具条、测量工具条、显示当前要素数栏以及单位转换和计算器。其中，右上方工具条显示进入打板、推板、排料、数字化仪板和绘图输出等功能；打板常用工具条包含48个功能键；测量工具条包含8个功能键；显示要素栏点击后可进入裁片清单大表。左侧工具条包含23个功能键。

三、号型层及层选择

号型层显示当前打板操作的号型,在推板状态下可选择推放的号型和选择显示操作层,号型名称在文字菜单栏的"设置"下拉式菜单里选择"号型名称"进行设置。

四、ETCOM_WIBU_3D中后缀名及常用文件

· 打板、推板文件:*.prj。

· 预览图文件:*.emf。

· 数字化仪文件:*.dgt。

· 排料文件:*.pla。

· 尺寸表文件:*.stf。

· 关键词文件:mykeyword.kwf。

· 附件库文件:*.prt。

· 布料名称文件:cloth.txt。

· 输出文件:*.out。

五、ETCOM_WIBU_3D中的快捷键

1. 点模式

F4:要素点模式。

F5:任意点模式(再按一次F5键,则为智能点模式)。

2. 显示

F6、V:全屏显示。

F7、B:单片全屏显示。

F8:关闭所有皮尺显示。

F9:显示分类对话框。

F10:前画面。

F11:显示隐藏后的裁片。

F12:关闭英寸白圈表示。

C:视图查询。

X:缩小。

Z:放大。

Shift+滚轮:按鼠标显示的位置放缩。

3. 工具面板切换

Alt+Q:打版工具与放码工具切换。

Alt+W 或 Alt+E:线放码工具与测量工具切换。

4. 功能

~:智能工具。

Back Space:退点。

：切换到计算器输入框。

Alt+S：刷新缝边。

Alt+Z：放码展开。

Alt+C：移动点规则。

Enter：捕捉偏移。

Alt+A：裁片平移。

Alt+D：快速刷新。

Alt+X：基础号显示。

Alt+V：切换打推。

5. 辅助线

Alt+1：添加垂直水平于屏幕的辅助线。

Alt+2：添加垂直水平于要素的辅助线。

6. 测量工具

Ctrl+1：皮尺测量。

Ctrl+2：要素长度测量。

Ctrl+3：两点测量。

Ctrl+4：拼合检查。

Ctrl+5：要素上两点拼合测量。

Ctrl+6：角度测量。

7. 其他

Ctrl+Z：UNDO撤消。

Ctrl+X：REDO重复。

Ctrl+S：保存。

Page up：切换到点输入框。

空格：所有输入框数值清零。

Page down：切换到数值输入框。

六、ETCOM_WIBU_3D中的制版常用工具（表附录-1）

表附录-1　ETCOM_WIBU_3D中的制版常用工具

序号	图标	名称	功能	备注
1		智能笔	可绘制矩形、水平线、垂直线、45°线、任意长度的直线和曲线、修正和编辑曲线点列、做角连接、长度调整、一（两）端调整、删除的修正操作、单向省、法向省、转省	
2		端移动	将一个或多个端点，移动到指定的位置	
3		工艺线	生成各种标记线	在系统属性设置中选择进入推板，这系统会自动计算其他号型的明线

续表

序号	图标	名称	功能	备注
4		圆角处理	对两条相连接的要素，做等长或不等长的圆角处理	
5		量规	通过某点，到目标线上，做指定长度的线	
6		要素属性定义	将裁片上任意一条要素，变成自定义的属性	第一次框选要素，要定义要素属性，再次框选该要素，则变为普通要素
7		点打断	将指定的一条线，按指定的一个点打断	
8		形状对接	将所选的形状，按指定的两点位置对接起来	
9		刀口	在指定要素上做对位剪口	做任何一条形式的刀口均要指示衣片净线
10		打孔	在裁片上生成指定半径的孔标记	打孔功能与半径圆功能的作用完全不同，用打孔功能做的是一种特殊的标记，使用切割机绘图时，会在纸上直接打孔
11		纸形剪开	沿裁片中的某条分割线将裁片剪开或复制剪开的形状	
12		修改及删除刀口	修改已做好的刀口数值或删除刀口	修改刀口时只能一次框选一个刀口。删除刀口时可以一次框选多个刀口
13		接角圆顺	将裁片上需要缝合的部位对接起来，并可以调整对接后曲线的形状，调整完毕，调整好的曲线自动回到原位置	
14		转省	将现有省道转移到其他地方	方式有四种：直接通过BP点转省、等分转省、指定位置转省、等比例转省
15		缝边刷新	当裁片上的净线被调整后，将缝边自动更新	此功能仅限于结构没有被破坏的衣片
16		修改缝边宽度	调整裁片局部缝边的宽度	缝边宽度大于或等于系统属性设置中设定的宽度时，自动变成反转角
17		裁片属性定义	指代表裁片属性的特殊文字，如样板号、裁片名、基础号型等，以备这些信息可以在除打板以外的其他模块起到作用	

续表

序号	图标	名称	功能	备注
18		删除缝边	将裁片上的缝边删除	缝边删除后就不是裁片而是线条了
19		缝边角处理	将缝边中的指定边变成指定角的形式	
20		专用缝边角处理	将缝边上的指定边，变成指定角的形式	
21		提取裁片	在纸样的草图上，选择一个封闭的区域，使之生成一个新的裁片	
22		裁片合并	将两个裁片合并成一个裁片	
23		缩水处理	给指定的要素或衣片加入横向及纵向的缩水量	
24		要素局部缩水	对线条镜像局部缩水	
25		任意文字	在裁片上的任意位置，标注说明的文字	写完文字后，再点选文字，可以直接修改与文字相关的内容
26		皮尺测量	按皮尺的显示方式测量选中要素	
27		两点测量	通过指示两点，测量出两点间的长度、横向、纵向的偏移量	
28		要素上两点拼合测量	通过指示要素及要素上的两点位置，测量出两组要素中，各两点间的要素长度及长度差	
29		综合测量	可测量一条要素的长度，或几条要素长度和长度差	
30		要素长度测量	测量一条要素的长度，或几条要素的长度和	
31		拼合检查	测量两组要素的长度及长度差	

七、设置菜单功能介绍

1. 设置布料名称

自定义在裁片上显示的布料名称。

选择此功能后，弹出对话框，如图附录-2所示：

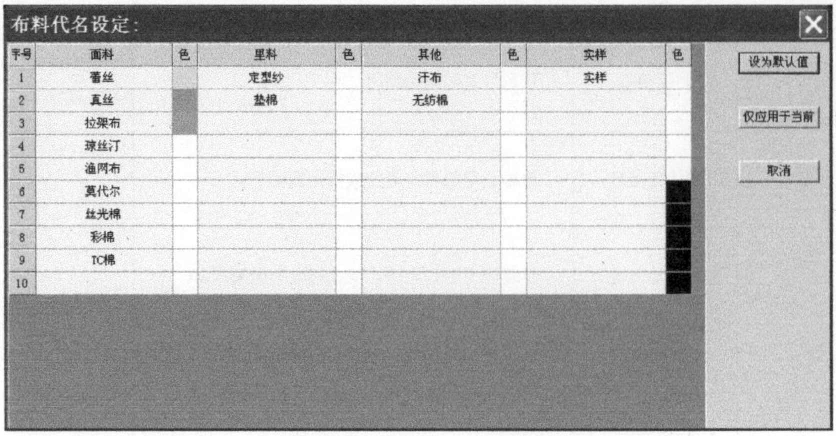

图附录-2　设置布料名称图示

在序号旁边输入所需的布料名称。布料名称中，不能有特殊的字符，文字的后面不能有空格。"设为默认值"后，所有文件都用这套布料名称；"仅应用于当前"后，对当前打开的文件面料名称进行修改。数值化仪输入时，可按序号读入布料名称。

2. 号型名称设置

自定义在裁片上显示的号型名称。选择此功能后，弹出对话框，如图附录-3所示。

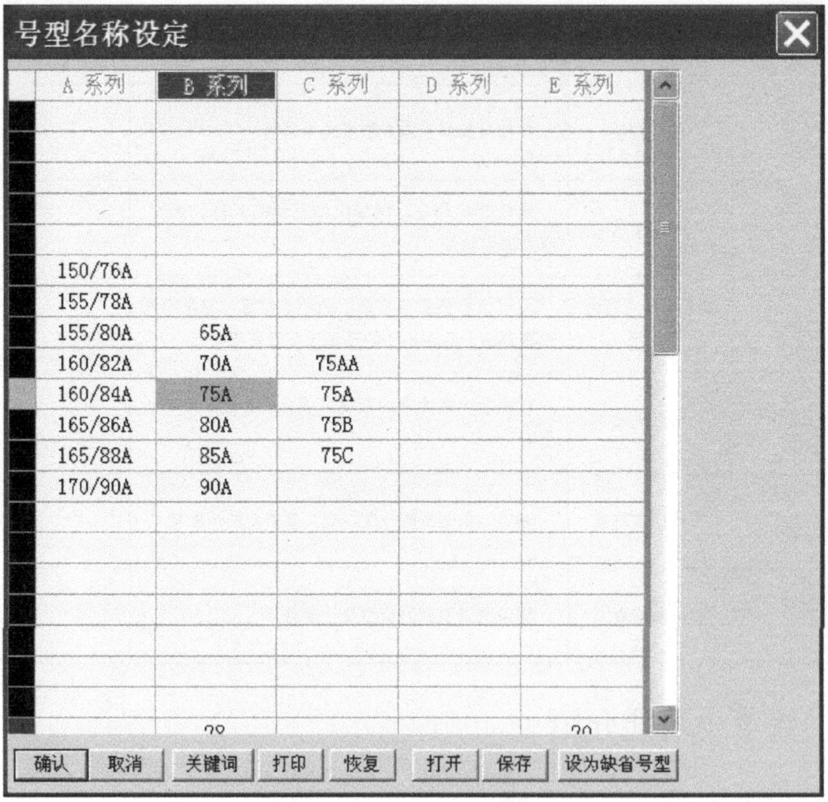

图附录-3　号型名称设定图示

可自定义号型名称，使所有文件的中码位置统一，建议以零开始数，在正数第9的位置输入基码的名称。选中系列的号型名称会应用到裁片上，如果系统中提供的5个系列号型不够用，可以使用保存功能，存入更多的号型系列，单击号型左边的颜色，可以自定义每个号型纸样的净边线颜色，中码的颜色修改后，裁片颜色会随之改变，但设定对话框中的黄色不会变，这样做可以方便找到中码的位置。

3. 附件登录

将服装上常用的部件，登录到附件库中。左键框选需要登录的附件，右键结束选择，同时指示定位点；"定位点"用右键指示，在调出附件的对话框中有绿点显示。弹出对话框后，选"增加新组"功能，在弹出的对话框中输入组名。

4. 附件调出

将已保存的附件按指定大小、指定模式调出。选择此功能后，弹出对话框如图附录-4所示。

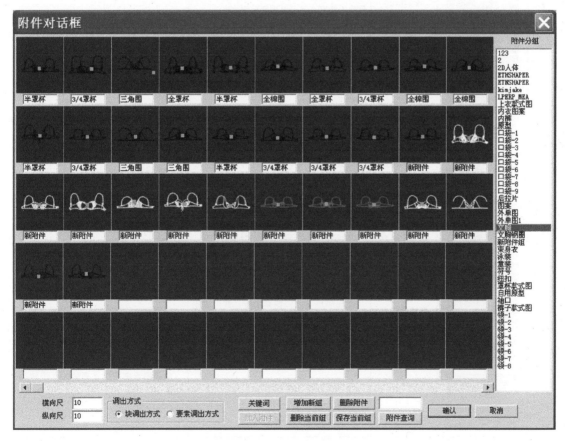

图附录-4 附件对话框图示

选择需要调出的附件，被选择的附件变成红色，下方的横向尺、纵向尺中会显示存入此时附件的尺寸。可以将这两个改为当前需要的尺寸；选择"块调出方式（是一个整体，不能修改）"或"要素调出方式（可以修改）"。

八、ETCOM_WIBU_3D中的放码常用工具（表附录-2）

表附录-2　ETCOM_WIBU_3D中的放码常用工具

序号	图标	名称	功能	备注
1		推板展开	在点放码规则或线放码规则输入完毕后，将裁片展开成网状图	在屏幕左下角的推板设置中，设置了推板号型，才可以使用展开功能
2		对齐	按框选点，对齐号型的裁片	此功能只能针对有纱向的裁片使用
3		尺寸表	对推板时要用到的尺寸表进行编辑	除了可增加、修改、删除等功能外，可导入word、excel、txt尺寸表文件
4		规则修改	检查所选放码点的放码规则类型及数值输入状况，且可以进行数值的修改	
5		移动点	定义放码点横向及纵向的移动量，使之相对于固定点移动	
6		固定点	此放码点在横向及纵向的移动量均为零	
7		要素比例点	此放码点在已知要素上按原比例移动	此放码点多应用在刀口点或裁片内部分割线等位置
8		两点间比例点	此放码点在已知的两放码点间按原比例移动	此放码点通常用于放省道部位
9		要素距离点	此放码点在已知的要素上设置移动量	此放码点多应用在裁片上的刀口点或裁片内部分割线等位置
10		方向移动点	此放码点沿要素方向移动，并可以定义要素方向及要素垂直方向的移动量	
11		距离平行点	此放码点与已知要素平行，并可以定义横向或纵向的移动量	此放码点多应用在衣片的肩点部位
12		方向交点	此放码点沿要素方向移动，并与放码后的另一要素相交	
13		要素平行点	此放码点是已知两要素平行线的交点	此放码点多应用在西装前片的领口位置
14		删除放码规则	删除指定点的放码规则	
15		规则拷贝	将已知放码点的规则，通过九种不同的方式，拷贝到当前的放码点上	只有固定点与移动点的规则可以拷贝，其他特殊点的规则都只能参照
16		分割拷贝	将未分割前裁片上的放码规则拷贝到分割后的衣片上	此放码点多应用在分割线较多的裁片上
17		文件间片规则拷贝	将整个裁片的放码规则拷贝到另一个文件中形状类似的衣片上	

续表

序号	图标	名称	功能	备注
18		片规则拷贝	将整个裁片的放码规则拷贝到另一个形状类似的衣片上	只能拷贝移动点规则
19		移动量检测	查看当前屏幕上点的移动量，还可以将用特殊规则放码的点转为普通的移动点	
20		移动量拷贝	拷贝当前屏幕上的放码量（包括特殊点和对齐后的量），拷贝过来的量会变成普通的移动量	
21		增加放码点	在裁片上需要放码的位置，增加放码点	此放码点多应用在上衣袖窿弧线上的前肩宽点位置；直线上不能增加放码点
22		删除放码点	将用户自行增加的放码点和系统自动生成的T型连接点删除	
23		锁定放码点	将选中端点位置锁住，使展开工具不影响这些锁定点	在其他码上的原线上做修改，系统将自动锁定；增添的内容，需人工锁定
24		解锁放码点	将锁定的放码点解锁	
25		量规点规则	按量规的方式放码，用于西裤的斜侧袋的放码	侧缝线不能是断线，目标放码点上不能有多余的放码点和刀口
26		对齐移动点	将参考点对齐后，定义放码量	
27		长度约束点规则	用于袖笼曲线位置的放码	
28		距离约束点规则	用于夹直位置的放码	
29		拼接合并	用于衣褶位置的放码	拼接合并前的衣褶线必须是断线
30		缝边式推板	用于类似于缝边（如内衣）的放码	
31		曲线组长度调整	利用推板测量结果来自动计算指定位置的放码量	主要用于袖容量的调整
32		领曲线推板	用于线条的微调	
33		竖向切开线	在裁片上输入竖向放码线（绿色），使衣片横向切开	放码线始端点的颜色为红色，末端点的颜色为绿色。可用颜色区分放码线的输入量
34		横向切开线	在裁片上输入横向放码线（蓝色），使衣片竖向切开	
35		输入切开量	在放码线上输入相对应的放码量	鼠标框选切开线后，按"Delete"键，可删除切开线
36		斜向切开线	在衣片上输入任意方向放码线（湖蓝色），使衣片沿线的方向切开	放码线始端点的颜色为红色，末端点的颜色为绿色。可用颜色区分放码线的输入量
37		展开中心点	在裁片中定义切开线放码时的展开中心点	一个衣片上只能有一个展开中心点，删除点也用此功能，鼠标点在红色点上即可删除
38		增减切开点	在切开线上增加可以放码的点	此功能主要用于裤子放码。由于裤子放码，腰围、臀围、裤口的档差值不同，要在臀围的位置增加1个放码点

附录二　ETMark_WIBU系统简介

进入ETMark_WIBU排料系统，主界面由文字菜单栏、工具条、待排裁片显示区、排料工作区、裁片临时排放区等组成如图附录-5所示。正式排料区是无限长的纸，可根据裁床长度要求进行排料，也可以根据实际面料情况设定排料长度。

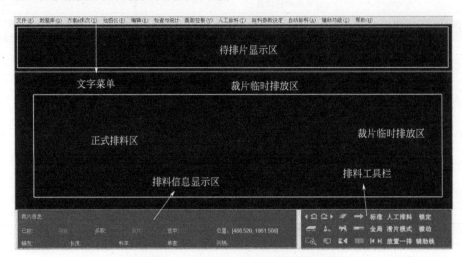

图附录-5　ETMark_WIBU系统界面图示

左键点击待排裁片号型，可取下整套裁片。有些裁片下面有两列数字，左边的数字表示左片，右边的数字表示右片，点击待排裁片下的数字可取下相应裁片。

一、ETCOM_WIBU_3D中的排料工具条功能

ETCOM_WIBU_3D中的排料工具条如图附录-6所示，具体功能见表附录-3。

图附录-6　ETCOM_WIBU_3D中的排料工具条功能图示

表附录-3　ETCOM_WIBU_3D中的排料工具条功能

序号	图标	名称	功能
1		UNDO	依次撤销前一步操作
2		REDO	在进行撤销操作后，依次重复前一步操作

续表

序号	图标	名称	功能
3		刷新视图	刷新视图
4		左右分离	裁片群按指示位置向右移动
5		清空唛架	排料区内所有裁片,均被收回到待排区中
6		杂片清除	排料区内所有未正式放置的裁片,被收回到待排区中
7		裁片寻找	点击需要寻找的裁片,系统显示此裁片在排料区的相应位置及信息
8		接力排料	将选中的一组裁片,按系统随机的顺序,单击鼠标左键即可出现
9		放大	通过框选区域,放大画面
10		平移画面	通过拖动,平移画面
11		选位	定义好要排放的小片后,系统自动在当前排料图中找适当的空位,并标识出位置
12		裁片切割	通过点选指示裁片,画出切割线,并按指定位置见裁片切割
13	标准	标准	用标准或幅宽的方式显示排料图
14	全局	全局	以布长充满工作区的方式,显示排料图
15		床切换	如果一个排料文件中包含多个床次,可以通过左右箭头进行切换
16	人工排料	人工排料	以压片的方式排放裁片
17	滑片模式	滑片模式	以滑片的方式排放裁片
18	放置一排	放置一排	系统自动将待排区内的裁片,在排料区内放置一排
19	锁定	锁定	此功能用来锁定床尾线
20	微动	微动	根据自定义的微动量,上、下、左、右的裁片
21	辅助线	辅助线	在当前排料图上增加水平、垂直、45度的辅助线

二、快捷键(表附录-4)

表附录-4 ETCOM_WIBU_3D中的快捷键

快捷键名称	应用	快捷键名称	应用
F3、F4	人工排料、输出	F7	平移
F5、F6	放大、动态放缩	+、-	组合、拆组
Ctrl+S	保存	I	垂直翻转

续表

快捷键名称	应用	快捷键名称	应用
Ctrl+A	全选	O	水平翻转
Ctrl+O	打开	G	对格排料模式
R	旋转角度	J	设置裁片间隔
F1	帮助		
RW、A	排料区内排料图向下平移、排料区内排料图向右平移		
S、Z	排料区内排料图向左平移、排料区内排料图向上平移		
↓ → ↑ ← (箭头) ↓ → ↑ ← (箭头)	在人工排料时，为上、下、左、右滑动； 在微动排料时，为上、下、左、右按微动量移动		
小键盘2、4、6、8	人工排料时，为上、下、左、右按微动量微动		
空格键	选择裁片时，根据布料的方向设置，转动裁片 〉布料单方向，不能转动裁片 〉布料双方向，180度转动裁片 〉布料无方向，180度转动、水平翻转及垂直翻转裁片		
Insert	〉复制裁片（此功能在"允许额外选取裁片"时才能使用） 〉左键框选要复制的裁片 〉按"Insert"键，可将所选裁片复制在排料库上 〉文字注释也可以通过同样的方法复制		
Delete	删除裁片，在排料库上的裁片或选中的裁片，被删回待排区		
Home、End	床起始线到　位置、床尾线到　位置		
Page up	排料图整页向右滚动		
Page Down	排料图整页向左滚动		
K、L	向左微转衣片、向右微转衣片		
"＜,"、"＞."	向左45°转动衣片、向右45°转动衣片		

附录三 数字化仪板的应用

一、数字化仪板的种类

在辅助服装设计的计算机系统中,常常采用大型数字化仪作为服装样板的输入工具,因此大幅面数字化仪是服装 CAD 系统的重要外用设备之一。

数字化仪是一种在专业应用领域中用途非常广泛的图形输入设备,能方便地实现图形数据的输入。图形数字化仪分为机械式和游标式两种,由于机械式数字化仪的精确度相对较低,所以目前使用的数字化仪都是游标式。在许多专业应用领域中,用户需要绘制大面积的图纸,仅靠 CAD 系统是无法完全完成图纸绘制的,在精确度上也会有较大的偏差,必须通过数字化仪来满足用户的需求。高精确度的数字化仪适用于地质、测绘、国土等行业。普通的数字化仪适用于工程、机械、服装设计等行业,如图附录-7所示。

图附录-7 不同外观的数字化仪板

应用于服装 CAD 的数字化仪的规格一般有 A00、A0、A1、A2、A3 和 A4 等,A00 的规格最大,用得较少,多数服装厂(如制服、女装或衬衫等厂)主要适用 A0 板,而一些生产内衣、帽子或其他服饰品的企业适用较小的数化板,如 A3 板。因此要根据用户生产的产品类型、纸样的大小来选配数化板的规格。

二、数字化仪板的构成

数字化仪由电磁感应板、游标(或电子笔)和相应的电子电路组成。它利用电磁感应原理,在图形板下面沿 X 和 Y 方向上分布多条平行印刷线,约每隔 200μm 一条。这样就将图形板划分成很多小方块,每一小方块对应一个像素。当游标在图形板上移动时,面板上的印刷线上就会产生感应电流,会把游标十字叉线中心处的像素位置信息输入计算机。在服装 CAD 系统中,输入服装样板时首先把样板平放于图形板上,然后沿样板的轮廓线移动游标,这样就可以把衣片轮廓上各个点的坐标输入到计算机内。同时利用游标定位器上附加的小键盘,把该点所对应的附加信息(例如尖点、顺点、放码点、钮位等)送到计算机内。

通过数字化仪把手工绘制的标准基本纸样按照 1∶1 的比例,用 16 键的定位游标输入。16 键由 0~9 十个数字键和 A~F 六个字母组成,各系统根据纸样输入时的特点而定义这些键的功能。操作游标输入信息是按顺序依次输入(按顺时针或逆时针方向)。

① 布纹线输入：确定纸样位置。
② 直线输入：两端点输入。
③ 曲线输入：将曲线两端点输入，并将曲线均匀分成等距点，依次输入。
④ 内部线输入。
⑤ 对位点（对刀点）输入。
⑥ 标记输入（扣位、打孔位置）。

通过这些输入操作，才能使输入到计算机中的纸样与基本纸样完全一致。同时，对已输入的纸样还可以进行点和线的修改、增删等编辑操作。

ETSYSTEM系统使用数字化仪游标按钮按键功能设置，如图附录-8所示：

0：纱向点	1：端点	2：曲线点节点
3：刀口点	4：打孔点	5：网格点
6：环闭合点	7：信息输入	8：双刀口点
9：曲线网格点	A：滚屏	B：特定网格专用点
C：放码规则输入点	D：删除当前点	E：保存文件
F：放大当前片		

图附录-8　数字化仪游标

三、数字化仪板输入样板的方法

将准备输入的纸样平服地铺在数字化仪的有效输入区域内，无须顾及是否水平或垂直，但需要适当固定，可以同时放置若干片，也可将大于数字化仪有效输入区域的一片纸样假想地直线分割为两片，分别输入。在输入过程中纸样不能移动，先读纱向线，再读轮廓线，再读内部线，直线读起止点、曲线除起止点外还要读若干中间点。要注意鼠标按键时间不宜过长，也要保证两点间不宜太近。将鼠标的十字线中央对准输入点，并垂直读取，以减少输入的视觉误差，此时便可将纸样一片片地读入计算机中，达到将纸样图形模拟量转化为数字量的目的。

读图是一项相当繁琐、乏味且辛苦的工作，必须有耐心也需要细心认真地工作。有些CAD系统从人机工学的角度出发设计了数字化仪的高度和角度调节功能，可适当减轻操作者的劳动强度。并且每输入一点，无论正确与否都会有提示音，正确与故障的声音提示有所不同，应注意区分。

起始点与结束点之间最好为直线，在两个相邻的放码点之间若是一条曲线，则应在该曲线上设若干个中间点，以便计算机进行曲线拟合，对中间点无需输入放码量；曲线点在曲线的平缓处（曲率较小）要少输；在曲线的陡峭处（曲率较大）要多输，但中间点多少的程度应适当分配。

放码点的确定是读图操作的关键技术之一，一般凡是角点都是放码点，但有时并非角点，但该点对样板的造型影响较大，此时也应确定为放码点；需要打剪口标记的点是剪口点，同样剪口点也是放码点；扣位、兜位等为钻孔点，省位等可用褶点；输入对称样板时，纱向应平行对称轴，对称轴的两个端点称为对称点，因此，外轮廓线上对称线的第一点和最后一点应设为对称点。当某个样板的长度超过数字化仪的有效长度时，该片应分割为两片分别输入，由于要把一片分割为二片（分割处为直线），因此两个子片上都分别有两个对接点（分割线的两个端点），当两个子片都输入完后，计算机会自动把两个子片从分接处对接在一起，不需放码，而需要打剪口标记的点为中间剪口点。由于每个样板的外轮廓线都是一个封闭曲线，结束读图时，将自动封闭纸样图，直线点直线封闭、曲线点顺势封闭。

若对已输入的某些点不满意，可进行回退或用删除键把这些点逐个删除，直到没有可删除的点为止（也可以只删到需要修改的点为止），以便重新输入。当某个样板的外轮廓线及内线全部输入完后，按结束键表示样板已输入结束。

四、样板输入的步骤

下面详细讲述在ETSYSTEM系统中进行服装样板输入的步骤。

1. 输入前准备工作

① 打开数字化仪的电源。

② 再打开电脑上的数字化仪输入程序。

③ 将纸样摆放在可读入的区域内。（图附录-9）

④ 在左下角显示"数字化仪输入。0：纱向点，1：端点，2：曲线节点…"时，开始输入。

注意：如果左下角是"input ready"时，就用鼠标点击屏幕上的 ⇧，等左下角显示"数字化仪输入：0：纱向点"时，开始输入。

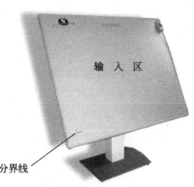

图附录-9 数字化仪板

2. 一片裁片从数字化仪板输入操作

输入顺序：先输入0、0纱向点→在起点处按1→端点处按1→曲线点处按2（2的密度是按照曲线形状自己控制）→曲线上加刀口直接按3或8→端点上如果需要打刀口要先按1再按3→一定要在输完最后一个曲点后，直接按6闭合裁片（不要在起点处再按1）。

如果裁片中有内部线闭合后再开始读入→起点处按1→终点处按1→再用同样的方法读其他的内线→如果内线是闭合的，就要在前一条线的终点处，再按1输出下一条线的起点（因为内部线是不会自动闭合的）见图中ET的输入方法。数字化仪上摆放好裁片后，再输入点，输好纸样后按A滚屏，接着输入其他纸样，如图附录-10所示。

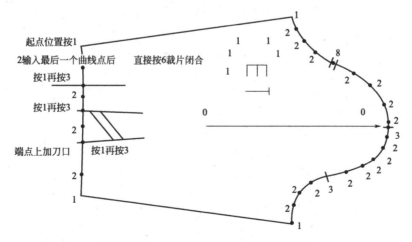

图附录-10 数字化仪板游标输入衣片各点

3. 网图读图实例

① 网状输入设置。先打开数字化仪程序→选择 图标，设置推板信息→设置好起始号型和终止号型，如图附录-11所示。

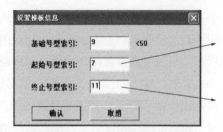

图附录-11　设置推板信息图示

注意：基础号型是不可以更改的。

起始号型索引是表示：基码到最小码有几个，如果有两个码就输入7。如果只有一个码就输8。终止号型索引是表示：基码到最大码有几个，如果有两个码就输入11。如果只有三个码就输12。

② 输入顺序。先输入0、0纱向点→在起点位置的基码处读5→再移到最小码处开始读5，从小码往大码依次输入5（但是不用再读基码点）→曲线点处读2→……→曲线处如果觉得需要加放码点时在基码位置读9（注意在读9之前一定要输入过2曲线点）→再从小码往大码依次输入5→端点处如需输入放码点在基码处读入5→从小码往大码依次读入5……→一定要在输完最后一个曲点后，直接按6闭合裁片。

网图内线的输入方法（图附录-12、图附录-13）：有放码量处先在基码上输入5→从小码往大码依次输入5→如果没有放码量的端点还是输入1→其他同上输好纸样后按A滚屏。

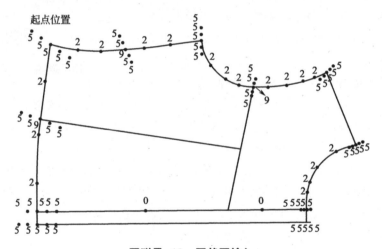

图附录-12　网状图输入

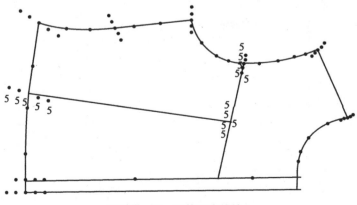

图附录-13　网状图内线输入

注意：

刀口如果有放码量，输入方法是：先输入3刀口点→再输入B特定网格专用点→从小码往大码依次输入5。

打孔如果有放码量，输入方法是：先输入4刀口点→再输入B特定网格专用点→从小码往大码依次输入5。

输入网图时一定要细心，发现有读错的一定要删除点后，重新读入。

如果进打版后发现网图还缺少纸样没有输入，一定要重新打开这个款式的数字化仪程序，在这个款式里面再接着输入。

4. 读图时同时输入片名、片数、布料名称等信息

①在打推系统里，设置菜单中用设置关键词的功能设置数字化仪输入时所需的裁片名代号。

注意：如图：新增加类名必须用PN开头，如PN1，裁片名称可任意起名，如A1 前片等（无位数限制）。在A1和前片之间要加一个空格。起裁片名称时，"D、7"键不可以使用。如图附录-14所示。

②同样在打推系统里，设置菜单中用设置布料名称的功能设置所需的布料名称（顺序即为代号，位数为2位），如图附录-15所示。

③进入数字化仪输入模块：

先读入裁片纱向："0 0"，

按7键，进入信息输入状态：先读入裁片名的代号：（如前片为A1）读A1。

按7键，读入裁片片数（两位）：（如裁片数2片）读02。

按7键，读入布料名称代号（两位）：读01。

按7键，退出信息读入状态（如果中间有读错，可按D键撤消）。

④此时，可以按1键开始读裁片，其他步骤与之前的操作方法相同。

图附录-14　设置裁片名

序号	面料	色	里料	色	其他	色	实样
1	蕾丝		定型纱		汗布		实样
2	真丝		垫棉		无纺棉		
3	拉架布						
4	琼丝汀						
5	涵网布						
6	莫代尔						
7	丝光棉						
8	彩棉						
9	TC棉						

图附录-15　布料名称设定窗口

附录四　绘图仪

服装CAD系统主要专用硬件设备中，用于纸样输出的设备是绘图仪。绘图仪一般是由驱动电机、插补器、控制电路、绘图台、笔架、机械传动等部分组成。绘图仪除了必要的硬件设备之外，还必须配备丰富的绘图软件。只有软件与硬件结合起来，才能实现自动绘图。软件包括基本软件和应用软件两种。按结构和工作原理可以分为立式和平板式两种；按照绘图方式又可分为笔试和喷墨两种。不同类的服装，使用的绘图仪有差异，内衣裁片多，面积较小，多使用带刀的切割绘图仪。

一、立式绘图仪

立式绘图仪也称为滚筒式绘图仪，有笔式和喷墨的。当X向步进电机通过传动机构驱动滚筒转动时，链轮就带动图纸移动，从而实现X方向运动。Y方向的运动，是由Y向步进电机驱动笔架来实现的。这种绘图仪结构紧凑，绘图幅面大。但滚筒式绘图仪需要使用两侧有链孔的专用绘图纸（图附录-16）。

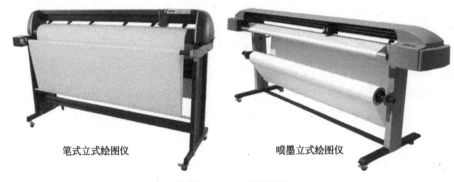

笔式立式绘图仪　　　　喷墨立式绘图仪

图附录-16　立式绘图仪

笔式绘图仪用绘图笔将纸样绘制在纸上，绘图时，绘图纸会来回的滚动，因此对绘图纸张的要求比较高。

喷墨绘图仪是利用墨水将线条喷在纸上，有两种喷头，一种是特制的，一种是HP通用喷头。由于是单方向的走纸，于是对纸张的要求不高，因此绘图仪的磨损程度也较小，使用寿命更长。

二、平台式绘图仪

绘图平台上装有横梁，笔架装在横梁上，绘图纸固定在平台上。X向步进电机驱动横梁连同笔架，作X方向运动；Y向步进电机驱动笔架沿着横梁导轨，作Y方向运动。图纸在平台上的固定方法有三种，即真空吸附、静电吸附和磁条压紧。平台式绘图仪绘图精度高，对绘图纸无特殊要求，应用比较广泛。对于需要高精度和针对中等重量材料进行加工的任务，平板切割绘图机是最理想的桌面型平板切割绘图机（图附录-17）。

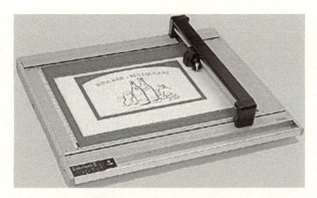

图附录-17 平台式绘图仪

三、切割绘图仪的种类

切割绘图仪就是在绘图笔旁边设置了刻刀,输出纸样的时候,可以切割输出的纸样,如图附录-18、附录-19所示。对于内衣纸样裁片较小,最适合切割绘图仪。如果对纸样的要求较高,且需要刻出较厚的样板就必须选择平板切割式绘图仪如图附录-20所示。

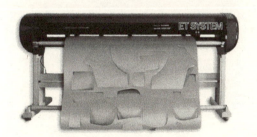

图附录-18 滚筒喷切一体机

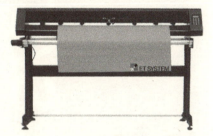

图附录-19 笔试滚筒切割绘图仪

图附录-20 平板喷切一体机

ET SYSTEM

BUYI TECHNOLOGY

创 新 引 领 技 术　　科 技 荣 耀 艺 术　　深圳市布易科技有限公司

www.etsystem.cn